教育部哲学社会科学重大课题攻关项目
『高校内部权力运行制约和监督体系研究』（14JZD051）

二级学院治理
权力运行制约与监督

College Governance
Power Operation, Restriction and Supervision

主编◎张德祥　姜　华
副主编◎韩梦洁　康　乐

科学出版社
北　京

内 容 简 介

伴随着中国现代大学制度建设的进程，我国高校治理结构不断优化，内部管理体系的权力重心开始下移。在此背景下，作为学术活动实体的二级学院扩展了办学职能，它不仅成为高校内部权力的聚集地，而且成为各种资源流动的交汇点。

本书中20余位高等教育管理领域的研究者、管理者通过对二级学院治理的理论探讨、政策分析及实践反思，取得了许多可喜的研究成果，并对当前二级学院治理改革提出了政策建议，比如，完善党政联席会议制度，开设院务会、院教授会，院长角色调适，扩大学院自主权，以及院领导班子建设、校院关系的合理分权和治理方向、民主管理和监督、社会参与和治理评估、去行政化等策略。

本书适合高等教育领域的学者和研究生、高校教育管理者，以及对高校管理感兴趣的大众读者阅读。

图书在版编目（CIP）数据

二级学院治理：权力运行制约与监督 / 张德祥，姜华主编. —北京：科学出版社，2017.11

ISBN 978-7-03-055230-3

Ⅰ.①二… Ⅱ.①张… ②姜… Ⅲ.①高等学校–学校管理–研究–中国 Ⅳ.①G647

中国版本图书馆CIP数据核字（2017）第274188号

责任编辑：孙文影 高丽丽 / 责任校对：张小霞
责任印制：肖 兴 / 封面设计：楠竹文化
联系电话：010-64033934
电子邮箱：edu_psy@mail.sciencep.com

科学出版社 出版
北京东黄城根北街16号
邮政编码：100717
http://www.sciencep.com

新科印刷有限公司印刷

科学出版社发行 各地新华书店经销

*

2017年11月第 一 版 开本：720×1000 B5
2017年11月第一次印刷 印张：14 3/4
字数：278 000

定价：69.90元

（如有印装质量问题，我社负责调换）

前　　言

PREFACE

二级学院是高等学校开展人才培养、科学研究、社会服务和文化传承与创新活动的实施单位，是由某个学科或者学科群的教师组成的“学术共同体”。二级学院虽然不具有法人的地位，但是在很大程度上具有管理和决定本单位重大事项的权力。伴随着我国高等教育的发展，二级学院的规模、结构和功能都发生了变化，二级学院的治理越来越重要。今天，在招生录取、教学授课、科研开发、职称评聘和学科建设等各个方面，二级学院都掌握了大量的学术和财政资源，所负责的行政事务和学术事务也超过了以往。因此，大学二级学院的治理既是一个关系到高等教育发展的理论命题，也是一个关系到我国大学治理现代化建设的实践命题。

现阶段，伴随着中国现代大学制度建设的进程，我国大学治理结构不断优化，内部管理体系的权力重心开始下移。在此背景下，作为学术活动实体的二级学院扩展了办学职能，它不仅成为高校内部权力的聚集地，而且成为各种资源流动的交汇点。然而，当前关于二级学院治理的关注度仍不足，存在“四多四少”现象，即在国家政策中，关于大学治理的文件较多，而关于学院治理的文件较少；在高等教育研究中，关于大学治理的文献较多，关于学院治理的文献较少；在大学治理实践中，关注大学治理层面的较多，而关注学院治理层面的较少；在二级学院运行中，关于组织形态变革的较多，而关于治理实质内容的较少。今天虽然从制度上我们已经明确提出了二级学院党政联席会议的议事制度，但是对于二级学院的权力结构还不够清楚，权力边界还不太明确，权力使用还缺乏监督与制约。二级学院治理体系的完善和治理能力的提升，亟待在借鉴国外二级学院治理模式的同时，按照国家法律和法规的规定，在大学内外部治理的框架下，从理论高度去研究、从实践层面去实验，从而寻找出适合我国国情的二级学院的治理模式。

由大连理工大学原党委书记张德祥教授主持的教育部哲学社会科学重大课题攻关项目“高校内部权力运行制约与监督体系研究”，自课题开题以来，一直在关注和研究高等学校二级学院的治理问题。在研究中，我们走访了很多地区不同层次的高等学校，对学院（学部）中的院长、书记、教授进行了深入的访谈，了解和分析了二级学院的治理历史变迁、制度演变和现实问题，运用理论和实证相结合的研究方法，对高校二级学院的治理结构、权力分配状态、院长角色等进行了系列的研究。但是，我们深感二级学院治理是一个宏大的研究域，需要更多的研究单位关注，需要更多的研究者加盟。

为了提供学术交流的平台，交流二级学院治理的研究成果，2016 年 12 月 3—4 日，由大连理工大学高等教育研究院和教育部人文社会科学重大课题攻关项目"高校内部权力运行制约与监督体系研究"课题组共同主办的"二级学院治理——权力运行制约与监督"学术研讨会在大连理工大学召开。在这次会议中，来自中国高等教育学会、厦门大学、上海交通大学、华中科技大学、中国人民大学、吉林大学、北京理工大学、北京航空航天大学、北京工业大学、辽宁教育研究院、南开大学、南京师范大学、同济大学及大连理工大学等约 50 所高校和教育研究机构的百余位专家学者参加了此次研讨会，与会代表们的思想交锋碰撞出丰富的关于学院治理的观点。通过对二级学院治理的理论探讨、政策分析及实践反思，代表们取得了许多可喜的研究成果，并对当前学院治理改革提出了政策建议，比如，完善党政联席会议制度，开设院务会、院教授会，院长角色调适，扩大学院自主权，以及院领导班子建设、校院关系的合理分权和治理方向、民主管理和监督、社会参与和治理评估、去行政化等策略。我们从这次会议的论文中遴选了优秀论文，汇编出版了本论文集。期望本论文集能够抛砖引玉，引发读者对二级学院治理更多的思考，并出现更多的优秀成果。

此次研讨会能顺利举办和论文集能编著出版，要非常感谢教育部相关部门的关心和教育部人文社会科学重大课题攻关项目的支持。同时，感谢中国高等教育学会及其会刊《中国高教研究》的关心和支持，感谢来自全国各高校和研究机构专家的积极参与。最后，非常感谢科学出版社对于本论文集出版的支持。

大连理工大学高等教育研究院

"高校内部权力运行制约与监督体系研究"课题组

2017 年 4 月 18 日

目　　录

CONTENT

前言

上篇　理论篇

二级学院治理：历史脉络与现实课题

张德祥　方水凤　李洋帆 …… 3

中国特色现代大学制度的核心要义、实现路径、政治保障

杨　岭　毕宪顺 …… 25

协商共治：我国大学院系有效治理的可行模式

李成恩　常　亮 …… 37

整体有序而局部无序：大学治理的内在逻辑

李枭鹰 …… 53

论学院的治理及其意义

郭书剑　王建华 …… 63

大学权力类型与二级学院院长角色定位

郑文力 …… 73

大学院长的领导情境及其角色特征

全守杰 …… 84

治变之道：高校二级学院治理研究

陈正江 …… 91

调整校院关系　推进学院治理现代化
——“二级学院治理：权力运行制约与监督”学术研讨会综述
韩梦洁 …… 98

下篇　实践篇

校院两级管理改革的实践与思考
——以安徽工业大学改革实践为例
李家新　戴玉纯　雷金火 …… 105
上海高校内部治理结构与组织框架调研报告
杨　颉　余新丽 …… 113
学院“三重一大”事项决策流程研究
沈亚平　汪　圣 …… 122
美国研究型大学的学院治理模式
李立国　张　翼 …… 135
基于社会网络分析的高校二级学院权力研究
姜　华　黄　帅 …… 156
美国大学内设学院治理结构分析
——以密歇根大学为例
何晓芳　宋冬雪 …… 169
高校院系层面内部治理结构现状调查研究
张雷生 …… 179
沈阳师范大学教育硕士独立学院制管理模式的理论与实践探索
周润智　唐卫民 …… 197
教学研究型大学院系功能定位研究
万春明　王　巍　张海龙 …… 205
高校二级学院自主管理调查与对策
——以辽宁24所本科高校为例
赵　哲　宋　芳 …… 214

上篇　理论篇

二级学院治理：历史脉络与现实课题[①]

张德祥　方水凤　李洋帆[②]

（大连理工大学高等教育研究院　中国大连　116024）

摘　要　大学院（系）治理制度选择深受历史传统影响。政策主导着中国大学院（系）治理的历史变迁，追寻政策变革历史即可获悉中国大学院（系）治理的历史变迁过程。中国大学院（系）治理的变迁经历了 1949—1989 年的领导体制探索期、1990—2009 年的党政联席会议制度形成期、2010 年至今的内部治理结构完善期三个时期。中国大学院（系）治理的变迁具有以下特征：与大学治理历史变迁具有同质性；政策主导整个变迁过程；历史变迁具有阶段性和连续性；需要增强完善院（系）治理的内生动力。大学的二级学院治理是大学制度建设的重要内容，但目前对二级学院治理在理论研究和实践上的重视都不够。通过笔者对 92 所大学章程的分析可以看出，二级学院办学主体地位没有得到充分落实，仍然没有突破传统的校院关系；在二级学院治理结构方面，章程未能起到应有的制度规范作用，在二级学院治理的实践中仍然存在许多问题，二级学院内部权力边界不清，缺乏相应的议事制度。因此，关于二级学院治理，首先应建立新型校院关系，进而在领导体制、学术管理及民主管理等方面认真解决存在的问题，完善治理结构，不断提高二级学院的治理水平。

关键词　学院治理；历史变迁；现实课题

---

①　基金项目：本文系教育部哲学社会科学研究重大课题攻关项目“高校内部权力运行制约和监督体系研究”（14JZD051）的研究成果。

②　作者简介：张德祥（1950—　），山东平度人，中国高等教育学会副会长，大连理工大学原党委书记，大连理工大学高等教育研究院院长，教授，博士生导师，研究方向为高等教育政策与制度、高等教育原理；方水凤（1985—　），江西景德镇人，大连理工大学高等教育研究院博士研究生，主要从事高等教育治理和高等教育制度研究；李洋帆（1988—　），女，黑龙江哈尔滨人，大连理工大学高等教育研究院博士研究生，主要研究方向为大学组织与治理、高等教育政策与制度。

二级学院是大学各项职能的主要承担者，也是高等教育管理体制中的基本行政层级。大学是历史发展到一定阶段的产物，因而大学制度的选择深受其所在历史条件的影响；作为大学组织的重要组成部分，二级学院的制度选择亦然如此。同时，二级学院是大学各项职能性活动的实际组织者，其水平直接影响着大学功能的实施、职能的发挥及目标的实现。对二级学院（系）治理历史脉络的梳理，是了解当前二级学院治理现状的前提，也是把握二级学院治理内核的关键；而对二级学院治理现实问题的解决，是提高我国大学治理水平的重要内容。

一、1949年以来中国大学院（系）治理的历史变迁

大学是“底部沉重”的组织，诸多矛盾和问题需要在院（系）得到解决和处理。然而，大学院（系）治理制度尚不完善，难以应对汇集于院（系）的诸多矛盾和问题。中国大学院（系）治理具有显著的历史惯性，带着文化基因，这一特色最早形成于 1949 年中华人民共和国成立后建立的高度计划、高度集权、高度统一的高等教育管理体制，即中央政府制定高等教育管理政策，政府行政力量强制要求高等学校执行政策，政府统一领导高等学校。中国大学院（系）治理的整个历史变迁过程，都体现在政策变革的历史中。受我国高等教育管理体制的影响，中国大学院（系）治理表现出众多历史特征。本文通过考察 1949 年中华人民共和国成立以来中国大学院（系）治理的政策变革，分析中国大学院（系）治理的历史变迁，总结变迁过程中的特征。本文把 1949 年中华人民共和国成立以来中国大学院（系）治理的历史变迁分成三个时期来考察：1949—1989 年的中国大学院（系）领导体制探索期、1990—2009 年的中国大学院（系）党政联席会议制度形成期、2010 年至今的中国大学院（系）内部治理结构完善期。

（一）1949—1989 年：中国大学院（系）领导体制探索期

中华人民共和国成立伊始，我国确定“以老解放区新教育经验为基础，吸收旧教育有用经验，借助苏联经验，建设新民主主义教育”[1]。但是，不久之后，对“旧教育”进行全盘否定，全面学习和参照“苏联经验”。中苏关系破裂之后，高等教育逐步放弃“苏联模式”，探索自己的模式与道路。“文化大革命”前，在以“阶级斗争为纲”的背景下，我国选择的是“革命教育模式”[2]，突出教育为无产阶级政治服务、为革命斗争事业服务，教育与生产劳动相结合。“文化大革命”期间，整个国家处于“革命”状态，高等教育也一片混乱。“文化大革命”结束后，“拨乱反正”，进入恢复重建期，实行改革开放，坚持以经济建设为中心。

随后，对政治体制、经济体制、科学技术体制等进行改革，高等教育也不再是政治革命斗争的附属。特别是 1985 年颁布《中共中央关于教育体制改革的决定》后，高等教育进入改革、发展和开放的历史新阶段。

1949—1989 年，我国高等教育管理体制经历了 6 次重大变革，包括“中央集权高教管理体制的确立（1949—1958 年）；高教管理体制由集权向放权的改革（1958—1963 年）；由放权到收权的调整（1963—1966 年）；‘文化大革命’中高教管理体制的再次放权（1966—1976 年）；拨乱反正后的集权（1977—1985 年）”[3]，最终酝酿出了“中央和省级政府两级管理、以省级政府管理为主的高等教育管理的新体制”[4]。高等教育管理体制的演变，实际上是权力配置的变迁过程，权力分配的核心是政府和高校的关系。政府和高校关系的演变，引导着大学治理结构的演变。1949—1989 年，大学领导体制经历了多次变更，包括“校务委员会制（1949 年 10 月—1950 年 4 月）；校长负责制（1950 年 4 月—1956 年 9 月）；党委领导下的校务委员会负责制（1956 年 9 月—1961 年 9 月）；党委领导下的以校长为首的校务委员会负责制（1961 年 9 月—1966 年 5 月）；党委领导下的军、工宣队为主的革命委员会负责制（1966 年 5 月—1976 年 10 月）；党委领导下的校长分工负责制（1978—1985 年）；党委领导下的校长负责制、部分院校试行校长负责制（1985—1989 年）”[5]。

国家政策主导着高等教育管理体制和大学治理的演变，也主导着大学院（系）治理的演变。这一时期，伴随着大学领导体制的探索，大学院（系）领导体制也变更得更频繁。1949—1989 年，中国大学院（系）领导体制经历了 6 次变更。

1）1949—1956 年：系主任（院长）负责制。中华人民共和国成立伊始，中央“改革的方针是维持原有学校，逐步进行改善”[1]。这个阶段，我国采取“以苏联为师”的政策，全面学习和借鉴苏联的经验。1950 年 6 月 1—9 日，教育部在北京召开第一次全国高等教育会议，会议通过了《高等学校暂行规程》，提出：“大学及专门学院采取校（院）长负责制”，“大学及专门学院的系，为教学行政的基层组织，各设主任一人”，并规定系主任“计划并主持本系的教学行政工作”。《高等学校暂行规程》还提出，“大学设有学院者各院设院长一人”，院长“计划并主持本院教学行政工作”。

2）1956—1961 年：系党总支委员会领导下的系务委员会负责制。1956 年 9 月 26 日通过的中共八大党章明确指出，“在企业、农村、学校和部队中的党的基层组织，应该领导和监督本单位的行政机构和群众组织积极地实现上级党组织和上级国家机关的决议”。1958 年 9 月 19 日，中共中央、国务院发布《关于教育工作的指示》，提出：“一切教育行政机关和一切学校，应当受党委的领导”，“在一切高等学校中，应当实行党委领导下的校务委员会负责制”[6]。

3）1961—1966 年：系总支委员会保证和监督下的以系主任为首的系务委员会负责制。1961 年 9 月 15 日，中共中央批准《教育部直属高等学校暂行工作条例（草案）》（简称“高校六十条”），提出：“高等学校的领导制度，是党委领导下的以校长为首的校务委员会负责制”，“系主任是系的行政负责人。系主任在校长的领导下，主持系务委员会和系的经常工作”，“系务委员会是全系教学行政工作的集体领导组织。系内的重大工作问题，应该由系主任提交系务委员会讨论，作出决定，由系主任负责组织执行，并且报告校长和校务委员会”，“系务委员会负责执行学校党委员会、校务委员会的决议和校长的指示，并且讨论和决定本系工作中的重大问题”，“学校中党的领导权力集中在学校党委一级，系的总支委员会对行政工作起保证和监督的作用”。[7]

4）1966—1976 年：军、工宣队代表的“三结合”领导小组负责制。1967 年 3 月 7 日，中共中央发出《关于大专院校当前无产阶级文化大革命的规定（草案）》，规定：“大专院校必须由革命学生、教职员工和革命领导干部组成临时权力机构，领导文化大革命，行使本校的权力。”[6]1968 年 8 月 25 日，中共中央、国务院、中央军委等发出《关于派工人宣传队进驻学校的通知》，提出要“把大中城市的大、中、小学逐步管起来”[6]。工宣队、军宣队进驻高校，全校师生和各班、系实现“革命大联合”，系一级建立营、连的建制，“各单位成立了军、工宣队代表、‘革命领导干部’和群众代表（包括教职工和工农学员）的‘三结合’领导小组，实现对系一级的领导”[8]。当时名为工宣队、军宣队干部，革命群众组织代表和革命领导干部组成的“三结合”的领导机构，实际上是工宣队、军宣队主持领导工作[8]。很多高校系一级成立革命委员会，并任命革命委员会主任和副主任作为负责人。1970 年，高等学校对“系”进行了体制改革，打破过去系的界限，“系”改“大队”，将有关专业纳入校办厂，教研室也“编入各有关大队参加各项活动”[9]，“厂成立革命领导小组，由军、工宣队成员和原单位选派的干部组成，实行一元化领导”[8]。1974 年 6 月 16 日，《光明日报》报道：“批林批孔运动开展以来，全国各地普遍加强了驻校工人宣传队”[6]，校党委对系一级的党总支任命工作也逐渐恢复。

5）1976—1983 年：系党总支委员会领导下的系主任分工负责制。“文化大革命”结束后，国家各项事业开始恢复和整顿，教育事业也是如此。1978 年 10 月 4 日，教育部发出通知，试行《全国重点高等学校暂行工作条例（试行草案）》。该草案根据 1961 年颁发试行的“高校六十条”修改而成，将原“高校六十条”中规定的高等学校实行“党委领导下的以校长为首的校务委员会负责制”，系党总支对行政工作实行保证和监督的领导体制，改为“党委领导下的校长分工负责制”，系一级实行“系党总支委员会（或分党委）领导下的系主任分工负责制”[6]。

6）1983—1989 年：系主任负责制。1983 年，中宣部和教育部党组颁布《关于高等学校领导班子调整工作的几点意见》，提出：“关于系的领导体制问题。要按照新党章第三十三条规定要求，积极稳妥地把系党总支领导本单位的工作改为保证监督作用。但是，系党总支对思想政治工作仍实行领导。”同年，教育部在《关于调整改革和加速发展高等教育若干问题的意见》中提出：“在高等学校中系一级实行系主任负责，系主任对校（院）长负责。系总支委员会的主要任务是做好思想政治工作和党的建设工作，对全系工作的正确完成起保证监督作用。”[10]

考察这个时期大学院（系）领导体制的变更，整个时期院（系）领导体制经历了 6 次变更，表现出如下特征：其一，大学院（系）领导体制变动与这个时期大学领导体制的变动密切相关。尽管有时大学院（系）领导体制变动与大学领导体制变动并不完全同步进行，但总体上大学院（系）领导体制变更与大学领导体制变动具有一致性。同时，大学领导体制的变动也不是孤立的，总是受当时国家政治、经济、社会环境变化的影响。其二，大学院（系）领导体制的变动受政策主导。尽管院（系）是大学的二级单位，但院（系）实行什么样的领导体制并非由大学决定，而是由国家政策决定。这些政策多是与关于大学领导体制变动的政策一起制定，即在关于大学领导体制政策变动的同时，也对大学院（系）领导体制作出新的政策规定。其三，这个时期大学院（系）领导体制变动频繁，并与大学领导体制“联动”。这一方面反映了政治、经济、社会环境对大学的一种“强制”的影响力，另一方面也反映了我们对大学领导体制和院（系）领导体制的认识在不断深化，对高等学校办学规律的认识在不断深化，探索成为这个时期的重要特征。

（二）1990—2009 年：中国大学院（系）党政联席会议制度形成期

党的十二大提出要建设有中国特色的社会主义，教育和科学成为国家经济和社会发展的战略重点。1983 年 5 月，教育部召开第二次全国教育会议，会议认为应从我国实际出发，逐渐形成有中国特色的社会主义高等教育体系。1984 年，《中共中央关于经济体制改革的决定》提出，要建立社会主义经济体制，进行全面的经济体制改革。随着经济体制改革的逐步展开，1985 年的《中共中央关于科学技术体制改革的决定》提出，要改革相应的科学技术体制以适应经济体制改革。1985 年的《中共中央关于教育体制改革的决定》提出，教育必须为社会主义建设服务，教育管理体制改革要适应经济和社会发展。1992 年，邓小平的“南方谈话”和党的十四大，以及第四次全国普通高等教育工作会议的召开，开启了办学体制、管理体制、投资体制、招生就业体制、学校内部管理体制等方面的改革。1993年的《中国教育改革和发展纲要》提出，要“初步建立起与社会主义市场经济体制和政治体制、科技体制改革相适应的教育新体制”。1998年1月，李岚清同志在扬州召开的高教管理体制改革经验交流会上提出“共建、调整、合作、合并”八字方针，形成了中央和省级政府两级管理、分工负责，以省级政府统筹为主，条块有机结合的体制。随着《中华人民共和国教育法》《中华人民共和国高等教育法》的出台，中央和地方两级管理、以地方统筹管理为主的高等教育管理体制框架基本确立。

伴随着高等教育管理体制改革，我国大学治理结构也不断完善。1989年7月15日，国家召开的全国高等教育工作会议明确认为，设立党委领导下的校长负责制，更适合高等学校的实际情况[11]。1989年8月28日，中共中央政治局讨论并通过《中共中央关于加强党的建设的通知》，提出“高等院校实行党委领导下的校长负责制”。1990年7月17日颁发《中共中央关于加强高等学校党的建设的通知》，提出“高等学校实现党委领导下的校长负责制”，明确了大学领导体制。高等学校领导体制的确定，为大学院（系）领导体制的发展和治理结构的完善提供了条件。

1990—2009年，大学院（系）治理明确了院（系）党总支在院（系）中处于政治核心地位，并确定了党政联席会议制度。党政联席会议制度是这一时期关于院（系）治理的一项重要变革。党政联席会议制度的形成经历了一个过程，大体经历了三个阶段，即1990年确定的“参与行政管理工作重大问题的讨论决定”；1996年确定的“参与讨论和决定本单位教学、科研、行政管理工作中的重要事项”；2007年确定的“党政联席会议制度”。

1990年的《中共中央关于加强高等学校党的建设的通知》指出，“系党总支是全系的政治核心”，并提出其主要任务包括“参与本系行政管理工作重大问题的讨论决定”，“支持系主任在其职责范围内独立负责地开展工作”，“做好本系干部的教育和管理工作”，“领导本系的工会、共青团、学生会等群众组织”等，由此党政联席会议制度的雏形逐步形成。

1996年3月18日，中共中央印发的《中国共产党普通高等学校基层组织工作条例》进一步细化了系一级党组织的主要职责，由1990年的“参与本系行政管理工作重大问题的讨论决定”到“参与讨论和决定本单位教学、科研、行政管理工作中的重要事项”。该条例还增加了“系级单位党的总支部（直属党支部）委员会同系级单位行政领导一起，做好本单位干部的选拔、培养、考核、监督工作”，“参与讨论决定本单位师生员工在出国、晋升、毕业等方面的工作”，“对系级单位行政领导班子的配备和领导干部的选拔，系级单位党的总支部委员会可以向校党委提出建议，并协助校党委组织部门进行考察”。1998 年 6 月 22 日，中组部、中宣部、教育部党组印发《普通高等学校党建工作基本标准》，提出：“系（处）总支（党委、直属党支部）能在本单位各项工作中充分发挥政治核心作用，积极参与讨论和决定本单位教学、科研、行政管理工作中的重要事项；支持行政负责人在其职责范围内独立负责地开展工作。”[12]上述两个文件进一步推动了党政联席会议制度的产生。

2007 年发布的《中共教育部党组关于加强普通高等学校基层党组织建设的意见》指出：“院（系）党委（党总支）要充分发挥政治核心和保证监督作用，支持行政负责人独立负责地行使职权。建立健全党政联席会议制度，院（系）工作中的重要事项，要经过党政联席会议，按照民主集中制的原则集体研究决定。院（系）党政主要负责人会前要充分沟通酝酿，交换意见，根据议题内容分别主持会议。党政之间既要明确职责，又要协同合作；既要合理分工，又要形成合力；有效形成院（系）党政相互配合、协调运转的工作机制。”该意见的颁布，标志着中国大学院（系）党政联席会议制度的正式建立[13]。

党政联席会议制度是高校院（系）级党政班子通过党政联席会议讨论和决定本单位重要事项的制度[14]，是强调学院党政分工合作、共同负责、发挥学院领导班子集体在学院建设和发展中重要作用的制度[15]。党政联席会议制度中的决策主体是党政班子人员，决策事务是院（系）重大事项，决策原则是民主集中制，党政关系是分工合作，工作机制是协调配合。党政联席会议制度是符合我国现实要求的历史选择。首先，党政联席会议制度的实行有利于保障党和国家政策的落实。党组织作为政治核心，其参与决策能保障在大学院（系）治理过程中有效贯彻党和国家的政策。其次，党政联席会议制度有助于党政之间既明确职责，又协同合作，既合理分工，又形成合力，形成院（系）党政相互配合、协调运转的工作机制，推动院（系）各项工作的顺利开展，保证院（系）事业健康、持续发展。最后，党政联席会议制度能有效推进院（系）的科学决策和民主管理。党政联席会议制度贯彻执行民主集中制，“集体研究决定”院（系）工作中的重大事项。党政充分沟通，交换意见，互相理解和支持，分工合作，集体决策确保决策科学，共同负责促进民主管理。

关于党政联席会议制度是否为大学院（系）的领导体制，研究者有不同的看法，有的认为是一种党政配合的工作机制，还不是领导体制，有的认为是一种领导体制，是“共同负责制”。

院（系）是大学的基本学术单位，有多个利益相关者，有党委权力、行政权力、学术权力、学生权力等多种权力。院（系）的领导体制在院（系）治理结构中处于关键地位，学术治理和民主管理也是院（系）治理结构中的重要组成部分。因此，如何发挥以广大教师为主体的学术权力在院（系）学术治理中的作用，如何促使广大教师和学生参与院（系）的民主管理，是院（系）治理必须重视和必须要解决好的问题。1990—2009 年，国家的政策文件中对大学层面的教授治学和教师参与民主管理都做了明确的规定，但对院（系）的学术治理和民主管理没有明确的政策规定。这期间我国高等教育的发展经历了从规模扩张到内涵发展的变化，中国大学院（系）的组织规模、结构、功能都发生了很大的变化，院（系）组织作为人才培养和科学研究基本单位的重要性日益彰显，完善院（系）治理的重要性也日益彰显。

（三）2010 年至今：中国大学院（系）内部治理结构完善期

2010 年发布的《国家中长期教育改革和发展规划纲要（2010—2020 年）》提出，要“完善中国特色现代大学制度”，包括“完善治理结构、加强章程建设、扩大社会合作和推进专业评价”。为进一步完善大学治理结构，我国先后颁布了一系列相关政策法规，如《教育部关于进一步推进直属高校贯彻落实“三重一大”决策制度的意见》（2011）、《学校教职工代表大会规定》（2012）、《高等学校章程制定暂行办法》（2012）、《中共教育部党组关于进一步加强直属高等学校领导班子建设的若干意见》（2013）、《关于坚持和完善普通高等学校党委领导下的校长负责制的实施意见》（2014）、《高等学校学术委员会规程》（2014）、《普通高等学校理事会规程（试行）》（2014）等，为中国大学治理提供了充分的法理依据和完善的制度依据。

随着大学制度建设系统的推进，大学管理重心下移，大学和院（系）关系发生变化，加之大学院（系）组织结构重构等，这些都客观要求大学院（系）治理结构亟待完善。

2010 年 8 月，中共中央印发修订的《中国共产党普通高等学校基层组织工作条例》提出：高等学校院（系）级单位党组织“通过党政联席会议，讨论和决定本单位重要事项。支持本单位行政领导班子和负责人在其职责范围内独立负责地开展工作”，“领导本单位工会、共青团、学生会等群众组织和教职工代表大会”[16]。该条例不但进一步规范了“党政联席会议”对重要事项的讨论与决策，还提出高等学校院（系）级单位党组织支持行政领导班子和负责人开展工作，并且领导教职工代表大会，进一步扩大高等学校院（系）级单位党组织的职责范围。2012 年 3 月 16 日，教育部印发《关于全面提高高等教育质量的若干意见》，再次明确

“坚持院系党政联席会议制度”。经过二十多年的发展，中国大学院（系）“党政联席会议”作为一项制度被明确下来。

自第一次院系大调整之后，中国大学教授权力曾一度缺失。1956 年 5 月出台的《中华人民共和国高等学校章程草案》规定：“高等学校的学术委员会由校、院长担任主席，讨论学校工作中的重大问题和学衔授予问题。”[6]该草案首次提及“学术委员会”。1978 年 10 月 4 日，教育部发出通知，试行《全国重点高等学校暂行工作条例（试行草案）》，提出“取消原来的校务委员会，设立学术委员会”[6]。然而，这一政策只说明学术委员会须“在校长和副校长的领导和主持下”，没有明确人员组成办法和人员要求，学术委员会的权力也只限于对大学基本学术事务的咨询和审议，只是学校行政管理的咨询机构，并没有实质的决策权力。直到 1998 年《中华人民共和国高等教育法》规定“高等学校设立学术委员会”，才使学术委员会获得了具有实质权力的合法地位。2014 年的《高等学校学术委员会规程》提出，“学术委员会一般应当由学校不同学科、专业的教授及具有正高级以上专业技术职务的人员组成”，对学术委员会的组成做了进一步的规定。

随着学术委员会制度逐步完善，教授权力在法理上获得了认可，教授治学开始得到落实，也推动教授治学在大学院（系）层面落实。早在 2000 年 5 月，东北师范大学就进行了改革，在学院（系）一级成立教授委员会，院（系）试行教授委员会集体决策基础上的院长（系主任）负责制。2002 年，国务院办公厅颁布了《关于在事业单位试行人员聘用制度的意见》。随后，北京大学草拟了《北京大学教师聘任和职务晋升制度改革方案》，引入“教授会议”评议机制，提出院系学术委员会的职责。之后，一些高校成立了学院教授委员会或学术委员会。《国家中长期教育改革和发展规划纲要（2010—2020 年）》提出，要“探索教授治学的有效途径，充分发挥教授在教学、学术研究和学校管理中的作用”。2012 年 3 月 16 日，教育部颁发的《教育部关于全面提高高等教育质量的若干意见》提出：“优化校院两级学术组织构架”，“推进教授治学，发挥教授在教学、学术研究和学校管理中的作用”，进一步推动了在院（系）层面建立教授委员会或学术委员会，并制定教授委员会或学术委员会章程。由此，“教授治学”以“学术委员会”或“教授委员会”的形式在学院层级逐渐得到落实。

1985 年 1 月 28 日颁发的《高等学校教职工代表大会暂行条例》规定：“高等学校教职工代表大会（以下简称教代会）是教职工群众行使民主权利，民主管理学校的重要形式。”该暂行条例的提出，使教职工代表大会制度建设规范化[17]。此后，《中华人民共和国工会法》《中华人民共和国教师法》《中华人民共和国教育法》《中华人民共和国高等教育法》等一系列政策法规都提出教职工代表大会参与学校民主管理，教职工代表大会制度步入法制化轨道。《国家中长期教育改革和发展规划纲要（2010—2020年）》提出，要“建立健全教职工代表大会制度，不断完善科学民主决策机制”。2011年11月9日，中华人民共和国教育部第34次部长办公会议审议通过《学校教职工代表大会规定》，原《高等学校教职工代表大会暂行条例》予以废止。《学校教职工代表大会规定》提出，“学校可以在其下属单位建立教职工代表大会制度，在该单位范围内实行民主管理和监督”。该规定使在学院层次建立二级教代会获得了规范化的地位。2012年的《教育部关于全面提高高等教育质量的若干意见》提出，在学院实行民主管理，扩大学院自主权。

随着高等教育改革的深化和对建设现代大学制度的重视，完善大学院（系）治理结构，在国家政策层面得到进一步的明确和规范。《国家中长期教育改革和发展规划纲要（2010—2020年）》颁布后，在国家推动的“改革试点”中，把学院试点也列在其中。2010年发布的《国务院办公厅关于开展国家教育体制改革试点的通知》提出，要“设立试点学院，开展创新人才培养试验（北京大学等部分高校）”。教育部于2011年在17所高校启动试点学院改革项目。2012年颁发的《教育部关于全面提高高等教育质量的若干意见》提出：“推进试点学院改革”，“完善学院内部治理结构，实行教授治学、民主管理，扩大学院教学、科研、管理自主权。”2012年11月，教育部正式颁布《教育部关于推进试点学院改革的指导意见》，提出：“完善学院内部治理结构。支持试点学院改革院长选拔任用制度，试行教授委员会选举提名院长的办法。支持试点学院赋予学术委员会学科建设、学术评价、学术发展中的审议权，在学术成果评价等方面的评定权。落实和扩大试点学院教学、科研和管理自主权，支持试点学院依照学院章程自主确定发展规划并组织实施，自主配置各类资源，自主确定内部收入分配，自主设置和调整学科专业。”[18]该意见进一步明确了学院内部治理结构改革的目标和要求，提出要落实和扩大学院自主权，对构建新型校院关系具有重要意义。

2010年以后，大学院（系）治理具有下列趋势：一是中国大学院（系）坚持党政联席会议制度，并加以完善。自2007年提出在大学院（系）建立党政联席会议制度以来，在实行这一制度过程中，在政策上不断对其进行丰富和完善，在实践上许多高校制定了一些具体的实施细则，保证党政联席会议制度得到了很好的贯彻和执行。二是教授权力在学院有所加强。“教授治学”以“教授委员会”或“学术委员会”的形式在院（系）逐步落实，很多大学制定了院（系）教授委员会或学术委员会规程，使教授行使权力得到制度化的保障。三是大学院（系）民主管理制度逐渐完善。大学院（系）形成了一系列民主管理制度，治理结构逐步完善。

同时，我们还要看到，中国大学院（系）治理中还有许多具体问题尚待解决。

第一，对大学院（系）治理的重视不够。在国家的政策文件中，对大学治理领导体制、治理结构和运行机制的政策规定多，而对大学院（系）的领导体制、治理结构及运行机制的政策规定少；在高等教育研究中，关于大学治理的研究多，而关于院（系）治理的研究少；在大学中，对坚持和完善党委领导下的校长负责制及完善大学治理结构关注得多，而对完善院（系）领导体制及治理结构关注得少。

第二，大学和院（系）的关系需要进一步理顺，院（系）缺乏自主权。大学过分的科层化，大学组织中的直线职能制过分强化，院（系）依然被看作学校的“生产车间”，院（系）缺乏相应的权力，成为学校管理部门的指挥对象，各种指令在院（系）汇集，院（系）要忙于应对。

第三，党政联席会议制度需要进一步完善。需要有一系列的制度规定来保障党政联席会议制度得到很好的运行。例如，院（系）工作中的哪些重要事项需要院（系）党政联席会议作出决策和规定，否则各自的理解不同，就会产生不同的行为，进而影响这一制度的执行。再如，党政联席会议如同大学的党委会和校长办公会一样，也需要有议事决策程序和规则，而现实中这些往往都是缺少的。

第四，教授治学需要进一步制度化。学术委员会或教授委员会在院（系）的设置还不够，有些大学的院（系）还没有设置这类组织。有些设置的，由于缺乏保障措施，实际运行的效果并不理想，常常是行政的附属物，对于什么事情提交讨论、如何讨论，有很大的随意性。

第五，院（系）中的教师参与民主管理需要加强。目前，院（系）中设置二级教代会或者类似于民主管理委员会的还不多，实际运行的方式和效果不够理想。

第六，学生参与院（系）的民主管理普遍缺失。从院（系）治理的演变过程来看，学生主体被忽视，在整个中国大学院（系）治理变迁过程中，从领导体制探索期到党政联席会议制度形成期，再到内部治理结构完善期，学生在院（系）治理中的作用被忽视，学生被看成治理的对象，这一问题深受我国历史传统和文化因素的影响，应该予以重视。对于上述这些问题，需要研究，有些需要通过政策进一步明确，同时在实践中认真加以解决。

（四）结语

本文从国家政策视角，梳理了 1949 年中华人民共和国成立以来中国大学院（系）治理的历史过程。中国大学院（系）治理经历了领导体制探索期、党政联席会议制度形成期和内部治理结构完善期，其基本特征如下。

第一，大学院（系）治理的历史变迁和大学治理的历史变迁在很大程度上具有同质性。中华人民共和国成立以来，大学院（系）治理的变迁不仅与大学治理变迁在时间上具有同步性，而且在内容上也与大学治理的变迁过程具有一致性。此外，院校结构的调整，大学规模的扩张，大学院（系）规模也不断扩大，使院（系）组织结构与大学组织结构具有越来越多的相似性。高等学校管理重心不断下移，大学院（系）治理结构与大学治理结构呈现出同质化发展。

第二，大学院（系）治理具有很强的政策主导性。中国大学治理变迁受政策主导，大学院（系）治理变迁也是如此。中国大学院（系）治理变迁受大学治理变迁的影响，而且很多大学院（系）治理的政策制度包含在大学治理的政策制度之中，从而主导大学院（系）的治理变迁。

第三，大学院（系）治理具有阶段性和连续性。第一阶段是以探索领导体制为核心，但教授治学和民主管理缺失。第二阶段中国大学院（系）逐渐形成党政联席会议制度，行政权力和党组织权力逐渐融于一个系统，部分大学院（系）进行治理结构改革，学术人员开始逐渐参与院（系）治理，民主管理在一些大学的院（系）起步，治理结构较前一个阶段相对完善。第三阶段进一步坚持和完善党政联席会议制度，政策层面也明确了院（系）中设置相应的组织实施教授治学和民主管理。很多大学院（系）建立学术委员会或教授委员会制度，学术人员参与学术治理获得了制度化的保障，治理结构进一步完善，院（系）的自主性逐渐凸显，大学院（系）治理向着良性方向发展。

第四，大学和院（系）治理需要增强完善院（系）治理的内生动力。从治理制度产生的方向看，中国大学院（系）治理制度产生于顶层设计，然后向下执行。这种制度的产生方式有利于政策的快速执行，但是整齐划一的规定往往忽略了不同类型高等学校院（系）组织的多样性和复杂性。同时，大学和院（系）长期习惯于执行自上而下的政策规定，缺乏完善治理结构的内生动力。

二、二级学院治理：大学治理的重要课题

随着中国现代大学制度建设、高校治理结构的不断优化与管理重心的下移，二级学院作为重要的办学主体，其治理问题已成为高等教育理论研究和实践探索的重要课题。因此，要提高二级学院治理水平，重视二级学院治理是前提，建立新型校院关系是关键，完善二级学院治理结构是落脚点，这三者表现为相互关联、层层深入的逻辑关系。只有重视二级学院的治理，才能有理论研究的深入及行动的自觉；只有建立新型校院关系，才能为良好的二级学院治理创造条件，建立新

型校院关系是二级学院治理必须越过的“坎”；只有完善二级学院治理结构，才能使二级学院治理以稳定的制度形式加以确定，并以制度保证二级学院治理的有序、有效。

（一）应重视二级学院治理

大学的二级学院治理是大学制度建设的重要内容，完善大学二级学院治理结构，对大学治理具有重要意义。对二级学院治理的理性认识和现实反思，昭示着二级学院治理的必要性和紧迫性，同时要求我们必须对此高度重视。

1. 二级学院治理的理性认识

二级学院中聚集了一批专注于教学和科研的专家、学者及学生，其工作的核心内容是进行知识传播、知识发现、知识应用、知识理解等知识生产活动。大学的人才培养、科学研究、社会服务等各项职能要依靠二级学院去承担、去执行、去实现，离开了二级学院，大学的知识生产活动、大学的职能实现就变成了空中楼阁。因此，二级学院的办学水平和治理水平与大学办学水平和治理水平休戚相关、密不可分。

首先，二级学院组织具有复杂性。伯顿•克拉克（Burton C. Clark）提出的大学组织的“矩阵结构”和“底部沉重”，迈克尔•科恩（Michael D. Cohen）和詹姆斯•马奇（James G. March）提出的“有组织无政府状态”，以及查尔斯•比德韦尔（Charles Bidwell）等提出的“科层制与松散结构的混合体”等，都描绘了大学组织的复杂性特征，而这些复杂性实际上都主要体现在大学的二级学院组织中。在二级学院中，教师既从属于某一学科，又从属于一个事业单位。“大学教师们被卷入各种各样的矩阵，多种成员资格决定他们的工作，号召他们的忠诚，分配他们的权力。”[19]大学的几乎所有学术人员都在二级学院工作，所有的学科专业都在这里汇集，相应的学术资源也在二级学院分配。二级学院又具有科层与松散的特点，二级学院是一个学术共同体，又是一级行政单位，这里有明确的职位和层级，有确定的权力和职责，二级学院的领导一般是经过民主推荐程序后由学校任命的。可以说，二级学院既是学科与事业的矩阵组织结构的交汇点，也是学术权力和行政权力二元权力结构的交汇点。学术权力和行政权力各自发挥作用，它们的影响力首先在这里表现出来，同时，学术权力和行政权力的冲突与协调也在这里表现出来。

其次，二级学院组织具有变化性。二级学院组织的变化性主要体现在规模、结构和功能等方面。近年来，随着高等教育的快速发展，我国大学二级学院规模不断扩大，有的二级学院甚至达到几千名学生、几百名教师。此外，随着全球化进程的加快、网络技术的普及，知识形态已经发生了转变，知识生产不再是单一的以纯粹的科学研究为手段的学科型、专业化的模式，同时出现了以跨学科或多学科的问题导向的知识生产模式。传统的以单一学科为导向的二级学院设置，已经不能满足人才培养和知识创新的需求。为适应这些需求，以一级学科建立二级学院的情况已经发生改变，多学科结构构成的二级学院变得普遍，知识的生产不仅在传统的学科内完成，跨学科和以问题为导向的知识生产越来越多。跨学科人才培养和跨学科科学研究、协同育人和协同创新、建立大的学科平台学术团队等方面的要求也在增加。二级学院的治理关系到组织的生机和活力，关系到学术生产力的释放与提升，关系到大学职能能否很好地实现。因此，二级学院的治理必须考虑到各种复杂性和特殊性，这也是对大学的内在逻辑和大学治理规律的尊重。

2. 二级学院治理的现实反思

目前，无论在政策层面、研究层面还是实践层面，对大学二级学院治理的关注都不够，呈现出“四多四少”的情况。

首先，在国家的政策文件中，对大学治理领导体制、治理结构和运行机制的政策规定多，而对大学二级学院的领导体制、治理结构及运行机制的政策规定少。2010 年以来，党和国家发布了一系列关于大学治理的政策文件，如中共中央、国务院颁布的《国家中长期教育改革和发展规划纲要（2010—2020 年）》，中共中央办公厅印发的《普通高等学校党委领导下的校长负责制实施意见》（2014），教育部颁布的《高等学校章程制定暂行办法》（2011）、《高等学校学术委员会规程》（2014）、《普通高等学校理事会规程》（2014）、《学校教职工代表大会规定》（2011）等。这些文件主要规定的是大学校级层面的治理，对二级学院层面涉及的很少。

其次，在高等教育研究中，关于大学治理的研究多，而关于二级学院治理的研究少。2016 年，通过中国知网，以“二级学院治理”或含“院系治理”为主题，共检索到相关论文 22 篇，以“二级学院治理”或含“院系治理”为关键词，共检索到相关论文 6 篇。通过同样的方式，以“大学治理”或“高等教育治理”为主题和关键词进行检索，相关论文分别有 2069 篇和 896 篇，且呈现出逐年递增的趋势。

再次，在大学治理的实践过程中，大学对坚持和完善党委领导下的校长负责制及完善大学的治理结构关注得多，对完善二级学院的领导体制及治理结构关注得少。笔者选取了截至 2016 年 6 月由教育部审核的 92 所高校的章程。其中，90

所高校为部属院校，其他 2 所为中国科学院直属的中国科学院大学和全国妇联直属的中华女子学院。在 90 所部属高校中，有 45 所原“211 工程”高校，39 所原“985 工程”高校。从分析结果来看，尽管多数章程都对二级学院做了不同程度的表述，但作为大学的办学主体，二级学院的重要性尚未得到重视。从二级学院的相关内容在章程中的呈现形式来看，在 92 个大学章程中，仅有 21 个章程将“学院”作为独立章节进行表述；有 41 个章程在“组织（机构）、管理（治理）”等相关章节对二级学院的相关内容进行表述或规定；有 29 个章程在“教学、科研、学术”等相关章节对二级学院的相关内容进行了表述或规定。此外，还有 1 所高校的章程甚至没有涉及二级学院层面的治理内容。可见，尽管几乎所有大学章程都涉及二级学院治理的相关内容，但仅有少数大学将二级学院治理独立地作为大学章程的一部分，更多的大学章程将二级学院治理作为组织（机构）或管理的一个部分，且用较少的笔墨对二级学院治理进行表述，多数章程仅用几个条款甚至一个条款表述与二级学院相关的问题。

最后，在高等教育研究和实践中，关注高等学校二级学院组织形态变革的多，而关注二级学院治理的少。改革开放以来，我国大学学术组织的变革一直是理论研究和实践探索的重要课题。20 世纪 80 年代以来，我国大学组织发展的外部环境发生了根本变化，在高等教育改革开放的进程中，很多大学进行学院制改革，21 世纪初期，一些大学又开始进行学部制改革，此外，跨学科中心、重点实验室、协同创新中心等学术组织不断产生。应该说这些改革是必要的，其本质都是大学为适应社会需要及科学技术发展趋势而自我变革的行为，是为了谋求自身的生存与发展，在外部环境变化下进行的内部组织形态调整。这一时期，学者对二级学院或大学学术组织形态的变革关注较多，成果颇丰，而对二级学院内部治理的关注甚少。在中国知网上以“学院制”和“学部制”为主题进行检索，分别有 447 篇和 62 篇期刊论文。此外，还有 40 篇论文直接将“大学组织形态”作为研究主题。以相同方法对“二级学院治理（或院系治理）”进行检索，结果仅有相关论文 22 篇。

（二）建立新型校院关系

校院关系指的是“大学管理层与学院一级教学科研单位之间的组织关系”[20]。良好的校院关系是完善二级学院治理结构的起点，是激发大学办学活力、提升办学绩效的关键。

1. 新型校院关系的基本意蕴

一直以来，在我国大学的校院关系上，学校一级处于支配和强势的主导地位，二级学院处于依附和弱势的被支配地位。在大学内部，管理的权限主要集中在大学上层，大学的权力运行自上而下，二级学院作为大学内部的组织机构，主要听命于大学上层的指挥。同时，大学设有众多管理部门，履行学校赋予的管理职能。由于每个管理部门都拥有相当的权力和资源，二级学院成了学校管理部门的指挥对象。这样，我国大学的治理出现了过分行政化，这种行政化的重要表现就是大学过分的科层化，大学组织中的直线职能制过分强化，二级学院缺乏相应的权力，成为学校的一个“生产车间”。二级学院要忙于应对各种指令，其办学主体和办学实体地位缺失，结果导致二级学院的压力大，积极性、主动性发挥不够，活力不足。

处理好大学与二级学院的关系，就要改变这种传统的校院关系，建立新型的校院关系。新型校院关系主要应包括以下三方面内容：第一，改变以往高度集中的管理体制，实现管理重心下移。在新型校院关系中，管理重心下移到学院。学院与学校行政权力之间有比较明确的边界，学院拥有足够的财政、人事、学术决策等实效权力。学校对学院进行宏观管理、目标管理及政策调控。第二，改变过度的直线职能结构，实现一定程度的校院结构的扁平化。在新型校院关系中，尽可能地减少管理层级，减少管理部门的权力和资源，二级学院不是作为高校组织的“生产车间”被动地执行学校的行政命令，而是作为办学主体、实体积极主动地按照办学定位，围绕办学目标，遵循大学办学规律，指导办学行为，并实施变革，释放其内在活力。第三，管理部门改变过度的行政指挥，转变职能、转变作风，减少文山会海，减少命令指挥，多做协调工作，多做服务工作。

2. 建立新型校院关系的内在必然

大学的二级学院与其他组织不同，是一个“底部沉重”的组织。大学的主要学术人员，包括大学最知名的教授、最具权威的学者和专家都聚集在二级学院；大学包括教学和科研在内的所有重要学术活动，都要在二级学院和基层开展；大学诸多矛盾与问题都在二级学院显现，并且最终还要在二级学院得到处理和解决。二级学院是以学科专业为基础的学术组织，大学的人才培养、科学研究都是以二级学院为载体完成的。二级学院是否有生机和活力，决定着整个大学是否有生机和活力，也决定着整个大学的实力和水平。此外，二级学院最了解学科发展的现状及自身的优势与劣势，最清楚学科的发展和努力方向、目标及其实现的途径。因此，大学管理重心下移到二级学院，使二级学院真正成为办学主体和办学实体，符合大学的内在逻辑，符合大学的利益，有利于大学各项职能的实现，有利于大学的长远发展。

随着高等教育事业的发展，二级学院组织的规模、结构和功能在发生变化，客观上要求二级学院更加主动和自觉地推动事业发展，这也要求给予二级学院更大的权力和责任。随着高等教育事业的发展，二级学院在坚持立德树人、完成培养人才的任务方面负有更大责任，在教师培养、引进、使用及教师的评价与考核方面的任务更加突出，在经费管理和资源配置与管理方面的任务更加繁重，二级学院需要决策的重大事项增多，需要管理的任务加重，这些都势必要求给予二级学院更多的权力，同时其也必然要承担更多的责任。

当前，我国大学的校院关系仍然表现为权力集中在学校管理层，传统的校院关系仍然起主导作用，这种特征在现有大学章程中也有明显的表现。笔者通过对选取的 92 个大学章程进行分析发现，有 55 所大学在章程中明确了学校实行“院校两级管理制度”，即明确了大学和二级学院在不同层面所拥有的权责范围。但事实上，通过对相关章程文本的分析可知，学院（系、部）的权力是十分有限的。从章程所界定的内容上看，多数规定二级学院“在学校授权的范围内实行自主管理”，但是大学章程对二级学院的权责规定较为模糊。例如，有的章程规定“学院是人才培养、科学研究、社会服务和文化传承创新的组织实施单位，在学校授权范围内自主管理”，但是对于学校授权范围、二级学院在哪些方面进行自主管理，则语焉不详。

3. 建立新型校院关系的实践探索

当前，关于建立新型院系关系的探索，在政策上和大学治理的实践中，已经有很大进展。2010 年，国务院办公厅发布《国务院办公厅关于开展国家教育体制改革试点的通知》，提出 “设立试点学院，开展创新人才培养试验（北京大学等部分高校）”。教育部于 2011 年启动试点学院改革项目，经国家教育体制改革领导小组批准，在全国首批 17 所高校试点学院推行综合改革。为使这一试点顺利推进，2012 年 11 月教育部正式颁布了《教育部关于推进试点学院改革的指导意见》（教高〔2012〕11 号），其中关于“完善学院内部治理结构”一项中提出 3 条支持政策：①支持试点学院改革院长选拔任用制度，试行教授委员会选举提名院长的办法。②支持试点学院赋予学术委员会学科建设、学术评价、学术发展中的审议权，以及在学术成果评价等方面的评定权。③落实和扩大试点学院教学、科研和管理自主权，支持试点学院依照学院章程自主确定发展规划并组织实施，自主配置各类资源，自主确定内部收入分配，自主设置和调整学科专业。这三项政策对变革传统的校院关系，以及建立新型校院关系，给予了有力的政策支持。

在构建新型校院关系上，许多大学已经开始积极行动，构建以学院为主导、扩大学院自主权、激发学院办学活力和内生动力的管理重心下移的治理结构，同时完善二级学院内部治理结构，改革学院内部管理模式。上海交通大学在管理模式上实行校院两级管理，由“校办院”向“院办校”转变。“院为实体”的改革逐步下放权力。第一，实行校院两级管理模式。第二，使决策重心下移，以调动二级学院的积极性。第三，尝试实行校院两级预算体系，下放财权。第四，在人事管理制度改革上，以院为主体，尝试下放人事权。第五，在人事、财务、资产、人才培养等方面都进行授权。上海交通大学通过“院为实体”的改革，深化校院两级管理体制，通过签署授权协议下放权力，构建分层决策的协议授权工作机制。

北京大学最近的一项改革引发了人们的关注。2016 年 11 月 15 日，北京大学校长林建华谈学校改革时提到，要进一步深化北京大学人事制度改革，提升北京大学的人才竞争力，并提出了三项具体举措，分别是：第一，教师是学校的主人翁，也是学校发展建设的主体和主力。全校上下都要更加尊重知识，尊重人才，尊重教师的主体地位。第二，人事制度改革必须注重统筹协调，要努力构建公平、合理、科学、完备的制度体系。第三，要充分调动二级学院的积极性，建立学校与二级学院协调一致、相互配合的体制机制。新华社 2016 年 11 月 10 日报道，北京大学校长林建华接受媒体采访时表示，北京大学的综合改革正稳步推进，效果开始逐步显现。在人事改革方面，北京大学未来将尝试取消二级学院行政领导的行政级别，并采用聘用方式，进一步弱化行政级别，加强人员流动。

上述改革虽然都未过多涉及二级学院内部治理，但都旨在改变原有的校院关系，为二级学院营造出良好的治理环境。

（三）完善二级学院治理结构

在处理好校院关系之后，突出的问题就是如何完善二级学院的治理结构，以保证其坚持正确的办学方向，保证内部各种权力合理配置，各种重大事项科学决策、民主决策、执行有力，同时，各种权力的运行得到有效的制约和监督。当前，我国大学二级学院治理结构在诸多方面仍有待完善。

1. 关于二级学院的领导体制

高等教育领导体制是指高等教育领导机构及与之相适应的行为规范的统一体，其核心是高等教育领导权力的基本配置方式，包括高等教育行政领导体制和高校内部领导体制两个部分。前者主要处理政府与大学之间的关系问题，后者主要解决大学内部党政之间、学术与行政之间的权力配置与运行，即处理大学内部党委权力、行政权力与学术权力之间的关系问题。二级学院领导体制是高校内部管理体制的重要组成部分，是“以制度化的形式规定了二级学院组织系统内的领导权限、领导机构、领导关系及领导活动方式”[21]，是其进行决策、执行、监督等领导活动的具体制度或体系。构建科学合理的二级学院领导体制，本质上是明确二级学院内部的权力关系，对其党政组织的领导与行政职能的发挥，对学院各项管理工作的效率有着重要影响，同时也是二级学院科学、有序运行的重要制度保证。

中华人民共和国成立以来，我国大学的二级学院领导体制的几经变迁与大学领导体制的变革相适应[22]。涉及二级学院的领导体制，应当明确党政关系，明确党委和行政的职责，这应该以制度的形式确定。大学章程是大学的“宪法”，对大学的二级学院的党委和行政权力的边界、各自职责、党政协调运行等重要事项应该加以明确。但从对 92 个大学章程的分析结果来看，关于二级学院党委权力，仅有 27 个章程对其职权范围进行了比较明确的表述，有 51 个章程仅对其进行了简单表述，有 14 个章程未对二级学院党委权力进行表述；关于二级学院行政权力，仅有 21 个章程比较明确地表述了二级学院行政职权的范围，58 个章程仅对二级学院行政权力进行了简单表述，仍有 13 个章程未涉及二级学院行政权力。

1990 年以来，我国大学二级学院实行党政联席会议制度，多年的实践证明，党政联席会议制度对于保证二级学院正确的办学方向和健康发展发挥了重要作用。然而，“党政联席会议是领导体制吗？”目前，针对这一问题的回答仍然莫衷一是。有人认为党政联席会议制度是二级学院领导体制，可以将其概括为党政共同负责制，也有人认为其不是领导体制，只是议事制度或运行机制。领导体制应该包含党政各自的职责及党政关系，如大学实行党委领导下的校长负责制，这一体制既明确了党政之间的关系，也明确了党政的职责，即党委领导和校长负责。而党政联席会议制度只是明确“院（系）工作中的重要事项，要经过党政联席会议，按照民主集中制的原则集体研究决定”，却并未明确党政之间的关系和党政的职责。另外，还有人将党政联席会议制度理解为一种党政协调配合的工作机制，还不是一种领导体制。

如何贯彻好党政联席会议制度，需要有一系列的制度规定，如哪些事项需要党政联席会议作出决策，如何作出决策，如何执行决策等。党政联席会议如同大学的党委会和校长办公会，需要有议事程序和规则，否则就会造成因为各自的理解不同而导致行为不一致的现象，从而影响党政联席会议制度的有效执行。笔者通过对 92 个大学章程进行文本分析发现，尽管有 88 个明确了二级学院实行党政联席会议制度，但其中仅有 5 个章程明确规定了党政联席会议的议事程序，其余 83 个章程虽然有党政联席会议的相关规定，但所规定的内容却流于表面，并未对议事程序和规则作出规定。

2. 关于二级学院中的教授治学

近些年来，在我国高等教育政策和高等教育改革实践中，都十分重视发挥教授治学的作用。2010 年的《国家中长期教育改革和发展规划纲要（2010—2020

年）》强调，“充分发挥学术委员会在学科建设、学术评价、学术发展中的重要作用。探索教授治学的有效途径，充分发挥教授在教学、学术研究和学校管理中的作用”[23]。2012 年的《教育部关于全面提高高等教育质量的若干意见》提出：“优化校院两级学术组织构架”，“推进教授治学，发挥教授在教学、学术研究和学校管理中的作用”。2014 年教育部发布的《高等学校学术委员会规程》，没有对二级学院学术委员会作出规定。

二级学院作为学术单位，其主要事务是学术事务，其基本活动是学术活动，基于这样的事实，教师应该在二级学院治理中发挥重要的作用，教授治学首先应该在二级学院中体现出来。虽然这些年来一些大学的二级学院注意发挥以教授为代表的教师群体在学术治理中的作用，但是对于“什么学术事项”、“哪些人”、以“什么方式参与学术治理”，往往缺乏制度性的规定，缺乏将制度性的规定变成制度化行为的机制。有的二级学院虽有学术委员会或教授委员会，但仍有“虚化”和“随意化”之嫌，缺乏章程的规定，缺乏有效的保障机制。

在 92 个大学章程中，有 72 个章程提出要在二级学院层面建立学术委员会或教授会等，其中仅有 21 个章程比较详细地规定了二级学院层面的学术委员会或教授会的职责、构成或议事规则，有 51 个章程没有对二级学院层面学术委员会或教授会的职责、构成或议事规则进行规定。此外，仍有 20 个章程没有提出应在二级学院层面建立学术委员会或教授会。因为缺乏监督机制和制度规范，在有些二级学院中，学术造诣比较高的人担任院长（系主任）后，个别人的“官气”很足，行政思维过强，主观武断，缺乏学术民主，有的甚至还利用行政职务之便考虑私利，与教师争学术资源。

3. 关于二级学院的民主管理

建设现代大学制度建设，很重要的一项内容是民主参与和民主监督。2010 年的《国家中长期教育改革和发展规划纲要（2010—2020 年）》强调，“加强教职工代表大会、学生代表大会建设，发挥群众团体的作用”。2014 年，中共中央办公厅印发的《关于坚持和完善普通高等学校党委领导下的校长负责制的实施意见》中，强调“发挥教职工代表大会及群众组织作用，健全师生员工参与民主管理和监督的工作机制。实行党务公开和校务公开，及时向师生员工、群众团体、民主党派、离退休老同志等通报学校重大决策及实施情况”[24]。这些精神和要求也适用于二级学院，二级学院需要民主参与和民主监督。教育部于 2011 年发布的《学校教职工代表大会规定》明确：“学校可以在其下属单位建立教职工代表大会制度，在该单位范围内实行民主管理和监督。”

二级学院发展改革的许多重要事项，需要听取广大师生员工的意见，科学决策、民主决策；二级学院有许多事关教职工和学生切身利益的事，需要听取师生员工的意见后再决策；二级学院的许多重要事项，需要师生员工知情，以便民主监督。因此，如何发挥广大教师在二级学院治理中民主参与和民主监督的作用，需要很好地研究，作出制度性安排，并很好地组织实施。

笔者通过对章程的分析发现，在 92 个章程中，有 46 个章程只提到应在二级学院建立教代会，8 个章程提到应在二级学院建立教代会和学代会，有 3 个章程虽然提及要在二级学院建立民主参与机制，但在章程中却并未提及其具体形式。另外，还有 35 个章程没有提及应当在二级学院层面建立相应的民主参与制度。从章程的分析结果来看，当前对二级学院层面的民主管理的重视程度不够，其中绝大多数大学都没有将学生参与二级学院民主管理纳入治理结构。

“高等学校是一种以学科、专业为基础的‘底部沉重’的学术组织。教育教学、科学研究和为社会服务等职能活动都是由广大教职员工在学校基层组织中进行的，基层的自主权是职能活动健康发展，兴旺发达的重要前提。”[25]当前，尽管我国大学的二级学院治理得到了一些关注，但与大学层面的治理相比，对二级学院层面治理的关心和实际举措明显不够。概言之，在多数大学中，二级学院仍然是隶属于大学组织的“生产车间”，其主体地位并未得到重视。从对 92 所大学章程分析的结果中可以看出，校院关系仍然没有突破传统的校院关系，二级学院的办学主体地位没有得到充分落实；在二级学院治理结构方面，大学章程未能起到应有的制度规范作用，在二级学院治理的实践中仍然存在许多问题，如二级学院内部权力边界不清，缺乏相应的议事制度等。因此，二级学院治理首先应以建立新型校院关系为切入点，进而在领导体制、学术管理及民主管理等方面认真解决存在的问题，完善二级学院治理结构，从而不断提高二级学院治理的水平。

参考文献

[1]《中国教育年鉴》编辑部. 中国教育年鉴（1949—1981）[M]. 北京：中国大百科全书出版社，1984：684.

[2] 张应强. 精英与大众——中国高等教育 60 年[M]. 杭州：浙江大学出版社，2009：2.

[3] 李庆刚. 建国以来我国高等教育管理体制改革演变论略[J]. 当代中国史研究，2001，（3）：55-58.

[4] 马陆亭. 我国高等教育管理体制改革 30 年——历程、经验与思考[J]. 中国高教研究，2008，（11）：12-16.

[5] 张德祥. 1949 年以来中国大学治理的历史变迁——基于政策变革的思考[J]. 中国高教研究，2016，(2)：30-32.

[6] 中央教育科学研究所. 中华人民共和国教育大事记（1949—1982）[Z]. 北京：教育科学出版社，1984：168，231，411，420，465，529-530.

[7] 中共中央. 教育部直属高等学校暂行工作条例（草案）[Z].1961-09-15.

[8] 厦门大学档案馆，厦门大学校史研究室. 厦门大学校史 1949—1991（第二卷）[M].厦门：厦门大学出版社，2006：165，174-175.

[9] 上海交通大学数学系. 数学系八十年[M]. 上海：上海交通大学出版社，2013：50-51.

[10] 何东昌. 中华人民共和国重要教育文献（1976—1990）[Z]. 海口：海南出版社，1998：1646.

[11] 苏渭昌，雷克啸，章炳良. 中国教育通史·中华人民共和国卷（下）[M]. 北京：北京师范大学出版社，2013：203.

[12] 中共中央组织部，中共中央宣传部，中共教育部党组. 普通高等学校党建工作基本标准[Z]. 1998-06-22.

[13] 中共教育部党组. 中共教育部党组关于加强普通高等学校基层党组织建设的意见[Z]. 2007-05-25.

[14] 张天华. 高校院（系）党政联席会议制度演变和内涵分析[J]. 国家教育行政学院学报，2013，(3)：64.

[15] 严蔚刚. 我国高校学院基本议事制度的现状、问题及探讨[J]. 中国高教研究，2016，(9)：87.

[16] 中共中央. 中国共产党普通高等学校基层组织工作条例[Z].2010-08-13.

[17] 中华人民共和国教育部，中国教育工会全国委员会. 高等学校教职工代表大会暂行条例[Z]. 1985-01-28.

[18] 中华人民共和国教育部. 教育部关于推进试点学院改革的指导意见[Z]. 2012-11-18.

[19] 伯顿·克拉克. 高等教育新论——多学科的研究[M]. 王承绪，徐辉等译. 杭州：浙江教育出版社，2001：113.

[20] 石中英. 大学办学院还是"学院办大学"[N]. 光明日报，2016-05-16（1）.

[21] 王少安. 构建高等学校院（系）领导体制的探索与实践[J]. 中国高等教育，2011，(23)：18-20.

[22] 张德祥，方水凤. 1949 年以来中国大学院（系）治理的历史变迁[J]. 中国高教研究，2017，(1)：1-7.

[23][24] 中共中央，国务院. 国家中长期教育改革和发展规划纲要（2010—2020 年）[Z].2010-07-29.

[25] 潘懋元. 多学科观点的高等教育研究[M]. 上海：上海教育出版社，2001：342.

中国特色现代大学制度的核心要义、实现路径、政治保障[①]

杨 岭 毕宪顺[②]

（鲁东大学教育科学学院 中国烟台 264025）

摘 要 中国特色现代大学制度是现代大学制度与中国实际相结合的产物，是立足中国大学实践又与时俱进的大学制度。中国特色现代大学制度的核心要义是“彰显学术本质、依法自主办学、实行民主管理”，以“教授治学、依法治校、民主监督、社会参与”为实现路径。党委领导下的校长负责制是其政治保障。

关键词 现代大学制度；中国特色；大学治理；高等教育改革

中国特色现代大学制度建设是当前中国高等教育的改革取向和理论热点。《国家中长期教育改革和发展规划纲要（2010—2020年）》第一次系统阐述了“建设现代学校制度”，同时首次明确提出完善中国特色现代大学制度建设，对其主要任务进行了高瞻远瞩的安排设计。国务院下发的《关于开展国家教育体制改革试点的通知》，明确把中国特色现代大学制度建设作为一项改革试点项目，并确定全国27所高校作为试点单位，标志着建设中国特色现代大学制度从理论探讨与学校自发实践摸索阶段步入了以国家为主导的试点推进阶段，上升为国家层面的决策和部署[1]。

---

① 基金项目：本文系国家自然科学基金项目“依法治校与教授治学相向而行的高校内部治理结构研究”（项目批准号：71540016）的成果。

② 作者简介：杨岭（1987— ），女，福建厦门人，鲁东大学教育科学学院博士研究生，主要研究方向为教育管理与政策；毕宪顺（1956— ），男，山东巨野人，鲁东大学党委书记，教授，博士生导师，主要研究方向为教育管理与政策。

一、中国特色现代大学制度是扎根于中国大地的现代大学制度

大学是历史的产物，也是制度的产物。大学在历史的发展中演进，在制度的变革中创新。现代大学制度是经过漫长的历史演进而来的。人类最早的大学是中世纪博洛尼亚大学、萨莱尔诺大学等欧洲大陆学校。最初的大学以行会形式出现，教师与学生组成了行会，共同对大学进行管理，这成为人类最早的现代大学制度的雏形，使得大学具有大学自治、教授治校、学术独立的传统[2]。19 世纪中期，德国洪堡在柏林大学进行了大刀阔斧的改革，教学与科研相结合逐渐成为大学的重要理念，由此大学自治、学术自由、教学与科研相结合等理念深刻影响了世界其他国家和地区大学的发展。

1862 年美国实施的《莫雷尔法案》，使大学为社会服务成了赠地学院的目标。威斯康星大学积极为地方经济社会发展服务，开启了大学为社会服务的先河，是美国现代大学制度的典型代表。

现代大学制度是经过各种文明、不同国家在大学改革与发展中逐步形成的一种普遍性认识，指与经济社会发展相适应，符合教育规律，政府宏观调控，大学自主办学，管理体制与运行机制相统一的管理方式、治理框架、规则体系和制度安排。“大学自治、学术自由和教授治校”成了现代大学最核心的价值和制度。

大学制度在不同的时空，与不同的政治体制和社会环境相适应，形成各异的发展模式。中国现代大学制度建设之路异常艰辛，出现过传统与现代、国际化与本土化等关系的纠结与对立，经历了“照搬模式”“依附发展模式”后，中国特色现代大学制度正逐步成型[3]。扎根中国大地办大学，给我们很多启发和思考，即中国的大学制度也要扎根中国大地，促进中国特色与现代大学制度有机融合。中国特色现代大学制度是现代大学制度与中国实际相结合的产物，是普遍性与多样性的辩证统一。一方面，中国特色规定了现代大学制度的基本属性，指出了我们所要构建的现代大学制度是属于中国独有的，为大学制度的建设指明了发展的方向。离开中国国情和实际的大学制度，即使是先进的制度，也难以为中国大学制度建设提供有效的指导，非但不能带动中国大学的发展，反而还丧失了中国特色与优秀传统。另一方面，现代大学制度明确了中国大学制度改革的内容，缺少对现代大学制度理念和实践经验的探索，中国的传统与特色容易在世界高等教育竞争中故步自封、失去光彩。因此，其是基于国际社会的先进经验，遵循现代大学制度的基本理念、共同的价值取向、根本特征和要求，尊重世界各国大学发展的基本规律，构建富有本土特色的大学制度[4]。

二、中国特色现代大学制度的核心要义

我国高校正致力于现代大学制度的改革和建设，改革步入深水区，发展面临着不少困惑，这与中国特色现代大学制度设计中某些核心要素的欠缺、对其本质特征的认识模糊有关。建设中国特色现代大学制度，归根结底是要在当前中国大学制度体系中注入大学发展不可或缺的核心元素，帮助中国大学破解改革和发展中的瓶颈，而当务之急是明确中国特色现代大学制度的核心要义[5]。

现代大学制度是建立在大学理念基础之上的制度系统，是在大学理念指导、支配与监控下进行的构建和改革，现代大学制度的要义实质上是大学理念的重要体现，反映了大学的价值追求。中外高等教育发展史上出现过不少大学经典理念，如德国洪堡、美国纽曼、中国蔡元培等提出的大学理念。综合大学自治、学术自由、思想自由、兼容并包、学术为本、依法治校、科学与民主管理等理念精华，可归纳出现代大学制度的核心要义为彰显学术本质、依法自主办学、实行民主管理。而中国特色现代大学制度是现代大学制度的中国体现，因而彰显学术本质、依法自主办学、实行民主管理同样成了中国特色现代大学制度的核心要义。

（一）彰显学术本质——中国特色现代大学制度之魂

最初的大学是由学者自发组织起来的探讨学术问题、交流知识和学问的组织，不受世俗干扰，带有宗教研究的色彩。学术性是大学的本质属性，是现代大学制度的灵魂，不具备学术属性的大学不能称之为大学，大学制度的改革和设计不能脱离学术之本。学术本质经过了漫长的时空隧道，时至今日，仍然是主导中国高等学校改革和发展的根本问题。

现代大学制度唯有遵循学术的客观规律和基本逻辑，才能将大学资源、学术自由等理念落到实处，彰显学术本质是现代大学制度设计的逻辑起点，现代大学制度的一切制度设计均不能脱离对这一基本规律和逻辑的把握，因为大学是遵循自身发展规律建立起来的高度自治的组织，知识和学术是逻辑起点，学术本质是维系大学生存和发展的根基。现代大学制度涉及外部层面的大学与政府、社会关系制度及内部治理制度。在内外部治理制度错综复杂的关系中，怎样更好地避免学术性的迷失，不至于使大学失去学术之魂，是在现代大学制度建设中需要重视和妥善处理的问题。高等教育发展出现的“大学自治”“学术自由”“教授治学”“大学独立”“思想自由”等大学理念无一不是立足于大学的学术本质，构建现代大学制度，促进大学系统的长足发展，必不能脱离学术本质，彰显学术本质为现代大学制度提供了精神理念支柱[6]。

（二）依法自主办学——中国特色现代大学制度之根

现代大学制度的另一核心要义是依法自主办学。建设中国特色现代大学制度的基本目的，在于建立协调的政府—大学关系，进一步落实大学自治理念，实现高校自主办学、依法办学。政府与高校是性质不同的社会机构，政府依照法律法规对国家和社会的各项事务进行管理，高校作为学术性组织而存在，承担着人才培养、科学研究、社会服务、文化传承创新的使命。虽然国家法律法规及其他政策文件多次提及高校办学的自主权问题，各地区各高校也进行了诸多实践方面的探索，但大学自主办学的理念和愿景还未完全实现。

依法自主办学是维护大学学术自由的前提和基础，是保障学术权力正常运行的必要条件，也是建设中国特色现代大学制度的重要内容。从高校内部治理来看，大学依法自主办学，指的是作为独立组织，大学有权自主决定人才培养与科学研究的相关事务，制定学校各项规章制度，依法对学校事务进行自主规划、自主管理、自主评估和自主监测，对学校的发展定位、部门调整、学科专业设置、教学管理、招生就业、人员编制、职称晋级等制度进行改革和创新，增强学校自主办学的能力。自主办学的首要前提和基础是依法，即有法可依、有法必依，因此，高校要理顺大学—教师—学生三大主体的法律关系，在大学制度中构建相应的管理结构，自主独立办学，并接受师生员工、政府和社会的合法监督。

落实高校依法办学、自主办学，建设中国特色现代大学制度，从根本上说就是要理顺政校关系，积极探索高校依法自主办学的途径。首先，积极推进政府管理职能转变，积极向大学放权，在高校学科专业设置权、教师职称评审权、招生自主权、学术评审权等方面要进一步简政放权。与此同时，为防止“一放就乱”的局面，政府需要加强对高校依法自主办学的宏观指导，完善高等教育评估和监督机制，建立健全教学质量保障体系、人才培养监测制度等，提高高校教学和人才培养质量。其次，通过教育经费支持引导高校进行内涵式发展，不断优化高校专业结构及人才培养的层次结构，把高等教育国际化水平、教学水平和人才培养质量作为经费支持的重要依据。最后，注重法制建设，建立健全相关的高等教育法律法规，推进大学章程建设，明晰政府和高校的职责权限，进一步培育高校管理者与师生员工的法理意识，保障大学自主办学落到实处。

（三）实行民主管理——中国特色现代大学制度之本

实现民主管理是西方大学制度的基本内核，也是中国特色现代大学制度的核心要义之一。《中华人民共和国高等教育法》第十一条对高等学校实行民主管理作出了明确规定，高等学校应当面向社会，依法自主办学，实行民主管理。

实行民主管理的中国特色现代大学制度，体现在大学管理和决策的民主制度上。教职工队伍及学生群体作为高校内部的两个利益主体，要更加广泛地参与到高校科学管理中来，通过教代会、学生代表大会等制度为学校的科学管理建言献策，保障师生群体在民主管理中的权力。此外，需完善对管理的监督机制，建立健全信息公开制度，使学校各项事务管理接受师生和社会的监督。

实行民主管理的中国特色现代大学制度，应反映出民主的规范性和有章可循。大学民主管理不能脱离规范性，因而其首要前提在于管理的有章可循，克服人治的随意性。各高校都把大学章程建设作为现代大学制度建设的有利时机，把大学章程建设看成是对高校管理不断科学化和规范化的过程。一些大学通过系统梳理高等学校的办学传统，立足于办学现实问题，展望办学未来，进一步规范大学内部管理制度，完善科学管理模式，提高大学的管理法制化、科学化和民主化水平。

实行民主管理的中国特色现代大学制度，表现在公开透明的学校事务管理制度方面。推进人财物调配公开透明化，以人事管理制度改革为重点，提高高校内部管理的民主化、科学化，建立和完善大学章程，以章程为指导，鼓励教师共同参与人事管理制度改革，在岗位设置、人员安排和流动、考评制度、薪酬晋升等方面实现民主公开；以财务管理制度改革为关键，加强财务管理，设立财务透明机制，杜绝资金使用不明，防止腐败的产生；以物力资源管理为抓手，推进物力资源数据化管理，防止物力资源配置被人情因素绑架。总之，高校要建立高效的“人、财、物”透明公开的管理制度，不断推进资源的优化配置，提高办学效益，使高校内部管理做到有章可循、民主高效、规范运行。

实行民主管理的中国特色现代大学制度，彰显于民主监督程序之中。第一，认真贯彻民主集中制原则，建立和完善议事规则及权力运行程序，进一步保障高校重大事务决策的民主性和科学性，着重健全领导决策的相关机制、规则和程序，避免权力行使失范，加强管理的民主和科学。第二，对于学校发展的各项事务，充分发挥教代会、董事会、学术委员会等组织的监督决策权，完善相关制度，保障高校事务管理有法有章，合理规范，科学发展，为大学治理的现代化和科学化奠定基础。

三、中国特色现代大学制度的实现路径

《国家中长期教育改革和发展规划纲要（2010—2020 年）》提出了现代学校制度“依法办学、自主管理、民主监督、社会参与”的十六字方针，结合各大学章

程所彰显的现代大学制度精神，可以把中国特色现代大学制度的实现路径设定为“教授治学、依法治校、民主监督、社会参与”，包含内外部两个层面的制度设计，外部层面是国家宏观层面，主要表现为高校与政府的关系、高校与社会的关系等；内部层面是高校微观层面，涉及高校内部治理结构调整、管理制度安排，特别是学术权力和行政权力的界定与调整。其中，教授治学，以学术委员会为主体；依法治校，以党委会和以校长为首的行政组织为主体；民主监督，以教职工代表大会为主体；社会参与，以理事会或董事会为主体。因此，大学改革只有走教授治学、依法治校、民主监督、社会参与的路径，才能不断趋向中国特色现代大学制度的建设目标。

（一）教授治学

教授治学作为大学学术治理的基本形式，反映了中国特色现代大学制度的核心理念、根本特征，是中国特色大学治理的必然趋势，教授治学体现了依法治校、学术为本等理念。坚持教授治学并积极在实践中落实教授治学的实现形式，有利于进一步保障高校学术权力的发展，平衡行政权力和学术权力的关系，保障学术自由，促进学术发展，从而有利于高校教育教学活动的开展，以及科学研究的繁荣。

教授治学中的“治学”是一个内涵极为丰富的词，包含治学科、治学术、治教学、治学风等含义。当前中国高校的学术委员会、教授会、教学指导委员会、学位委员会、专业技术评定委员会等制度设计，彰显和体现了教授委员会的理念与核心内涵。以教授治学为核心的制度体系能够有效发挥学者的智慧，发挥其专业特长，建设“富有智慧”的中国特色现代大学制度。

教授治学是有别于教授治校的。第一，教授治学首先是一种办学理念，其次是一种制度安排。教授治校不符合中国高校校情，照搬西方高校的治理模式不行，作为办学理念可以吸取有用的东西。治学和治校不是自治，更不是完全自治。教授治学是教授治校与中国高校实际相结合的创造性产物。第二，教授治学与教授治校本质是一致的，都体现了大学学术性的本质属性，彰显了大学的功能，发挥了教授的作用。第三，治学是治校的核心内容，是治校的基础和前提，没有治学，治校就是一句空话；治校是治学的保障，没有治校，治学也难以真正实现。

由此可见，探索教授治学的有效途径，就是要推进高校学术组织的建设，构建大学学术治理的组织框架，不断完善学术管理模式，加强基层学术组织建设；构建起以校学术委员会为核心、基层学术组织为基石的学术管理体系，完善相关的学术管理规章制度，保障学术组织的依法依规正常运转，发挥学术组织在大学管理中的作用，为教授治学提供平台和规章制度保障。

（二）依法治校

依法治校作为中国特色现代大学制度的重要实现形式，是教授治学的前提和保障，是大学依法治理、自主办学的基石。依法治校与教授治学协同推进、相向而行，走向中国特色现代大学制度。高等学校作为一个社会组织，需要依照法律法规来进行学校的治理，尊重法律精神，建立健全权利保障机制，完善权力制约和监督制度。同时，高校作为独立的法人组织，在人才培养、科学研究等方面必然要和社会发生联系，各种纠纷在所难免，因此，遵循法律法规、依法办学、依法管理、依法治学、依法治教，成了当前高校平稳发展的必然选择[7]。

依法治校是大学去行政化的可行路径，以法治替代人治，以规范替代主观随意，以依法治校规则为基，保障教授治学。从宏观管理层面看，依法治校是政府及教育主管部门依法依规对高校进行治理。从高校内部管理层面看，依法治校是高校管理者对学校内部事务进行依法管理。依法治校是依法治国理念在教育领域的重要体现，也是依法行政的重要组成部分。坚持依法治校，是增强高校内涵建设，提高办学活力的重要保证，有助于建设中国特色现代大学制度。

依法治校是推进现代大学制度建设、构建新型“政府—高校”关系的根本保证，是进一步健全高校内部治理结构，完善权力运行机制，促进管理科学化和规范化发展，增强管理效益的迫切需要。具体来说，依法治校，一方面保障了国家及政府管理部门对高校的领导和管理，使得政府对高等教育的治理更加规范，另一方面为学校内部的管理秩序保驾护航，它不仅保障学校管理系统的稳定，还促进管理有法可依，走向规范化、科学化、现代化，管理者执法必严，师生员工有法必依，有益于增强学校管理系统的整体效益。高校应当坚持依法治校，转变大学管理的基本理念、管理模式，为大学制度建立奠定扎实的基础。

《教育部关于加强依法治校工作的若干意见》《全面推进依法治校实施纲要》《依法治校——建设现代学校制度实施纲要》等文件，对依法治校提出了明确的要求，并提供了指导，中国各高校积极开展依法治校的探索，对依法治校的具体措施和方法进行了精细化的制度设计，高校领导和管理人员的法治观念进一步提升，教职员工和学生的维权意识及法律意识得到增强，依法治校、依法治学、依法治教、依法管理等理念逐渐深入人心，高校管理和运行不断走向制度化、科学化、规范化，依法管理的水平得到提升，依法治校理念保障下的中国特色现代大学制度建设出现新局面[8]。

依法治校之“法”，既包含国家层面的法律法规，也包括高校内部的规章制度，在治校之“法”中，大学章程无疑是一大法。大学章程的出现，为大学探索自主独立办学提供了法理依据，章程的制定和实施是大学独立法人地位得到实质性落实的一大飞跃。大学章程确立之后，高校就具备了依照章程自主管理学校的权利，为依法治校提供了坚实的法理基础。此外，大学章程是把现代大学制度建设理念转化为具体治理模式的重要载体，是依法治校的关键依据。大学治理结构是大学章程的重要内容，涉及办什么样的大学及怎样办大学。同时，大学章程也是大学制度改革成果的集中展现，章程制定和完善的过程本身就渗透和传达着依法治校和大学制度改革的过程，大学章程有利于彰显现代大学制度的“自主办学”“依法治校”的精神和要义，因此依法治校可以从大学章程建设入手，把大学制度改革的要求及高校治理规定，以文本的形式确定下来，为中国特色现代大学制度凝聚力量，为依法治校提供最有力的依据[9]。

（三）民主监督

从产生起，大学就是一种学者行会性质的自发性组织，学者是各项事务的管理者和决策者。随着大学组织的庞杂、大学事务的增多，管理分工逐渐细化，但是民主管理与监督的思想作为现代大学的精神内涵长盛不衰。民主监督是现代大学管理的精神理念和基本模式，是实现科学治理的关键形式，同时也是中国特色现代大学制度的重要表征。

民主有广义与狭义之分，广义的民主代表一种生活和管理的方式，而狭义的民主主要指遵循平等、少数服从多数的原则，共同管理大学事务的制度。不论是狭义的民主还是广义的民主，均彰显了民主最核心的价值取向和本质精髓，即民主是“平等参与、共同决策、有效监督”精神和理念的倡导。大学制度的民主监督，既不能脱离“民主管理”，也离不开“有效监督”。缺乏监督，民主决策和民主参与便得不到保证，无法实现真正意义上的民主。

高校权力作为一种公权力，其正常有效运行事关高校师生合法权益的实现，以及高校的和谐稳定与发展。民主监督是中国特色现代大学制度建设中不容忽视的部分，完善以教代会、工代会、学生代表大会为核心的大学内部民主监督机制，是规范权力合法运行的需要，也是大学制度建设的有力保障。民主监督的根本出发点，在于防止大学管理权力的滥用，促进权力运行的规范、合理、科学。当前，高校民主监督的主要渠道有教职工代表大会、校务公开（信息公开、办事公开）、民主评议干部、学生参与管理、学校审计监察等。评价大学制度建设民主监督机制的健全与否，其重要指标在于，民主监督制度对权力的制约方式及效果、相关法律法规和体制机制的保障程度、民主监督渠道畅通程度、师生员工对民主监督的自觉程度等。

民主监督是调动教职工和学生参与高校管理并保障师生合法权益的根本要求，是现代大学制度的基本特征。2011 年，教育部发布《学校教职工代表大会规定》，明确规定了教代会的性质、地位与职能等，对高校教职员工参与民主监督进行了细致的制度设计，使教师参与权、监督权更加具有可操作性，有助于使民主监督落到实处。总之，民主监督是贯彻和落实“依法治校”方针的根本要求，提高大学治理法制化水平的重要保障，以及维护教职工和学生合法权益的关键手段，又是大学权力运行正常行使的必然选择，同时也是有效激励师生员工和社会各界主动关心和参与大学改革与发展的驱动力。

（四）社会参与

社会参与是中国特色现代大学开放性治理的必要形式。在构建国家现代治理体系中，不少领域强调第三方机制。构建中国特色现代大学制度同样涉及大学与社会、市场的关系，即在政府和高校之外的第三方力量。在知识经济和市场经济的大背景下，社会发展对知识和技术的依赖，决定了大学在社会生活中的重要地位，也对大学承担的社会责任提出了要求。此外，大学的生存、运转和发展需要经费支持，人才的培养、学术的发展无一不需要庞大的经费，高校办学经费不仅仅来自政府财政拨款，社会也应当成为高校办学经费的重要来源。大学和社会之间的关系比大学和政府在利益方面的关系更加复杂。而大学的运行是依据知识逻辑、遵循学科发展的规律，而社会利益活动多遵循实用和功利性原则，二者之间的差异导致大学在与社会互动中存在诸多矛盾，在大学与社会价值取向、运行特征等存在差异的形势下，大学如何协调与社会的关系，如何更好地推进社会参与，均要求现代大学制度加以明晰和保护。

在现代大学制度外部关系中，除了“大学—政府”这对重要关系外，还存在着“大学—社会”关系，大学的改革和发展固然离不开政府的宏观指导和财政拨款，但社会的参与和支持同样重要，同时大学承担着服务社会的基本职责和重要历史使命，理应加强与社会的联系。然而，这并不意味着现代大学制度的建设要放弃大学的独立精神和风骨气节，盲目迎合社会，而是需要高校坚守自身的独立品格，与社会保持一定距离，做社会的思想风向标和文化的指引灯。同时，随着经济社会的发展，高校需要加强与社会的合作，争取多方教育资源，增强为社会服务的能力，把社会这一因素列入高校管理决策及治理体系的构建中，使现代大学的发展与社会进步实现有机结合。

当前我国高等教育发展尚处于高教大众化发展、大学发展中社会参与尚未完全实现的时期，大学制度建设迫切需要推进社会参与，进一步建立健全社会参与大学改革和发展的参与机制。当前，社会力量可通过三条路径参与大学制度建设：一是建立健全理事会或董事会制度，为社会参与高校办学和管理提供实质性的平台，吸收社会能人异士、能工巧匠进行决策和管理；二是重视大学发展的第三方评价，发展社会中介机构，评估大学的办学质量；三是积极推进社会监督高校办学机制，高校运行自觉接受外界的评价、引导和监督，保障教育质量。

这三条路径指明了社会参与大学办学的方向和途径，更具体地来说，可以采取的策略有：要建立健全董事会/理事会制度，促进社会参与到现代大学办学和治理中，加强大学与社会的良性互动，探索社会参与办学的有效模式，完善社会参与办学、支持学校发展、监督学校管理的长效机制；建立健全高等教育办学社会监督和评价机制，通过社会中介组织，逐步转变政府职能，推进社会组织在大学规划发展和大学治理、质量评估等方面的重要作用，引导社会积极参与到高校学科发展、专业建设、课程与教学改革、科学研究开展中，逐步建立社会参与大学评估和监督的体制，提高大学的办学质量，有效促进社会力量在现代大学制度建设中各个层面的深度渗透。

四、中国特色现代大学制度的政治保障

中国特色现代大学制度是坚持党委领导下的校长负责制的大学制度。党委领导下的校长负责制是现代大学制度中国特色的最集中体现。与西方现代大学制度相比较，中国特色现代大学制度最大的特色在于，坚持中国共产党对大学的领导。在中国特色现代大学制度改革试点中，北京大学、复旦大学等 27 所高校对党委领导下的校长负责制进行了积极的探索，为中国大学内部领导体制改革提供了有效的运行机制。作为中国共产党对大学进行领导的根本制度、社会主义办学方向的重要保证，党委领导下的校长负责制贴近中国传统，吻合中国实际，凸显了中国特色。

建立以党委领导下的校长负责制为核心内容的中国特色现代大学制度，符合历史与现实，并具备法理依据。首先，它符合中国大学历史传统，是符合国情和校情的领导体制。中国大学领导制度从 20 世纪 50 年代起经过了“校长负责制”“党委领导下的校务委员会负责制”“党委领导下的以校长为首的校务委员会负责制”等演变，“文化大革命”时期实行革命委员会制，20 世纪 80 年代中期开始进行校长负责制改革探索，20 世纪 80 年代末，党委领导下的校长负责制在中国大学实行，至今已近 30 年。实践表明，这一制度符合当前我国国情，兼顾了办学传统，有效加强了党对高校的领导与监督，能防止权力的误用和滥用，提高了决

策的效力，凝聚了人心、汇聚了力量。其次，它是中国大学的现实选择。高等教育领域特别是高等学校进入全面深化改革、全面依法治校的新阶段，中国高等教育和高等学校立足于传统与现实，选择坚持党委坚强有力的领导，不断深化领导体制改革。高校推行内部管理体制改革，建立现代大学制度，并非盲从西方大学管理体制，而是基于中国传统与现实，在坚持和完善党委领导下的校长负责制的基础上，明晰和确立高校内部行政体制，改革和构建科学的决策体制和权力运行机制。最后，它具备充分的法理依据，受法律保护。1990 年《中共中央关于加强高等学校党的建设的通知》，1996 年颁布、2010 年修订的《中国共产党普通高等学校基层组织工作条例》，1998 年的《中华人民共和国高等教育法》，2014 年的《关于坚持和完善普通高等学校党委领导下的校长负责制的实施意见》（中办发〔2014〕55 号）等文件，均对这一制度提出了明确的要求。

第一，要深刻把握党委领导下的校长负责制的科学含义。首先，党委领导下的校长负责制是一个制度，不是党委领导和校长负责的简单相加，没有离开制度安排的党委领导，也没有离开制度安排和党委领导的校长负责。该领导制度保障了高等教育的社会主义办学方向，坚持党对高校的有力领导。其次，党委是高等学校的领导核心，对高校工作进行统一领导，对学校办学方向和重大事项进行决策和监督。最后，大学校长全面负责教学、科研、行政等工作。

第二，要正确处理和把握党委与行政、党委书记与校长、行政权力与学术权力、教授治学与依法治校的关系。党委是大学的领导核心，统揽全局，要集中精力抓好办学方向和改革发展中的重大问题。以校长为首的行政班子，要在职责范围内积极主动、独立负责地做好教学、科研和行政管理工作。党委班子、行政班子都是集体领导，党员校长也是党委班子成员，党政之间及党委、行政内部又各有分工。党委和行政不能以分工简单地割裂相互之间的联系，而是要明确同一个目标，坚持同一个根本制度，完成同一个总任务，同时又要各司其职、各尽其责。书记和校长要深刻认识到自身的责任，具有大局意识，以大学的发展为第一要务，可以形成互补、互相、互通、互让的良好关系。

第三，要完善协调运行机制。党委领导下的校长负责制是一个不可分割的有机整体，必须坚持党委的领导核心地位，保证校长依法行使职权，建立健全党委统一领导、党政分工合作、协调运行的工作机制，要合理确定领导班子成员分工，明确工作职责。此外，要认真贯彻民主集中制原则，坚持学校发展的重大事项决策集体领导、民主集中、个别酝酿、会议决定，坚持集体领导和个人分工负责相结合，校长负责与分工负责的统一，集体定了的事，领导班子成员应按照分工分头去办，勇于负责。

参考文献

[1] 焦征法. 探索完善中国特色现代大学制度[J]. 中国高等教育，2013，（23）：26-28.

[2] 张蕊. 中国语境下现代大学制度的历史继承与现实发展[J]. 现代传播（中国传媒大学学报），2013，35（9）：149-150.

[3] 张应强，蒋华林. 关于中国特色现代大学制度的理论认识[J]. 教育研究，2013，（11）：35-43.

[4] 朱晓刚. 我国现代大学制度建设之路：历史经验与启示[J]. 高校教育管理，2013，7（3）：11-18

[5] 蔡燊冬. 中国特色现代大学制度的概念辨析[J]. 教育评论，2015，（5）：12-14.

[6] 钟秉林，赵应生，洪煜. 中国特色现代大学制度建设——目标、特征、内容及推进策略[J]. 北京师范大学学报（社会科学版），2011，（4）：13-17.

[7] 程悦，刘赞英. 坚守大学学术本质，构建现代大学制度[J]. 河北师范大学学报（教育科学版），2013，（3）：53-57.

[8] 顾海良. 完善内部治理结构建设现代大学制度[J]. 中国高等教育，2010，（Z3）：18-20.

[9] 马陆亭. 从高等教育体制改革到现代大学制度建设[J]. 中国高等教育，2013，（21）：19-22.

协商共治：我国大学院系有效治理的可行模式①

李成恩　常　亮②

（大连理工大学　中国大连　116024）

摘　要　院系是履行大学核心职能的具体实施单位，是我国大学治理体系和治理能力现代化建设的关键环节。本文在对我国大学院系治理现状进行述评的基础上，归纳出了院系治理中存在的问题。通过对欧美大学院系治理模式的考察和比较，着重探讨了美国大学共同治理模式的特征及发展趋势。综合参考欧美院系的治理经验，结合我国大学院系治理实际，提出了大学院系"协商共治"模式的构想。同时，在我国现有政策法规框架下，凝练提出了"党政共管、分工合作、教授治学、民主协商"的院系治理原则，重构多元利益主体共同参与下的院系治理结构与模式运行方式，初步构建了适于我国大学院系有效治理的"协商共治"模式。

关键词　治理现代化；共同治理；协商治理；网络治理；协商共治

"坚持以中国特色、世界一流为核心……以支持创新驱动发展战略为导向"[1]，加快推动大学治理体系和治理能力现代化，是中国大学实现"双一流"建设

---

① 基金项目：教育部哲学社会科学研究重大课题攻关项目（课题编号：14JZD051）；教育部人文社会科学研究青年基金项目（课题编号：15YJC880002）；2015 年度教育部人文社科专项（课题编号：15JDSZ1003）；2016 年度辽宁省高校党建研究课题（课题编号：2016GXDJ-C001）；2016 年度大连理工大学党建研究重点课题（课题编号：DUTDJ1604）。

② 作者简介：李成恩（1966—　），大连理工大学党委副书记、纪委书记，博士，教授，主要研究方向为大学治理与管理；常亮（1979—　），大连理工大学物理与光电工程学院党委副书记兼副院长，博士，工商管理博士后，主要研究方向为教育管理。

目标的重要途径（统筹推进世界一流大学和一流学科建设，简称“双一流”建设）。随着高等教育综合改革的不断深入，在大学治理重心下移和大学治理结构“扁平化”的趋势下，我国大学院系（文中所指院系，泛指高校中独立设置的二级学部、院、系）的办学主体地位得以不断强化，因此，推进院系治理现代化已经成为完善中国特色大学内部治理体系的关键[2]。然而，在中国大学的“双一流”建设对于寻求院系治理现代化支撑的诉求日趋迫切之际，却面临着院系有效治理模式供给不足的尴尬。究其原因，还是在于“大学属于底部厚重治理却较薄弱的组织，现代大学制度创新的重点和难点在中间层次，并集中在大学内学院一级的权力机制上”[3]；现实中，我国大学院系在治理结构调适、制度设计安排、治理文化积淀和权力运行机制等方面的建设，普遍存在着体系完整性的缺失与模式创新的滞后。与此同时，学术界对于大学治理（校级层面）问题研究的“热”与对于院系治理问题研究的“冷”，形成了鲜明的对比。为此，探索适合我国校情、教情、国情的大学院系有效治理模式，已成为推动我国大学院系治理现代化进程的当务之急；而实现院系有效治理的关键，在于遵循大学权力（主要指大学内部权力）运行的特点和规律，在权力分享与分权制衡的基础上，实现权力间的协调、制约与高效运行[4]。基于上述考虑，本文力求秉承以世界眼光启迪“中国智慧”的研究思路，在对欧美大学院系治理经验加以考察和述评的基础上，结合我国大学院系治理发展中的现实诉求，通过在“中国特色”语境下对源自欧美大学的“共同治理”和“协商治理”加以整合、创新和再造，从而演绎出一种适用于我国大学院系治理的现代化的可行模式——“协商共治”模式。

一、我国大学院系治理的现状与困惑

大学中的院系是高校履行人才培养、科学研究、社会服务、文化传承创新职能的“具体组织实施单位”，是某个学科或相近几个学科组成的“学术共同体”；虽然我国大学中的院系不具有独立法人身份，但却拥有“在学校授权范围内自主管理和决定本单位重大事项的权力”[5]，这种授权模式构成了我国大学院系治理的合法性基础。近年来，社会上关于落实大学办学自主权的呼声日趋高涨，但我国大学内部权力运行中的“泛行政化”倾向依然十分严重，反映到院系治理层面，便集中表现为“校院两级权责不匹配。权力集中于学校高层，院系等基层学术组织权力缺失。权力上移、责任下移、权责失衡严重抑制了基层学术组织的活力和积极性”[6]。当然，造成我国大学院系治理存在诸多问题的因素是多方面的，其中既有大学外部治理存在缺陷带来的“因”，也有大学内部权力运行制约与监督体系不够完善造成的“果”。相关研究认为，我国大学组织中主要存在“党组织系统、行政系统、学术系统、社群系统，分别对应政治权力、行政权力、学术权力和民主权力”[7]，为此，本文谨以上述类型权力的结构、配置、运行为研究对象，对我国大学院系治理发展的现状与存在的困惑进行概要分析。

1. 制度体系的匮乏与顶层设计的缺失

依法依规推进大学治理体系和治理能力现代化，是我国大学加快“双一流”建设采取的重要举措，也是构建中国特色现代大学制度的基本依据。目前，党和国家先后颁布实施了《中华人民共和国高等教育法》（以下简称“教育法”）、《国家中长期教育改革和发展规划纲要（2010－2020 年）》（以下简称“纲要”）、《中国共产党普通高等学校基层组织工作条例》（以下简称“条例”）、《关于坚持和完善普通高等学校党委领导下的校长负责制的实施意见》（以下简称“意见”）、《统筹推进世界一流大学和一流学科建设总体方案》（以下简称“方案”）等一系列法律法规，为推动我国大学治理体系和治理能力现代化建设作出了顶层设计。相对而言，党和国家在大学治理层面上的基本阐释与制度安排是较为明晰的，而对于大学院系治理的表述和解释则相对模糊、笼统，甚至存在缺失[8]。其中，“条例”第三章第十一条（二）中“通过党政联席会议，讨论和决定本单位重要事项。支持本单位行政领导班子和负责人在其职责范围内独立负责地开展工作”的表述，已经是国家层面政策法规中对于大学院系治理基本形态作出的最详尽的阐释。然而，对于诸如大学校院两级组织间的权力与责任如何划分，院系中的政治权力、行政权力、学术权力、民主权力如何配置、运行与协调，以及相关权力的运行制约与监督机制等均未予以明确，而且以党内制度代行法规职能，也与党和国家提倡的全面依法治国、依法治教方略不相符。

在操作层面，由于顶层设计和制度体系的相对缺失，一定程度上导致了相关大学对完善院系治理体系关注度的不足。例如，以素有大学“宪法”之称的大学章程为例，在教育部核准发布的 84 所大学章程中，涉及院系治理事宜的平均章节数仅占到总章节数的 7.4%，涉及的平均条目数仅占到总条目数的 8.12%[9]。同时，各学校在章程内容设计上也主要关注校级层面权力的“横向”配置问题，较少触及校院权力间的“纵向”配置问题[10]，涉及院系权力运行模式的内容更是凤毛麟角，这显然与院系在大学治理中应当居于的主体地位，构建中国特色大学制度，以及推动大学治理重心下移的改革初衷相去甚远。

2. 治理重心“有限下移”与院系“接管乏力”

我国大学内部治理结构基本沿袭学校、学部（院、系）二级管理下的科层式治理结构，这种行政化的纵向权力配置模式客观上保证了大学内部治理的效率，但“头重脚轻”式的校院权力配置格局（即校级层面拥有的权力大且集中，院系层面拥有的权力小且分散）也带来了大学行政化色彩浓厚、管理体制僵化的诟病。当前，随着“双一流”建设进程的不断推进，改革校院（系）二级治理结构、实现大学治理重心下移，已经成为我国大学释放院系办学活力、提高校院二级治理效益的大势所趋。

然而，高校在推动治理重心下移的过程中，常常出现学校与院系间的责、权、利划分不对称、不匹配和不清晰等情况，其直接结果便是造成了这种“剪不断，理还乱”的局面，突出表现为学校层面的治理重心“有限下移”与院系层面“接管乏力”的矛盾。所谓“有限下移”，是指大学在治理重心下移的大趋势下，高校将学校和职能部门承担的部分权责进行拆分，然后有选择地将部分权责转移下放至院系，使院系获得一些有限的权力并要求其承担相关责任。通常，院系在学校治理重心“有限下移”的过程中，无法获得如人事、财务等核心事权的决策权；以人事权为例，院系在人才引进、干部任免、人事安排、职称评聘等过程中只享有推荐权、建议权而没有决策权，核心权力仍然掌握在学校手中。现实中，院系在“有限下移”思路下获得的权力较为有限，但责任激增，院系的办学自主权和行政负担同时增加，由此便引出了院系“接管乏力”的问题。所谓“接管乏力”，是指院系在承接学校治理重心下移过程中出现的接管不力、权责不清、运转失灵等情况[11]，其原因多为校院二级组织的前期准备不足，科学论证不充分，相关制度建设不到位，校院二级治理结构改革滞后等。同时，学校及相关职能部门在治理重心下移过程中，越来越多地将那些基础性、事务性、日常性的工作转移至院系（以事权为主），这就形成了校院之间“倒金字塔”形（即校级职能部门相对庞大，院系行政力量较为单薄）的权力“下放—接管”结构，由于学校并未将最为核心的决策权完全下放至院系，学校对院系的干预和控制实质上并未减少。同时，基层教师和学校职能部门对于院系所接管工作完成质量的要求逐渐提高，这对院系本就数量有限且个人素质参差不齐的行政力量和行政资源构成了挑战，易出现院系行政“接管乏力”的现象。

3. 院系党政权责模糊与“两张皮”现象

相较于“条例”“意见”“方案”等政策法规中关于学校层面领导架构“党委领导下的校长负责制”的系统阐释，大学院系党政之间的权责划分与权力配置就不那么清晰和明确了。按照“条例”等政策法规的表述，在大学院系治理过程中，院系党委和行政之间的基本关系应当是分工合作、共同负责，其目的在于“既要发挥好学院党委的政治核心作用，也要发挥好学院行政领导班子的行政指挥中心作用，充分调动好学院党政两个方面的积极性”[5]；然而，“双中心”式的治理架构并未完全明确院系党政间的权责关系，造成了院系党政之间的“两张皮”现象。当然，造成“两张皮”现象的原因是多方面的。一方面，对照“加强党对高校的领导”“全面从严治党”的总要求，部分大学的院系党委在所在单位的领导职能没有得到有效体现，多体现为工作内涵“虚”多“实”少、党组织功能弱化、院系党委驾驭院系发展的能力不足等，致使党的基层组织在院系治理中长期处于“外围”，变相成了行政权力和学术权力的附属。另一方面，部分院系行政领导对于党委的领导职能、地位和重要意义认识不足，加之政府和高校多年来过度重视和鼓励教学科研业绩的做法，也在客观上促使院系“双肩挑”领导（所谓“双肩挑”领导，是指同时在管理岗位和专业技术岗位任职的人员）在院系权力配置和治理过程中居于核心地位。同时，在国内相当数量的大学中，院系党委几乎不掌握任何办学资源，因而很难在院系治理中充分发挥好政治核心和领导核心作用。

大学院系党政间的“两张皮”现象，还体现在不同类型大学的院系党政之间的关系安排上。一项针对 11 所原“985 工程”“211 工程”高校和 10 所地方高校的初步调查，显示出院系党政之间的关系在不同层次、类型高校中存在显著差异。在中央部委直属大学中，特别是研究型大学，院（系）长通常是所在单位的“一把手”“一支笔”，党委在院系治理中居于次席，行政权力与学术权力在院系治理中占据主导地位；在地方大学中，特别是教学型和应用型大学，院（系）党委书记通常是所在单位的“一把手”，院（系）长在党委（党委书记）的领导下开展工作，政治权力与行政权力在院系治理中占据主导地位。造成上述差异的原因，可能与不同类型大学的发展定位、学科实力、办学质量、大学传统等因素有关，同时也受到不同类型大学所处的外部治理结构差异的影响，例如，地方大学的内部治理结构受政府的干预和影响较中央部委直属大学更大。

4. 学术权力的复归与民主权力的弱化

院系是大学内部各类型权力运行的终端，也是我国大学落实“纲要”所提出的“教授治学、民主监督”的现代大学治理理念的基本承接单位。当前，很多大学的院系在推动落实“教授治学”过程中，建立了院系层面的学术委员会或教授会，并以此为基础衍生出了学位委员会、人才引进工作委员会、职称评聘委员会、学科建设委员会、教学指导委员会等多种类型的学术性事务决策机构（机制）。同时，为了减少院系行政对学术的干涉，以大连理工大学为代表的部分高校还建立了院系二级学术委员会主任人选的“院长退出机制”（即院长不担任所在院系的学术委员会主任）。应当说，一系列举措的实施，使院系层面的学术权力得到了基本保障。但是，实际中，大学院系层面的学术权力运行还存在着一些无法令人满意的地方。以院系学术委员会（教授会）的制度化运行为例，虽然院系学术委员会的委员是固定的，但学术委员会的日常运行却是“随机”的（即召集会议的周期不固定、研究决策的事项不固定）。同时，院系学术委员会也没有相对明确的日常性办事机构，致使其运行方式主要还是遵照学校和院系的行政性安排履行自身的职能，因此缺乏自主性和规范性，由于院系学术委员会的独立性、自主性不足，也使其有成为行政权力附属之嫌。

在落实民主权力方面，我国大学院系普遍建立了教师大会（教师代表大会）、二级教代会制度及二级工会、学生会等群团组织[12]。同时，为了强化对于院系层面主要权力的监督，大连理工大学、广西民族大学等高校还在二级单位建立了纪检组织。如此看来，院系层面的民主监督机构、机制建设似乎较为完善，但是形式上的机构健全并不能完全确保院系师生民主权力的有效彰显。其背后的原因是多方面的，例如，很多大学院系二级教代会代表多为院系党政主要负责人和院系中的知名教授，他们本来就是院系核心权力的“代言人”，这就造成了权力监督主体与权力监督对象的一体化，出现了“既当运动员又当裁判员”的局面。又如，由于制度保障和民主意识的双重缺失，院系层面的民主监督环节常常是“用的时候叫过来，不用的时候就放起来”，实为政治权力、行政权力、学术权力运行中的“配饰”。再如，随着全面从严治党的步步深入，院系党政班子的政治权力、行政权力大多数被关进了“制度的笼子”，但对于院系层面学术权力的有效监管却仍处于相对真空的状态。因此，切实维护师生民主权力，促进多元利益相关者广泛参与院系治理，确保院系主要权力的运行制约与有效监督，依然显得任重而道远。

二、欧美大学院系治理的经验与启示

“他山之石，可以攻玉。”推进我国大学治理体系和治理能力现代化建设，不但要坚持中国特色，也需要国际视野，如此方能成为创新我国现代大学治理模式的“中国道路”。高等教育发展有其自身的规律性，这正是我们学习、借鉴欧美大学治理经验的理论依据所在[13]。

1. 欧美大学院系治理模式概述

在伯顿·克拉克（Burton R. Clark）看来，欧美大学的治理模式主要有 3 种类型，分别是欧洲大陆的政府控制模式、英国的学者自主管理模式和美国的共同治理模式[14, 15]。由于上述 3 种大学治理模式拥有共同的文化渊源，它们之间既有差异也有共通之处，存在一定的亲缘关系，特别是英美大学治理模式间的相似性更加突出。随着高等教育发展的日益国际化，欧美大学治理的政策趋同趋势日渐明显[16]。在研究领域，欧美的研究现状同我国相似，国外学术界将研究重点集中在如大学的市场化治理、大学治理中的“政府—大学”关系调适、大学校级层面的治理结构改革等领域，对于大学院系治理问题的探讨比较有限。

由于办学历史悠久，欧美大学的治理文化普遍较为深厚，大学治理中涉及的制度体系建设较为完善。同时，欧美大学内部治理结构和运作方式沿着“大学外部治理—学校层面治理—院系层面治理”方向逐层“拷贝”式传导，使得欧美大学的校院两层治理结构与治理机制基本上保持着形制的相似与统一。因此，欧美大学的院系治理几乎就是其大学内外部治理在院系层面上的“映射”。本文在现有研究的基础上[17-20]，结合面向部分欧美知名大学的院系治理情况考察①，初步总结了欧陆大学院系治理模式、英国大学院系治理模式和美国大学院系治理模式在院系层面上的一般特征，具体情况如表 1 所示。

表 1　欧美大学院系治理模式特征对照表

院系治理内涵	欧陆大学院系治理模式	英国大学院系治理模式	美国大学院系治理模式
院系办学自主权	低	较高	高
校院权责划分	较为清晰	清晰	清晰
院系学术权力主体	资深教授（会）	学部委员会	教师理事会、学术委员会或教授委员会
院系行政权力主体	资深教授	院长+教授行会	院长
院长遴选方式	教师选举	民主推荐、校长任命	校长任命
教师参与院系治理的权力	较大	大	小
行政力量配置	重心在学校	重心向院系倾斜	重心在院系

由表 1 可知，美国大学与英国大学在院系层面上的治理模式较为相似，故将美国大学治理模式与英国大学治理模式合并称为“美英模式”。相对而言，中国大学院系治理模式介于美英模式和欧陆模式之间。中国模式与欧陆模式的相似之处在于政府对大学的干预都很强，大学内部的科层结构特征显著，院系层面普遍缺乏办学自主权；中国模式与美英模式的相似之处在于对竞争的认可和推崇，特别是中国高校在吸引生源、高层次师资引进、学科专业建设等方面的竞争十分激

① 考察对象包括：欧陆国家中的洪堡大学、海德堡大学、巴黎大学、佛罗伦萨大学等，英国的牛津大学、爱丁堡大学、南安普顿大学等，美国的弗吉尼亚大学、加利福尼亚大学、密歇根州立大学、马里兰大学（帕克分校）、佛罗里达大学等。

烈。中国模式与欧陆模式最大的不同之处在于中国大学院系还要接受党委的领导，这既是我国大学治理体系中的最大特色，也理应成为完善我国现代大学治理体系建设的独特优势[18]。通过比较可以发现，美国模式给予大学院系更多的办学自主权，院系层面上的“行政—学术”二维治理结构清晰、运转相对高效，这也从大学院系治理的角度解释了为何美国能够拥有数量最多的世界一流大学。

2. 美国大学共同治理模式的特征

作为引领世界高等教育发展潮流的美国大学，其独到的大学治理模式已成为“美国高等教育推向全球以及商业领域最有价值的出口物之一”[21, 22]。美国的大学治理模式深受其宪政文化传统和市场化导向的影响[20]，形成了以分权制衡的治理结构为基础、完善的制度体系为支撑、深厚的治理文化为动力的大学内部权力运行制约机制[23]，从而为确保美国大学的高度自治创造了治理基础和执行框架。

作为一项基本共识，基于利益相关者理论发展起来的“共同治理”（shared governance）模式，被认为最能体现美国大学的内部治理特征[22]。根据 1966 年颁布的《大学治理宣言》（*Statement on Government of Colleges and Universities*）的表述，在大学内部治理过程中，“董事会、校长和教师要根据各自特长，进行权力和责任分工，对大学内部事务实行共同治理”[24]，并将“共同治理”定义为“基于双方特长，教师和行政部门共同工作时权利和决策责任的分工”[25, 26]。由此可见，美国大学的共同治理模式是一种董事会领导下的学术系统和行政系统共同享有决策权的二维治理结构。当前，世界各国高校普遍面临着既要维护公共利益，又要平衡多元利益的现实需求，使得共同治理模式所具有的优势在世界一流大学治理体系中更加得以凸显[17]。

在美国，完善的法律法规、大学自治传统和共同治理文化，保证了大学内部学术权力和行政权力的边界清晰，但二者间绝非简单意义上的泾渭分明，确保学术权力和行政权力间的互相尊重与有效协调，也是共同治理的重要内涵。虽然由校外人士主导的大学董事会是大学的最高决策机构，但很少会否决由学术权力机构（如学术委员会、大学评议委员会等）作出的决定。因此，美国大学共同治理模式具有的二维治理结构，“赋予了教师团体在学术事务决策方面超越董事会、校长之上的首要权力”[27]，使行政权力和学术权力间的平衡得到了保证。从美国大学的实践来看，在作为最高权力机构的大学董事会（理事会）中，有来自学术委员会的代表，而在作为学术权力执行机构的学术委员会（教工委员会）中，也会有董事会（理事会）任命的代表，这就使美国大学内部学术权力和行政权力间的信息沟通、均衡配置与有效协调成为可能[28]。

在美国大学中，高度职业化的教育经理人（即非学术性行政人员）是大学内部行政权力的主体，包括校长、院长和重要行政部门负责人。根深蒂固的大学自治传统使美国大学的办学重心普遍置于院系，院系拥有很大的办学自主权，包括制定预算、人事聘用等；同时，学校中的行政和服务机构及相关工作人员也多配置在院系，以便直接高效地向广大师生提供服务。[13]美国大学的院长直接向校长或董事会负责，因而在院系治理中被赋予了很大的权力并享有绝对的权威，除承担院系行政管理职责和权力外，也能对院系学术权力决策施加重要影响（如拥有教师聘任和晋级的决定权）。实际上，美国大学院系中的行政权力和学术权力并不均衡，其治理模式更像是院长负责下的利益相关者的有限共同治理，加之院系学术权力几乎由终身制教授群体把持，普通教工很难参与院系治理（民主权力几乎没有得到体现）。

3. 美国大学内部治理模式的新发展

虽然美国大学的共同治理模式取得了空前的成功，但面对董事会制度与学术权力矛盾加深、大学内部行政权力与学术权力矛盾激化、普通教职工参与校院两级治理的民主权力衰微等固有问题，美国大学共同治理模式也在调整和变革。其中，1998 年颁布的《联合声明》（*Statement on Governance*）就在 1966 年版《大学治理宣言》的基础上，对美国大学共同治理过程中存在的诸多问题进行了调整和再定义。

20 世纪 90 年代以来，作为美国大学共同治理标志的董事会制度受到了广泛的批评，其焦点在于董事会对大学最高决策权的“政治操作”（political maneuvering），以及对于教师群体享有决策权力的排斥[29]，这被认为是侵蚀、妨碍和限制了大学教师在学校重大决策中的主体地位和影响力，动摇了共同治理遵循的基本原则[30]。在院系治理方面，则集中表现为董事会（或校长）授予院长的权力过大，且缺乏来自院系层面的监督和制约，终身制教授以外的普通教工的民主权力无法得到保障等。同时，在美国大学内部，行政群体和学术群体的职业文化、管理方式和职业目标迥异，致使行政权力与学术权力之间的价值冲突时有发生，并有加剧的趋势[22]。近年来，以美国研究型大学为代表的大学组织日益巨型化、复杂化、多元化，对大学共同治理追求的民主化、精细化目标构成了现实挑战。为此，新兴的“协商治理”（deliberative governance）和“网络治理”等便成为完善大学共同治理模式的可能途径。

需要说明的是，“协商治理”和“网络治理”在本质上仍然属于“共同治理”的概念范畴，是对大学共同治理模式的完善和发展。“协商治理”强调决策的合法性必须建立在协商的基础上，所有受到决策影响的主体都有机会参与决策过程，并有平等的权利来选择议题和控制议程[31]。因此，协商治理模式主张所有利益相关者以尊重、包容、平等、协商的“公共精神”（public-spiritedness）参与所在组织重大事项的审议和决策[32]。可见，“协商治理”实际上是对董事会享有最高决策权、校内学术权力和行政权力、大学治理中的利益相关者权力的一种“让渡”与“再平衡”。“协商治理”的适用前提是，假设组织中的领导者和决策制定者拥有共同的信念和价值观。然而，美国大学董事会人员构成的“校外属性”和“非学术性”，使得大学董事会无论如何都不可能与校内学术群体拥有完全一致的目标和追求。在院系层面，院长与教师间的“协商治理”局面能否得以形成和维系，主要依靠院长采纳“协商治理”的意愿和自觉，并没有必须遵守的制度加以约束，所以，“协商治理”更多时候还只是一种美好的唏嘘[33]。

“网络治理”或“网络式治理”，是指“一种由独立的但自主的行为者构成的相对稳定的水平合作关系；这些行为者通过谈判的方式来互动，这一互动发生在规制性的、规范性的、认知性的以及想象的框架中，而且这一互动是在外部机构规定的界限的范围内实施的一种自我规制性的互动，这一互动有助于公共目标的实现”[34, 35]。按照莱斯特 • M. 萨拉蒙（Lester M. Salamon）和斯蒂芬 • 戈德史密斯[36]（Stephen Goldsmith）等学者的解释，“网络治理”在保持传统的自上而下的科层式纵向权力主线外，还包括利益相关者之间以伙伴或合作关系建立起来的横向权力运行线，因而具有更高的治理效率。同时，“网络治理”中的行为主体相对平等且相互依存，所以他们之间的分歧只能通过谈判、协商方式而不能简单地通过行政命令方式来解决。由此可见，“网络治理”改变了传统组织中单向式的权力布局，以纵横相间的方式将各类利益相关者网罗在一张权力网络中，而“协商治理”又成了网络治理模式运行中的一种必要手段。研究表明，现代大学中存在多个权力中心，各权力主体（利益相关者）间具有错综复杂的网络式互动关系[37]，这是网络治理模式可以被运用于大学治理的前提和基础。然而，在“网络治理”过程中，治理网络内部的各个行为主体都致力于追求实现各自的利益，这些自利性行为往往与整个网络（组织）追求的最高利益不一致甚至有矛盾和冲突，这就与自由民主促进公共利益的预设相冲突[34]。在美国大学院系的“网络化”共治过程中，领导者、管理者、终身制教授、普通教师（包括兼职教师）、学生及“域外”利益相关者（如校友、院系办学经费校外资助方等）被以网络节点的形式联系在一起，但是由于这些“网络节点”（主体）关注的内容（利益）很难取得“共识”（一致），从而导致涉及院系重大事项决策的效率非常低下（这种“低下”可理解为“协商”所需的“成本”过高）。

三、大学院系有效治理模式的建构与嬗变

由于制度、文化、结构、顶层设计等多重原因，造成我国大学院系治理体系的完善程度远不及校级层面（尽管我国大学校级治理体系现代化建设尚处于初级阶段）。客观上，我国大学校级层面的学术权力、行政权力、政治权力和民主权力等在权力配置、边界划分和运行机制上相对明晰，而院系层面的主要权力之间彼此渗透、相互契合、互为依存，从而交织成为一种权力边界模糊的混合式的权力结构。这种权力结构的特点不仅与校级层面的差异明显，也与欧美大学院系治理结构极为不同。因此，破解院系有效治理困局，需要我们以创新驱动为思路和手段，开创式地构建一套有中国特色的大学院系治理体系。

1. 大学院系协商共治理念的提出

从事权的角度来看，我国大学院系层面主要权力的配置与运行，基本是围绕立德树人、教学科研等学术事宜依次展开的，但这些核心使命的实现，绝非学术权力一家自行其是就能独立完成，需要行政权力、政治权力、民主权力等的协同。例如，院系在人才培养过程中，教学环节是典型的学术权力行为，而面向大学生开展的思想政治教育又是典型的政治权力履行的责任，同时，为确保人才培养能够顺利开展，则需院系行政力量的支撑和保障。再以院系开展学科建设为例，这是一种非常典型的学术权力行为，但事关院系发展战略、规划、定位等院系核心权益，因而不能弃院系党政力量于不顾。同时，学科建设离不开对经费的公平分配与合规执行，单纯依靠学术权力主体（教学科研人员）的自律是不够的，这时还需要政治权力的监察和民主权力的监督。由此可见，院系层面主要权力间的融合、渗透与相互依存，是我国大学院系治理结构和权力运行过程中的典型特征，表现出很强的“网络化”属性，所以过分执著厘清院系层面权力边界并非唯一的解决方案。

在我国，党对高校强有力的领导是中国大学推进“双一流”建设过程中具有的最大优势，使得我国大学治理过程中（包括院系层面的治理）的利益相关者间不存在绝对意义上的目标一致性差异，这与美国大学（院系）治理中的情形完全不同。因此，在我国大学院系治理中更多引入“协商”与“网络化治理”等“共治”理念，具备基础和条件。同时，将先进的治理经验同我国大学院系治理实践有机整合，从而发展和演绎出极具中国特色的“协商共治”式的院系治理模式，或许将是实现我国大学院系有效治理目标的可行方式。需要指出的是，本文探讨的“协商共治”在本质上不同于美国大学建立在自由主义前提下的共同治理理论，

而是建立在中国特色社会主义这一根本政治制度基础上的对欧美大学传统治理模式的超越[38]。

顾名思义，“协商共治”至少包括两层含义：“协商”强调的是以平等协商为治理手段的决策机制，而“共治”强调的是治理过程中利益相关者的广泛参与，将二者的基本内涵加以整合，便成了一种内涵更加丰富的治理模式——“协商共治”[39]，其中，“共治”是目的，“协商”是手段。因此，本文中的“协商共治”指的是我国大学院系在学校推行“治理重心下移”过程中将获得更大的办学自主权，为确保院系政治权力、行政权力、学术权力和民主权力等多元权力主体能够平等参与院系治理及院系重大事项决策，故而将院系治理过程中的利益相关者以平等协商、科学决策、民主监督等共同治理原则进行权力整合，进而重新形成涵盖多元权力主体的网络化的院系治理结构。同时，通过在全面从严治党前提下构建完善的院系权力运行制约与监督机制，保障多元利益相关者对院系主要权力的共享与责任的分担，以此推动我国大学院系治理结构与治理能力的现代化进程，为加快我国大学的“双一流”建设创造更加优异的内部环境，为全面深化高等教育综合改革提供强大的内生动力。

2. 大学院系协商共治模式的初创

针对我国大学院系治理现状，借鉴和吸取欧美大学院系治理过程中正反两方面的经验，依据党和国家对于大学院系治理相关事宜所做之规定，本文提出和构建的大学院系“协商共治”模式，可理解为以“共治”理念对我国大学院系领导方式的重塑，并以完善的党政联席会议制度作为实现院系有效治理的“中枢”，通过运用网络化治理思维重构院系政治权力、行政权力、学术权力和民主权力间的治理结构（网络化治理结构），同时，遵循民主协商原则，强化院系内部的权力运行制约与监督。为此，对照我国大学普遍恪守的“党委领导、校长负责、教授治学、民主管理”的大学治理理念，本文认为可以尝试围绕“党政共管、分工合作、教授治学、民主协商”的院系治理原则、主体和路径，构建大学院系“协商共治”模式。

在探索构建大学院系“协商共治”模式过程中，始终坚持党对院系的绝对领导，推进全面从严治党，既是理念创新、制度创新、模式创新的基本前提，也是确保院系有效治理方向正确的根本保障。为此，依据“条例”中关于院系党政联席会议制度的基本表述，在本文尝试构建的大学院系“协商共治”模式中（图 1），我国大学院系的领导机制可理解为“党政共同领导下的分工合作制”，其中，院系重大事项（如涉及院系重大问题决策、重要干部任免、重大项目投资决策、大额资金使用等“三重一大”规定内容）的议事和决策机构是党政联席会议。二级学术委员会（或教授会）是院系学术权力的最高机构，二级教代会及群团组织是院系民主权力的主要机构，二级纪委是院系主要权力合规守纪运行的监督机构。同时，院系党（党委负责人）、政（行政负责人）、学（学术委员会负责人）、教（群团组织负责人）、纪（二级纪委负责人）等共同参与下的“院系党政联席扩大会议”（或“院系党政学教联席会议”），可作为院系政治权力、行政权力、学术权力和民主权力的协商与协调机制，这也是院系主要利益相关者共同参与院系治理的民主机制，满足了院系网络化治理的需求，体现了院系有效治理中的协商共治原则。为落实“党政共管、分工合作、教授治学、民主协商”的院系治理原则，防止院系主要权力主体同质化，应以制度的形式明确规定院系党、政、学、教等组织机构的负责人不能互任、兼任，如此才能确保“党政联席扩大会议”（或“院系党政学教联席会议”）制度的公平、有效。

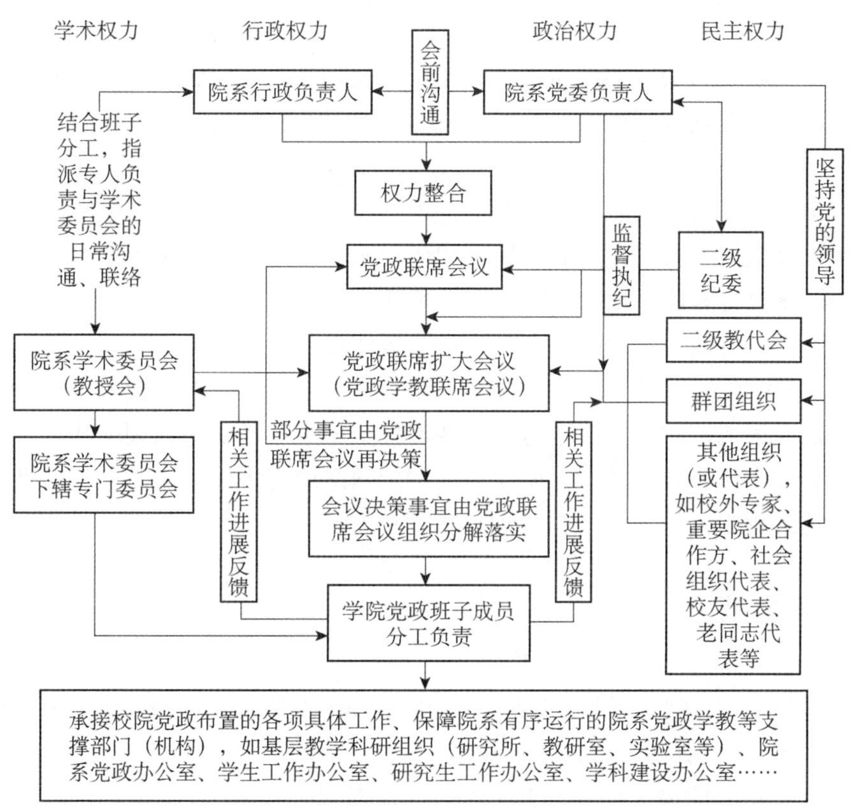

图1　大学院系“协商共治”模式结构与权力运行示意图

3. 大学院系协商共治模式的实现

为发挥协商共治模式的优势，加快推进我国大学院系治理体系现代化建设，需要不断深化与院系协商共治模式相适应的配套改革。第一，应尽快启动关乎大学院系治理模式构建的顶层设计，不断完善国家层面的政策法规，引导和督促高校在制定和完善大学章程过程中，持续加大对院系治理重要性的关注，支持和鼓励院系治理结构和治理方式的创新。第二，在统筹推进大学治理重心下移的过程中，应首先着眼于校院权责关系与治理结构的重塑，使学校层面上的主动放权、系统化的权责下移与职能部门的“精兵简政”，以及同院系加强承接能力建设的步调保持一致。当前，上海交通大学正在推进的“院为实体”“院办校”改革，北京大学即将推行的取消院系行政领导行政级别的尝试，大连理工大学选取管理与经济学部和建设工程学部作为治理重心下移的改革试点等工作，均是我国大学主动探索构建院系“协商共治”模式的有益实践。第三，在坚定不移地推进全面从严治党的前提下，进一步明晰我国大学院系层面的领导机制，理顺党政关系，完善院系党政联席会议的议事、决策、监督规则，科学拓展协商共治模式下党政联席会议制度的功能和内涵。第四，加强大学院系层面的权力运行制约与监督体系建设，防止单一权力在院系治理中的“一家独大”，使院系主要权力在阳光下运行。第五，以《高等学校学术委员会规程》为依据，以完善大学章程建设为契机，加快院系学术委员会的制度建设和运行机制建设，理顺院系学术权力与政治权力、行政权力和民主权力间的关系，尤其要加强对院系学术权力运行的民主监督。第六，适时推动大学院系多元治理结构建设，在一些具备市场化治理基础的院系（如商学院、管理学院和部分工科院系）中，开展引入社会力量参与院系治理的尝试。第七，创建和营造与协商共治模式相适应的院系治理文化，使“党政共管、分工合作、教授治学、民主协商”的理念成为中国“大学人”推进院系治理现代化进程中的思想共识与行动自觉。

参考文献

[1] 国务院关于印发统筹推进世界一流大学和一流学科建设总体方案的通知[J]. 中华人民共和国国务院公报，2015，（32）：110-114.

[2] 王战军，肖红缨. 大数据背景下的院系治理现代化[J]. 高等教育研究，2016，（3）：21-27.

[3] 覃正. 中外大学章程[M]. 北京：科学出版社，2015.

[4] 周湖勇. 大学有效治理的法理分析[J]. 中国高教研究，2014，（3）：8-15.

[5] 卢兆彤，瞿振元. 高校二级学院的体制机制建设与完善[J]. 中国高等教育，2013，（22）：6-7.

[6] 潘春胜. 协同共赢：现代大学治理的新趋势[J]. 教育发展研究，2014，（21）：44-49.

[7] 刘献君. 论大学内部权力的制约机制[J]. 高等教育研究，2012，（3）：1-10.

[8] 谭婷. 治理理论视角下高校二级学院决策机制研究[J]. 高教探索，2015，（7）：10-14.

[9] 沈勇. 院系治理的中观分析：章程建构、实践张力与路径优化[J]. 国家教育行政学院学报，2016，（7）：15-20.

[10] 周光礼. 从管理到治理：大学章程再定位[J]. 湖南师范大学教育科学学报，2014，13（2）：71-77.

[11] 罗建河. 学术接管：高校院系治理的新举措[J]. 江苏高教，2015，（1）：40-43.

[12] 苑英科. 构建大学学术权力运行与监督机制[J]. 江苏高教，2014，（1）：15-17.

[13] 陈厚丰. 美国大学内部治理考察报告[J]. 大学教育科学，2015，（3）：37-43.

[14] Clark B R. The Higher Education System：Academic Organization in Cross-National Perspective Burton R. Clark[M]. Oakland：University of California Press，1983.

[15] 阎凤桥，闵维方. 从法人视角透视美国大学治理之特征：《学术法人》一书的启示[J]. 北京大学教育评论，2016，（2）：157-165.

[16] 马晓龙，都健. 新公共管理视野下的国外大学治理转型——以英、德、法、荷四国为例[J]. 现代教育管理，2015，（5）：37-42.

[17] 屈潇潇. 世界一流大学治理结构的有效性分析——以美国密歇根大学为例[J]. 云南师范大学学报（哲学社会科学版），2015，（3）：36-43.

[18] 钱颖一. 大学治理：美国、欧洲、中国[J]. 清华大学教育研究，2015，（5）：1-12.

[19] 余承海，程晋宽. 当代美国大学共同治理的困境、变革及其启示[J]. 高等教育研究，2014，（5）：92-96.

[20] Smolla R A. The Constitution Goes to College ：Five Constitutional Ideas That Have Shaped the American University[M]. New York：New York University Press，2011.

[21] Heaney T. Democracy，shared governance，and the university[J]. New Directions for Adult & Continuing Education，2010，（128）：69-79.

[22] 桂敏. 美国公立大学治理结构公司化趋势及其特征分析——新管理主义视角[J]. 比较教育研究，2015，（1）：66-71.

[23] 赵丽娜. 共同治理视野下的美国州立大学内部权力制约机制——以弗吉尼亚大学为例[J]. 高教探索，2016，（3）：63-68.

[24] American Association of University Professors. Statement on government of colleges and

universities[J]. AAUP Bulletin，1966，52（4）：375-379.

[25] Rhoades G. Capitalism，academic style，and shared governance[J]. Academe，2005，91（May/Jun）：38-42.

[26] 段俊霞. 美国“CF”参与大学治理：现状、问题与走向[J]. 高教探索，2016，（2）：34-39.

[27] 欧阳光华. 董事、校长与教授：美国大学治理结构研究[M]. 北京：高等教育出版社，2011.

[28] 黄兴胜，舒刚波，翟刚学. 大学章程与大学内部治理——基于英国、意大利大学章程建设的考察报告[J]. 中国高教研究，2014，（1）：34-38.

[29] Love J Y. Faculty and university collaboration：differential perceptions of shared governance，presidential leadership style and decision-making at a research university[D]. University of Houston，2005.

[30] Gayle D J，Tewarie B，White A Q. Governance in the twenty-first-century university：approaches to effective leadership and strategic management. ASHE-ERIC Higher Education Report. Jossey-Bass Higher and Adult Education Series[J]. Journal of College Student Development，2005，11（2）：112-121.

[31] 孟倩，许晓东，林静. 美国大学协商治理机制及其挑战[J]. 复旦教育论坛，2014，(4)：103-107.

[32] Thompson D F. Deliberative democratic theory and empirical political science[J]. Social Science Electronic Publishing，2008，11（1）：497-520.

[33] Mabovula N. Giving voice to the voiceless through deliberative democratic school governance[J]. South African Journal of Education，2009，29（2）：219-233.

[34] 张继亮. 协商式治理：网络治理与协商民主的深层整合[J]. 理论探索，2016，（5）：83-88.

[35] Sørensen E，Torfing J. Theories of Democratic Network Governance[M]. London：Palgrave Macmillian，2008.

[36] 戈德史密斯. 网络化治理：公共部门的新形态[M]. 孙迎春译. 北京：北京大学出版社，2008.

[37] 孟韬. 嵌入视角下的大学网络治理机制解析[J]. 教育研究，2011，（4）：80-84.

[38] 王岩，魏崇辉. 协商治理的中国逻辑[J]. 中国社会科学，2016，（7）：26-45.

[39] 顾杰，胡伟. 协商式治理：基层社区治理的可行模式——基于上海浦东华夏社区的经验[J]. 学术界，2016，（8）：220-228.

整体有序而局部无序：大学治理的内在逻辑

李枭鹰[①]

（大连理工大学高等教育研究院　中国大连　116024）

摘　要　生态系统是整体有序而局部无序的系统，其中局部无序孕生整体有序，整体有序主导局部无序；整体有序维持系统的聚合和稳定，局部无序确保系统的离散和活力。整体有序而局部无序是大学持续稳定健康发展的基石，是大学治理的内在逻辑和战略目标，是高等教育治理现代化的理性诉求。大学治理必须遵循生态规律，确保大学的整体有序与局部无序“耦合共生”，整体运动与独立运动“相向而行”，统一行动与自主行动“相反相成”。

关键词　大学治理；内在逻辑；整体有序；局部无序

国家治理体系下的大学治理创新，可谓是最近几年高等教育研究领域的热点和焦点。大学治理的核心或旨归是建立一种恰切的秩序，确保大学有序运转，获得最大化的资源效能和时间效能。那么，大学究竟应该或需要建立怎样的秩序？是整体无序与局部无序，还是整体有序与局部有序，抑或是整体有序而局部无序？这是大学治理乃至高等教育现代化治理必须解答的一个根本性问题，关系到大学治理总体目标的确立，大学治理战略定位的抉择，大学治理结构的优化，现代大学制度的建构，以及世界一流大学和高等教育强国的统筹建设。

① 作者简介：李枭鹰（1973—　），大连理工大学高等教育研究院教授、博士生导师，主要研究方向为高等教育理论和高等教育管理。

一、整体有序而局部无序的系统

有序与无序是两个对举或对位使用的范畴。《辞海》认为，“有序指物质系统的结构和运动状态的确定和有规则；无序指物质系统的结构和运动状态的不确定和无规则”[1]。有序和无序普遍存在于自然和社会系统，同时也以特有的矛盾作用于自然和社会系统。有序与无序也是两个相互刻画、相互描绘、相互诠释和相互定义的范畴，即有序或无序的“每一方只有在它与另一方的联系中才能获得它自己的本质规定，此一方只有反映另一方，才能反映自己。另一方也是如此；所以，每一方都是它自己的对方的对方”[2]。

有序或无序是系统演化中必然存在的状态，是系统存在、运动、变化的表现形式。有序与无序相互孕生，即有序孕生于无序，而无序又重生于有序；有序和无序在系统中整合，同时又在系统中反复走向对方；局部无序（微观的无序）孕生整体有序（宏观的有序），局部有序滋生整体无序。远离平衡的生态系统，既可以从无序自发生成各种时空有序结构，也可以从有序走向混沌，还可以从高序走向低序。生态系统总是在生成着、运动着和发展着，总是处在有序与无序的相互转变中，不断从一种多样性的统一过渡到另一种多样性的统一，从一种生命状态跃迁到另一种生命状态，从一个生命周期跨越到另一个生命周期。从无序到有序、从有序到无序的周而复始，是生态系统演化的基本理式和整体景观。

生态系统是有序与无序不断转化的系统，是“和而不同”“求同存异”的系统，集中表征为“整体有序而局部无序”或“整体有序与局部无序的耦合”。这类似于“看万山红遍，层林尽染，漫江碧透，百舸争流，鹰击长空，鱼翔浅底，万类霜天竞自由”所展现出的生态景观，即“万物并育而不相害”且“各美其美，美美与共”。远离平衡的生态系统的结构与运动状态，在整体上是确定的、有规则的且具有宏观的可预测性和可控制性，在局部上是不确定的、无规则的且各种新生事物的涌现难以预测和控制；局部无序孕生且服从整体有序，整体有序统摄局部无序。生态系统的整体与局部是相对的，即整体之中有“整体”，局部之中有“局部”；整体也作为“局部”而存在，局部也作为“整体”而存在。因此，整体有序而局部无序也是相对的，生态系统的不同层次存在一个整体有序而局部无序的问题，即同一生态系统圈套着不同层次的“整体有序而局部无序”。

生态系统的整体有序与局部无序是对立统一的，没有局部无序，整体有序则是无根的和僵化的；没有整体有序，局部无序则是弥散的和盲目的，甚或是混乱不堪的；“整体的结构维持整体的聚合力，局部的杂乱无序导致创新和活力”[3]。远离平衡的生态系统存在一种自我调节机制，即合理地将局部无序控制在一定的范围内，适时地将局部无序转化为整体有序，保持系统的持续、稳定和健康发展。当然，生态系统的自我调节能力并非铁板一块而不可改变，这种能力也会因为某些特殊的原因而受损乃至失去，生态系统会由此而走向僵化或解体，生态环境的破坏已给了我们这方面足够的教训和警示。生态系统的有序与无序的对立统一规律，是一种普适性的生态规律，适用于社会系统的运行与发展。

追求整体有序或规避整体无序是人类的倾向，也是人类谋求一劳永逸的天性。寻求和探索确定或有规则，是人类进入文明社会以来的不懈追求，因为这可以帮助我们走出“盲目行事”或“脚踩西瓜皮”或“摸着石头过河”的困境，可以帮助我们“以最经济的方式处理许多不同的问题”[4]。长期以来，“科学家一直在致力于发现宇宙的秩序和组织，这也就是同主要敌人——无组织——进行博弈”[5]。事实上，不只是科学家如此，理性的人类皆有这种欲求。大学是人类为满足自身需要而创建的社会机构，谋求大学的有序发展，是每一个大学人的夙愿和大学治理的旨归。

二、大学局部无序的自生倾向

宇宙起源于混沌，起源于无序，起源于对称。大爆炸前，一切都处于混沌和无序状态，空间不分上下、前后和左右，时间不分过去、现在与未来，物质不分正粒子、反粒子和场，一切都是完全对称的。一切皆是生成的，有序孕生于无序，新的无序又孕生于有序，从无序到有序到新的无序的周而复始，是宇宙世界不断演化的基本图式和整体景观。

大学是后天的事实和后生的系统，是人类的伟大创造。大学的孕育、诞生和发展，存在一个从无结构到有结构、从无规则到有规则、从不确定到确定、从无序到有序的过程。犹如宇宙世界的孕生，大学在未成形之前也没有结构和秩序，后来的一切皆是逐步生成的产物。大学从无到有，经历了一个没有成长记录的漫长过程，可见的耸立于世的大学是结构化、规则化和有序化了的大学。大学的这种结构化、规则化和有序化，是自生秩序与社会干预双重力量叠加的结果。大学孕生之后，有序为其稳定和存续提供了基础，无序则为其变化和发展提供了可能，有序与无序之间的矛盾运动构成了大学演化发展的原因和动力。亦即说，大学的孕育和生成存在一个从无序到有序的过程，而且有序或无序本身也存在一个孕育和蓄势的过程，大学中没有一蹴而就的有序或无序。一所大学之有序或无序的孕生，与这所大学的历史、基础、传统、特色、优势等密切相关，历史越悠久的大学，基础越夯实的大学，传统越稳固的大学，特色越鲜明的大学，优势越突出的大学，越整体有序而局部无序，越善于应对变化和长于进化。

大学是一个松散的组织，各院系或系科之间存在一定的依赖关系，但这种依赖只是一种有限的相互依赖，而且越是庞大和复杂的大学，各院系或系科之间的相互依赖性越小，以致一个学科、专业及院系的建立与发展，甚至不能引起另一些学科、专业和院系的关注。每一个院系或系科，都如同一个相对独立的王国，各自倾向于按照自己偏爱的方式行动，同时也不太理会和关心其他院系或系科采取什么样的行动方式。大学需要崇尚多元化的行动模式，需要维持不同系科的相对独立性，需要尊重不同系科的个性化治理，需要宽容一定程度的不一致。那种全校上下的整齐划一看似有序，却是一种毫无生机的僵死的有序，是一种扼杀生命力的有序，与大学自由探索高深学问的内在逻辑和各系科之间有限相互依赖的客观现实相悖。大学是多层次的系统，不同层次需要不同程度的有序或一致性，上层结构需要相对较高的有序性或一致性，下层结构则与此相反。当今之大学，不再是“一个居住僧侣的村庄”，也不再是“一座由知识分子垄断的工业城镇”，而是“一座充满无穷变化的城市”[6]，因而更不能一切大小事务都听从于学校指令，绝不能像传统的火车那样，完全靠火车头去带动整辆火车，而应像高铁或动车那样，每一节车厢都自己驱动自己，同时又能在车头的引领下不失方向和目标地前行。

大学需要自由，大学的系科更需要自由的行动模式，因为围绕学科或高深知识而组成的群体，需要最大限度的“我行我素”。譬如，大学教师喜欢按照自己的生物钟行动，喜欢按照自己的方式探究未知领域，形成对世界的新解释或新知识，然后尽量将这种新知识逻辑化、系统化和模块化。新知识的诞生及其逻辑化、系统化和模块化，意味着新课程生成和开设的可能。作为一种局部无序，作为一种非预期的新生事物，新课程会给人一种不成熟感、不完整感和不科学感，但谁也不能否认它们是大学极其珍贵的新生事物。新课程的不断诞生和组合，意味着新学科或新专业孕生的可能，意味着大学系科结构的变革。历史昭示，多样化的新生事物的涌现，不仅彰显了大学旺盛的生命力，同时也为大学形成新的有序结构创造了条件和可能。大学是探究高深知识的场所，“知识前沿的特点与其说是为人们提供终极真理，不如说是亦真亦幻。知识将一如既往地保持它那四分五裂的不完美形态。正是在它的裂缝和缺陷当中，我们最能够发现高等教育系统诸多特色的根本原因”[7]。“亦真亦幻”“四分五裂”“裂缝”“缺陷”可谓是高深知识的魅力和特征所在，也是一切高深知识成为制度性学科或课程必然要经历的“磨难”。这个过程正是高深知识从无序走向有序的过程，也是大学或高等教育诸多特色生成的过程。从逻辑上看，大学不宜用统一的标准、规则、秩序等去规范所有系科或院系的行动，将权力下放给各系科或院系，让其自主选择行动模式、自生自发各具特色的秩序，是大学治理的一条“健康法则”。

自由孕生多元，多元孕育竞争，竞争催生新事物和新秩序。系统科学认为，“差异减少，组分趋同，系统与环境趋同，没有任何矛盾，系统将失去活力，也不是健康的有序。唯有不同而和谐者方为富有生命力的系统”[8]。大学需要差异、多元、竞争、矛盾、无序和新事物，因而特别需要自由，需要分享权力。没有这些，大学就没有活力，大学的整体有序就是一种不健康的有序。我们经常会发现，某些大学的基层看起来“混乱不堪”，整所大学却运行有序且充满活力。从这个意义上说，我们要学会“为模棱两可喝彩，为杂乱无章叫好”[9]，因为这是“为大学按自身的内在逻辑运行”而喝彩和叫好。如果说“创作发明是天经地义的，而差异和多元则是这种创造发明的要旨”[10]，那么分化、分权和自主行动就是创作、发明、差异和多元的“培养基”。大学需要某些自上而下的行动，更需要自下而上的行动。大学呼吁办学自主，难道不能理解自己的基层组织对自主行动的诉求？大学可以管好自己，大学的系科、院系等也可以管好自己，可以自主计划、组织、控制和协调自身的行动，系科或院系不能将一切都交由自上而下的指令来决断、指挥和控制，大学的责任和使命是提供条件和平台，是掌握大方向而不让基层组织的行动抛锚。面对复杂的外部环境，大学要善于以不变应万变，系科或院系则需要随机应变，而这一切都源于院校层面的信任与分权，源于大学为基层组织治理的权变搭建平台和创造条件。当今之中国大学的治理过于行政化，人权、事权、物权、财权集中于学校高层或职能部门，院系或系科等基层组织严重缺乏办学自主权，办学个性和办学特色不突出，人才培养和科研创新能力匮乏，因此，降低管理重心并将权力下放到基层组织，已刻不容缓。

当今世界各国大学日趋巨型化，每一所大学就犹如一个复杂的小社会，组成大学的各职能部门、院系、学科、专业等纵横交错，共存于立体的网络之中，各种业务和工作犬牙交错，各自倾向于选择不同的治理模式，自上而下的统一指令只能扼杀和压抑个性，迫使基层结构“千人一面”。大学需要办出个性和办出特色，而这一切都基于院系和系科等基层结构的个性和特色，因而大学有理由和必要以一种“有组织的无政府主义”的理论为指导，鼓励“个人和团体都各显神通，彼此间的矛盾都通过非正式或半正式的渠道来协商解决”[11]。对于大学的多样性和异质性，以及大学的矛盾和竞争，我们必须坚持对话体原则，即“在一个个体之内，有两种或更多的不同逻辑以多重的方式（互补的方式，竞争和对抗的方式）联系在一起，而不同逻辑的对抗性并不消失于整体性里”。譬如，大学的学术、教学和学习讲究多元、需要自由，而学校的评价或管理则趋向于采信统一的标准，即用一系列统一的规章制度和评价标准规范或丈量学术、教学和学习行动。因此，大学中存在整体有序与局部无序的较量，存在大学自生自发秩序与人为建构秩序的博弈，大学治理要平衡两者的关系，找到彼此之间的最佳契合点。简言之，大学基层的院系或学科专业偏爱多元化的自主行动，大学上层或中层的职能部门出于管理的方便而偏爱步调一致的统一行动，大学治理需要在分化与整合、局部无序与整体有序的辩证互动中找到平衡点。

三、大学整体有序的人为建构

与无序相对，有序是系统之结构与运动的确定和有规则的状态。有序化是一个克服不确定、无规则的过程，是一个抑制差异、多元和自由的过程。远离平衡的生态系统存在两种对抗的力量，一方面趋向多样化和异质化，另一方面又存在一种约束差异、多元或消除变化的力量，以及一种从无序到有序、从局部无序到整体有序的内在驱动力。这是生态系统的一种自我调节和反应机制。

系统科学认为，“任何复杂系统既有独立的运动，又有相互影响的整体的运动。当系统内各个子系统独立运动占主导地位时，系统呈现为无规则的无序运动；当各子系统相互协调，相互影响，整体运动占主导地位时，系统呈现为有规律的有序运动状态”[10]。作为一种复杂的社会系统，大学是典型的整体运动与独立运动并存的集合体，是局部无序与整体有序相互较量的矛盾体。大学的健康发展需要整体有序掌舵下的局部无序，需要不偏离或脱离大学发展总目标和总方向引领的局部无序。大学治理要遵循复杂系统运行发展的基本规律，坚持用大学系统的整体运动主导大学各个子系统的独立运动，即一方面要讲究不同院系、系科等之间的分工与竞争，另一方面也要重视不同院系、系科等之间的合作与协同。

大学的整体运动主导独立运动的过程，从根本上而言是一个大学按照某种办学定位建构整体有序的过程。大学整体有序的建立，基于多种对抗力量的平衡和协调，诸如新老体制的博弈、整体有序与局部无序的较量、有序与无序的对立等，每种力量的对抗都犹如一对矛盾运动，处理不当会相悖而行或相互抵制，产生难以掌控的不利局面。譬如，大学的新体制是一种新秩序，老体制是一种旧秩序，破旧立新意味着从一种有序过渡到另一种有序，抑或说从一种旧序跃迁到一种新序，这当中牵涉很多的利益相关者，他们对体制变革往往持有不同的态度。不同大学建立新秩序的难度各异，越是古老或成熟的大学，旧秩序的惯性、传统的力量、保守的势力越大，抵制新生事物涌现的力量越强。一般来说，鲜见有大学扼制新知识的诞生，但未必会轻易允许新知识制度性地进入课程，更不会轻易地将某门新课程纳入人才培养方案。经验告诉我们，每每修订人才培养方案，最难调整的就是课程设置或课程结构，因为旧课程的削减、新课程的增加、课时数的压缩或增加等，都会遭到某些利益相关者的抵制。为了不引发新的矛盾、生出新的困难，课程管理者宁愿牺牲革新的好处而选择维持原状，而那些能够反映学术前沿的新课程则因旧秩序的抵制而被阻挡在人才培养方案的大门之外。从更广的范围看，一所大学新生事物的孕生，或多或少与这所大学的现行秩序存在某种关联，而这种现有秩序的传统基础、文化根基和反应机制，几乎决定着大学未来的革新方式和变化路径。历史与现实昭示，一所大学积淀的传统、基础和文化，总是以某种独有的方式规约大学变革的态势，影响这所大学个性化、特色化和多元化办学的可能性和发展空间。

大学的整体有序是局部有序的整体涌现，是局部无序通过非线性相互作用而孕育的整体。大学的整体有序源于局部无序，而非局部有序的简单相加，局部有序的相加或许会得到某种整体有序，但这种有序一定是乌托邦式的整体有序，或僵化呆板的整体有序，或昙花一现的整体有序。对于一所大学而言，没有多样而异质的局部无序，就不会有真正意义上的整体有序，更不会有改变大学办学格局的整体序变。大学组织是扁平而松散的，基层结构具有典型的“分化分生”倾向，这种局部无序的自生自发为大学整体有序的“整合整生”提供了基础和可能。分化是一种从一元到多元的裂变式生长，是一切生命体繁衍或从简单到复杂的基本范式；分化意味着新的不稳定和无规则的出现，意味着新事物的不断孕生。从某种意义上说，大学的发展过程是一个学科、专业、课程及相关组织机构等不断分化的过程，是分化生发了大学的多样性和异质性，是分化孕育了大学结构和运动状态的不确定和无规则。

自然界、人类社会和人类思维等领域的任何事物都包含着内在的矛盾性，既然存在分化分生，就必然有整合整生，否则无序就没有了尽头、归宿和可奔的前程。整合是大学生发整体有序的基本路径，也是大学基于分化的一种反应机制。分化生发出专门化的多元，诸如多元化的知识、学科、专业、课程等，同时引发隔行如隔山或各行其是的无序，即一个领域的专家或学者对另一个领域知之甚少，甚至是一无所知；每一个领域的专家或学者都按照自己的意愿选择行动模式，这种不受控制的自由行动定然会影响或干预他人的自由行动而引发对抗。也就是说，分化达到某种限度，整合会应然而生，抑制分化的恣意蔓延。分化与整合对生且对抗、依赖又制约：越是分化，越要整合；没有分化的前行，整合则成无源之水；没有整合的跟进，分化就漫无边际。

四、大学整体有序与局部无序的耦合

当今之大学可谓是“最整体有序”的社会机构，同时也是“最局部无序”的社会机构。法国社会学家涂尔干如是说：“很少能找到一种机构，既是那么统一，又是那么多样；无论它用什么伪装都可以认出；但是，没有一个地方，它和其他任何机构完全相同。这种统一性和多样性构成大学是中世纪生活的自发产物的程度的最后证明；因为只有活的东西才能这样尽管充分保持它们的个性，同时使它们自己服从和适应形势和环境的全部变化。”[7]这是大学的魅力之处，也是大学的神奇之处。

大学是有序与无序的综合体，有序与无序在大学系统中诞生、存在和发展，即无序中存在有序，有序中也存在无序，有序与无序在相互关联中“相反相成”。大学的有序与无序是共生的、依生的、竞生的、对生的和整生的，两者交织在一起，你中有我、我中有你。大学中没有纯粹或孤立的有序，也没有纯粹或孤立的无序，有序与无序在对抗中相互转化，共同形成大学演化发展的整体图景。这是大学系统的本来面目，不为尧存、不为舜亡，不以人的意志为转移。大学既存在促进稳定或有序的力量，也存在促进变革或无序的力量，两股力量在较量中此消彼长。经验告诉我们，大学的任何一项工作或活动，几乎都要受到对抗性力量的推动与牵制，这种推动与牵制或源于新老体制的博弈，或源于传统与现代的较量，或源于促进稳定与促进变革两股力量的比拼，或源于有序与无序的矛盾。

大学整体有序的建构，需要纲领性目标来统领，需要完整的组织机构来保驾，需要以大学章程为核心的体系性制度来护驾。大学是一种存在于制度之中的特殊学校，制度作为一种有序或秩序，是大学持续稳定健康发展的基石。教育学家夸美纽斯认为，“哪里制度稳定，那里便一切稳定；哪里制度动摇，那里便一切动摇；哪里制度松垮，那里便一切松垮和混乱”。哲学家雅斯贝斯认为，大学只能作为一个制度化的实体才能存在，大学的科学研究、教学、学术训练、沟通唯有在制度框架之内才能完成。[12]可以说，没有以大学章程为核心而建立的一整套规章制度，大学尤其是巨型大学的一切行动，就会没有章法，甚或是混乱不堪。但是，大学的制度化追求，不能以牺牲或扼杀无序为代价，因为没有无序的存在，大学就无异于“一潭死水”，再有价值的“天光云影”也无法在其中“徘徊”，自然也不会有灵感的激荡和思想的翱翔，以及新学科、新专业、新课程等新事物的诞生。刚性或铁板一块的制度是一种僵化的有序，只会扼杀新生事物，大学需要弹性的制度和策略性的制度，而不是那种没有任何回旋余地的程序性制度。有序与无序对大学的发展皆不可或缺，尤其是无序的存在为大学的可发展提供了可能。大学的整体有序与局部无序不可偏废，任何一方的缺失对大学皆是一种潜在的危险。如伯顿·克拉克教授所言："不是因为权力过度分散和宏观失控而使整个系统陷入四分五裂的境地，就是因为过分强调秩序和组织的统一而导致权力的垄断，两者必居其一。不过，如果能够选择的话，前者的危害比较小，后者的危害则要大得多。"[7]权力过度分散和权力垄断都是一种极端，产生的是过犹不及的后果。适度控制是大学有序发展的必要条件，否则，无序会泛滥成灾，像新学科、新专业、新课程等那样随心所欲地开设，会造成大学的教或学无所适从，教学或科研难以驾驭。但是，控制要有度、要有弹性，事无巨细的严格控制只会导致僵化办学。

大学作为一个多层结构的松散组织而存在，内在关联的分权、异质的多元化和合理的局部无序是大学的应然状态和逻辑诉求。权力的分散意味着支持多元化，意味着每一种价值观念可以在大学的某个部分得到体现。权力的垄断意味着大学被少数人控制，意味着大学陷入按照少数人的意志而运行的僵局。公共管理的理性主义者认为，"最佳的组织意味着它的所有组成部分之间的关系十分融洽，彼此间的关系十分确定，既无缺少的部分，又无多余之处，因而它是完全可靠的。代表这种梦想的模式是一种线性组织，其中的一切都安排得井井有条。这就好像整座房子的电路都采用串联结构似的……这类组织系统是一种边缘政策的管理形式，是一种赌注很大的赌博。只要一只灯泡炸了，整条线路就全部遭殃。串联结构虽然秩序井然，但是其中的每个部分都相互依赖。一旦某个部分出现故障，整个系统就会陷入瘫痪。这种情况就像一个古老的故事中所说的那样：'仅仅因为少了一枚钉子……整个战役就失败了'"[7]。大学是松散的组织，各部门隶属于大学，彼此之间存在联系却又相互独立，各自按照自己的模式行动，这就好比一座大厦的并联电路。

大学需要整体有序，也需要局部无序，更需要整体有序与局部无序的耦合。大学的整体有序要主导大学的局部无序，同时要为局部无序的生发创造条件，即大学要为基层结构的"无计划的变化"创造"有计划的条件"，这也是为大学的多元化创造条件，而多元化是学校办出个性和特色的基石，因为学校的基层没有特色和个性，那么奢求学校的个性和特色是极其荒谬的。从这个意义上说，大学要学会像对待幼苗一样呵护多元和自由，同时也要像根除杂草一样绞杀单一和专制。

总之，大学是一个复杂的生态系统，大学治理必须遵循生态规律，确保大学的整体有序与局部无序"耦合共生"，整体运动与独立运动"相向而行"，统一行动与自主行动"相反相成"。这一切没有固定的一劳永逸的模式，也不存在一个放之四海而皆准的“黄金分割点”，不同的学校需要立足于自身的主要矛盾或问题，根据各自的组织结构，因时、因地制宜地作出选择。事实上，“整体有序而局部无序”不仅是大学治理的健康法则和内在逻辑，也是一个国家高等教育治理现代化的战略诉求和重要标志。

参考文献

[1]《辞海》编辑委员会. 辞海[M]. 上海：上海辞书出版社，2000：4807.

[2] [德]黑格尔. 小逻辑[M]. 贺麟译. 北京：商务印书馆，2009：225.

[3] [美]埃德加·E. 彼得斯. 复杂性、风险与金融市场[M]. 宋学锋译. 北京：中国人民大学出版社，2004：7.

[4] [德]H. 哈肯. 协同学讲座[M]. 西安：陕西科学技术出版社，1987：1.

[5] [美]维纳. 维纳著作选[M]. 钟韧译. 上海：上海译文出版社，1978：20.

[6] [美]克拉克·克尔. 大学的功用[M]. 陈学飞译. 南昌：江西教育出版社，1993：26.

[7] [美]伯顿·克拉克. 高等教育系统——学术组织的跨国研究[M]. 王承绪译. 杭州：杭州大学出版社，1994：301，306，307-308，310，311，314.

[8] 苗东升. 系统科学大学讲稿[M]. 北京：中国人民大学出版社，2007：81.

[9] [法]埃德加·莫兰. 反思欧洲[M]. 陈壮译. 北京：生活·读书·新知三联书店，2005：16.

[10] 桂慕文. 人类社会协同论：对生态、经济、社会三个系统若干问题的研究[M]. 南昌：江西人民出版社，2001：5-6.

[11] 黄俊伟. 过去的大学与现在的大学[M]. 北京：群言出版社，2011：8.

[12] 卡尔·雅斯贝尔斯. 大学之理念[M]. 邱立波译. 上海：上海人民出版社，2007：91.

论学院的治理及其意义

郭书剑　王建华[①]

（南京师范大学教育科学学院　中国南京　210097）

摘　要　随着大学治理的深入推进，以及学院规模的不断扩大，学院的治理成为必然选择。相较于传统的教育行政管理，学院治理更有利于大学实现“基层变革”，同时有效的学院治理也是实现大学治理的必要条件。通过学院治理培育治理文化，调动师生参与治理的积极性，进而才能实现大学治理体系和治理能力的现代化。

关键词　治理；学院治理；大学治理

在高等教育大众化进程中，学院规模日益扩大、组织越加复杂、职能逐渐多元化，这些对传统学院管理方式提出了挑战。无论是要充分发挥学院参与大学治理的作用，还是应对来自时代和组织内外部的挑战，在学院这一层面实施治理和变革都很必要。学院治理对于理顺学院诸多利益相关者之间的关系，明确学院决策权力与责任的划分，进而形成完善且运行良好的学院治理结构，有着积极影响，对于学院做好参与大学治理的准备工作，发挥其承上启下的功能，具有特殊意义。

一、学院治理的必要性

随着大学治理的深入推进，诸多治理问题汇聚于校院之间并被扩大化。大学

① 作者简介：郭书剑（1991—　），男，山西晋中人，南京师范大学教育科学学院硕士生，主要研究方向为高等教育管理；王建华（1977—　），男，河南息县人，南京师范大学教育科学学院教授，博士生导师，主要研究方向为高等教育。

治理的本质在于权力配置的多中心化和分散化、权力运行的程序化和规则化，大学治理权力的“分”与“放”是实现权力多中心化的基本途径。随着大学外部治理的推进，国家和政府逐步向大学放权、分权，在此之后的要求便是大学内部治理的开启，即大学向学院等基层组织放权和分权。而在当前单一权力中心的高等教育体制下，大学治理权力不仅高度集中于政府层面，也高度垄断于学校层面，学院等基层组织明显缺乏必要的治理权力，其独立自主性较差。在这样的情况下，大学治理过程中凡是需要通过校院合作予以解决的问题，都很难得到有效处理，并会积压在校院之间，进而会激化大学内部的矛盾：“一方面学校难以对院系需求做出及时回应，实施有效管理，带来了自身管理的巨大压力；另一方面，院系对学校职能部门管得太多太死、过度介入院系具体工作心怀不满。”[1]大学治理面临着失灵的危险。

为破解大学治理失灵，必须通过治理理念变革传统的校院管理模式，理顺大学校级组织与院级基层组织之间的权责关系，提高学院主体地位并使其获得更多的治理权力。要继续推进大学治理向前发展，不仅要实现大学向学院放权，还应推进学院自身的治理变革以用好治理权力。“有效的治理要求大学必须通过开放的治理结构充分包容利益相关者，在伙伴关系的框架下，通过各利益相关方的积极参与实现大学的共治与善治。”[2]大学如此，学院亦应如此。学院若仍然依赖于传统的教育行政管理方式，忽视多元利益主体的作用，那么其所面临的行政权力凌驾于学术权力之上，管理制度日益僵化，以及师资和学生培养质量下降等若干困境，将难以被打破。基于此，学院治理成为现实的必然要求。

除大学治理的不断推进之外，大学组织的日益复杂化、学院规模的扩张都要求大学治理和学院治理不断推进。源于中世纪巴黎大学的“学院”，最初是来自远方贫困学生的住宿之所，后来扩大为师生共同学习、生活的地方。当时的巴黎大学下设有以神学院为核心的文学院、法学院、医学院等 4 所学院，师生人数较少、学院规模小，因而管理机构种类单一，日常行政管理手段完全能应对当时比较简单、明了的学院事务。但当今的高等教育进入大众化、普及化阶段，高等学校校均规模呈逐年扩张的态势，学院作为大学组织下的二级机构，势必受到大学规模扩大的影响。一方面，大学内部学院数目普遍增加，另一方面，学院内部系科、专业数量也在增多，以学院为单位的教师、学生、管理人员数量也相应增加。当前我国很多大学在校全日制学生超过 50 000 人，校专任教师超过 3000 人，可谓“巨型大学”。在这些“巨型大学”里，学院也成为“巨型学院”。以吉林大学为例，其所属的一些学院规模平均为 2600 人，更有几所学院的学生、教职人数超过 3000 人。“随着社会的变革、科技的飞跃发展，高等教育变得更加复杂，因此，大学必须设立新的行政人员的职务去研究处理新的专门问题。”[3]从学院内部组织机构的设置情况来看，发挥实体性组织功能的机构数量众多，包括学院党委系统、行政系统及最主要的学术系统，如北京师范大学教育学部除党委和行政机构外，下设 14 个学术机构、17 个综合交叉平台，此外还设置具有咨询评议功能的 6 个专门委员会。在美国，“婴儿出生高峰”来临之前，以及《退伍军人法》等一系列法律政策颁布之前，美国大学和学院规模长期以来保持着缓慢的扩张，其传统的学生事务管理方式是控制或服务，而如今负责学生事务的校长或院长更成为校院政策的制定者、执行者、评估者和改革者。这些变化增加了学院组织的复杂性、学院活动的多样性、学院成员及其关系的多元性，随之加大了学院管理的难度。学院职能部门在规模日趋庞大、结构日趋复杂、功能日益多样化的现代学院里，越来越力不从心、不堪重负，为此要改变传统的学院管理方式，引入治理机制，开展学院治理。“在精英高等教育向大众高等教育转型过程中，学校师生意识一致性的崩溃使学校内部管理问题大大尖锐化。”[4]面对这样的事实，马丁·特罗认为民主参与形式应该被引入高等教育管理之中，以解决常见的产生于教师之间、管理人员之间及学生之间在价值观念、利益等方面的冲突。此外，学院规模的扩张使学院的活动范围大大扩展、组织边界日益模糊，学院与校内外组织或群体的交往十分密切。学院必须将这些主体纳入整个治理活动中，必须通过“民主”的途径，采用“治理”的方式，处理学院面临的复杂问题。

在大学改革的背景下，学院治理也是构建现代大学制度的最佳切入口，是大学实现“基层变革”的重要路径。我国现代大学制度的建设思路注重政府自上而下的“顶层设计”，忽视了来自大学内部基层自生的变革力量。“我国高等教育改革所缺少的不是顶层设计和总体规划，而是基层的活力，重启高等教育改革必须强化大学自身勇于创新的积极性和主动性，而非政府关于高等教育改革的总体方案、路线图和时间表。”[5]学院治理能够激发基层的活力，进而推动现代大学制度建设。从大学的发展历史来看，中世纪巴黎大学与博洛尼亚大学的制度体系和组织结构是自下而上形成的。首先，是由教师或学生运动争取而来的大学权力，然后大学学科分化并设置不同的院系，进而为解决不同学科之间的师生摩擦而产生隔离各院系的硬性制度，最后逐渐出现联邦主义分权结构的大学组织模式。无论是教师治校还是学生治校，“这两种制度都包含自下而上的治理、代表集会、复杂的投票程序，以及解决冲突的制度化规范。”[6]学院治理符合大学演进的规律。通过大学最基本的组织成分，可以明确和梳理各利益相关者的角色与关系，划分多主体之间的权力与责任。通过改革学院落后的制度，可以重塑大学制度。另外，从大学的组织结构来看，学院是整个大学最重要的基层单元，承担着一线教学、科研等任务，大学传统职能的发挥有赖于学院的良性运转，学院发展状况又有赖于学院的治理效果。“学科和院校的联系方式都会聚在基层操作单位……组织的基层部门无论在哪里都很重要，因为较大的实体依赖于它们发挥功能。”[7]大学组织与基层师生在院系层面实现交汇，如果二者的关系不能在院系一级得到协调，就会在基层产生严重的冲突，进而影响整个组织的运行。学院治理在大学治理结构中处于核心地位，关注学院治理，处理好学院内部的复杂矛盾，对于实现大学制度的现代化十分必要。

二、学院治理的可行性

学院治理不仅是必要的，而且是可行的，这种可行性来自学院制改革及学院的组织结构属性。其中，旨在突出学院实体性、独立性和自主性的学院制改革，为学院治理奠定了制度性基础。我国大学在 20 世纪 80 年代中期开启的新一轮院系调整中，将重点放在高校内部组织结构调整和内部管理体制改革上。一个重要举措，即是将大学内部管理体制由传统的“校—系”两级机构调整为“校—院—系”三级组织模式，该模式又被称为“学院制”。在制度安排下，学院应成为联系校、系（或基层教学科研组织）的中层组织，成为大学行政管理和学术决策的中心点，也自然地应成为大学管理的中心[8]。然而由于改革的不彻底性，在学院制内又出现若干问题阻碍着学院基本职能的实现，如学院由于缺乏理财权和人事权而高度依赖于学校管理的体制问题、学院行政权力与学术权力的冲突问题等。时至今日，学院制改革已成为我国大学内部治理结构改革的着眼点和有力“抓手”。学院能够进一步配置权力的前提，是自身拥有充足的自治权。学院制改革的核心是校内决策权力的配置，其中改革的难点和关键点在于权力下放和权力制衡[9]。学院制改革即是要“转变学校职能部门的管理职能，管理重心下移，建立以学院为中心的管理体制，明确校院职责和权限，以提高学校的办学效益和办学水平”[10]。因此，有效的学院制改革可以将大学权力下放至学院层级，大学为学院“松绑”，学院得以摆脱大学的束缚而具有一定的自主性。治理的核心要素是权力，学院治理的逻辑在于学院组织内部院系之间、系科之间进行权力与其他资源的优化配置。由此看来，学院制改革符合学院治理的逻辑，前者为后者提供前提条件，使权力资源的进一步分配成为可能。学院制改革不仅仅在于权力分配，还在于对权力运行加以制度化、常规化。学校、学院与学系组织作为不同权力的掌握者，要按照科学化、法治化和程序化的原则行使权力，就必须受到完备而明确的制度、规则的约束。学院制改革重在体制的变革，最终还是以某种制度的形式将改革成果落实下来，这为学院组织内部机构或个人提供了行为准则，也为学院治理的开展提供了制度保障。

除学院制改革为学院治理提供必要条件外，学院的学术组织特性与结构也适于治理。首先，学院的学术组织特性与“治理”相契合。作为组织权力分配和运行的两种方式，“管理”与“治理”存在较大差异。从权力主体看，“管理”突出单个行政机构对下属的权威和控制力，“治理”则是多元主体对共同事务的处理与调控；从权力向度看，“管理”强调自上而下的单向权力行为路径，“治理”却主张自下而上与自上而下相结合形成互动式权力运作；从实现方式上看，“管理”突出主体以命令等手段对客体干预的权力，而“治理”要求充分体现客体的权利，更多地发挥组织调节作用，以实现民主参与；从根本理念上看，管理易致“官本位”，治理则代表“民本位”。无论是“管理”还是“治理”，对其的选择和运用，必须以组织内部构成要素的特性为根本依据，不同的组织特性决定了不同的权力分配与运行方式。大学内部的二级学院具有学术组织的特性，主要体现为结构上的“松散联合”、权力上的“底部沉重”。学院由一些既属于横向学科领域之内的又被纳入纵向行政组织的教师和学生组成，其目标模糊分散、个性突出且行动难以规范，因而学院不易出现较强的权威中心；学院权力归于基层，出现“底部沉重”“金字塔”式的权力分布和运行机制。学院基层的自主程度影响其组织职能的发挥，基于学术组织属性，治理相较于管理更适合学院的运行。学院治理使学院内部多元主体通过协商互动、自律与他律相结合，协调不同的利益与价值，进而充分发挥培养人才、科学研究与为社会服务的功能。

其次，学院组织具有基层性，这就决定了其在推进学院治理时具有较强的动力性。伯顿·R. 克拉克认为，大学的转型首先是大学的基层发生变化，因为“大学工作的重点都在基层，抵抗力总是自下而上，巨头们难以长期控制”[11]。学院所包含的诸多学科和学系单位是整个大学得以建立的“基石”，较大数量的教职人员、学生及行政管理人员处于该层次上，因此也是各种意见、观点或者矛盾、冲突的汇集地，如果几者的关系不能在院系一级得到协调，就会在基层产生严重的冲突，进而影响整个大学的运行。变革力与创造力往往就产生在这种组织环境之中。“大学教师和学生思想活跃，追求人格独立，民主意识、批判精神强，大学从来就不是一个滋生强制的权力生态，它只认同权威、平等协商以及民主之下的契约规制。”[12]这种学术民主精神与治理本质高度契合，因为学院治理离不开“依靠多种进行统治的以及相互发生影响的行为者的互动”[13]。虽然基层院系中存在不可避免的文化和利益冲突，但是在同一所学院内的成员在总体上能够“求同存异”，致力于共同目标的达成。正因为如此，学院治理才可能从基层单位和若干人开始，使他们志同道合地通过有组织的创新改革学院的结构和方向。此外，与整个大学相比，学院组织规模较小，便于治理。“惰性随规模的增加而增加。一所大学比一个系更难发生变革。一国的高教系统比一所大学更难发生变革。”[14]若干学院作为大学内部二级机构，将数量庞大的学生与教职工进行分散安排，因此学院规模相对于大学来说都比较小。学院下属组织机构不那么复杂，无论是对内事务还是对外事务所涉及的范围都不如大学广泛。学院组织机动灵活，“学院治理结构改革的难度相对也就比较小，改革的成本相对比较低”[15]。正是基于学院组织所具有的优越性，教育部 2012 年下发《关于推进试点学院改革的指导意见》，明确在北京大学等 17 所高校设立试点学院作为改革特别试验区，以期为整个高等教育改革的整体推进提供经验。

三、推进学院治理的意义

学院是大学最主要的组织机构，因而学院治理是大学内部治理的核心内容与关键一环，大学治理与学院治理相互促进、相辅相成。一方面，大学治理旨在“校—院—系”之间合理配置权力资源，以协调彼此之间的权责关系，良好的大学治理有利于增强学院等基层组织的实体性和自主性，是学院治理的前提和基础；另一方面，学院治理直接关系到学院组织的运行和发展，为教学、科研、服务社会提供有利条件，进而对整个大学的治理及其发展产生深刻影响。

首先，学院治理有利于培育基层治理文化，营造良好的改革氛围。“文化：一个任何改革都应对此进行考虑的因素，但有时人们很少能够做到这一点。在没有考虑文化时，制度改革或许也能发生，但需要的时间一定很长，或者遭到抵制，可能会出现的结果是变化可能出现在边际上，使改革成为一个令人泄气和只能是部分成功的行为。”[16]文化与改革密切相关，改革的文化来源于改革的实践，反过来改革的实践需要改革文化的推动，良好的改革既说明了改革实践是有效的，也意味着改革文化已经形成并发挥作用。要实现大学治理现代化、构建现代大学制度，就要培育成熟的大学治理文化；要培育并促进大学治理文化走向成熟，就要先从大学学院组织入手。随着学院治理的进行，传统的教育行政管理方式逐步被新型的教育治理方式所取代，原来强调行政级别、权力等级的观念将被淘汰，取而代之的是“知识本位”、民主参与的学术治理理念。在学术性组织中，与“知识本位”相对立的是一种“官本位”“利益本位”的观念，这些观念之所以长期存在于学术组织中，很大程度上离不开其组织权力结构的影响。“陡峭型”权力结构向其组织成员昭示了这样的信息：要使自己的权益得到保障或者扩大，最好的方式是晋升到组织“金字塔”的顶端。在这种结构中，组织文化自然是充满官僚气息的。要改造学术组织中的消极文化，就要变革其组织权力结构。将治理引入学院组织中，不仅仅要将其作为新型管理方式，还要通过它变革学院权力结构。治理强调“平权”“民主”“平等”，因而有利于推动学院建立“扁平化”的组织结构、“平缓型”的权力结构。随着学院结构的变化，基层学术人员将不再追求成为“学官”，而是回归于对高深学问的本真向往。在学院形成良好的学术文化，促进学术基层组织向高深学问的回归，是学术权力取代行政权力的基础，也是完善我国大学内部治理结构的必然所在[17]。由此可见，学院治理不仅能够培育学院师生群体的民主文化，也能够动摇和瓦解学院管理者根深蒂固的行政官僚文化，进而能为改变行政权力与学术权力之间的异化关系提供条件。

其次，学院治理有利于调动师生的积极性，强化“利益相关者”的意识。有研究指出，为保持组织的活力，保证成员的参与是关键。为保证组织成员的不断参与，一方面实现权力分配的民主化形式是必要的，另一方面组织保持其对新设想、新兴趣的接纳能力也至关重要，因为这能够使成员对新问题产生兴趣，从而提高成员参与组织活动的积极性[18]。同理，对于学院组织而言，基层教职人员和学生对学院事务的关注程度和参与程度与学院的组织生机和活力、学术竞争力息息相关。然而，事实上，长期以来，在我国高度计划的高等教育管理体制下，大学行政管理权、学术管理权、人事管理权与财务管理权等都被牢牢掌握在大学举办者（国家与政府）手中，大学实体性由于缺乏权力的支撑而变得空洞和虚化。这使得“中国的社会力量在参与大学管理方面的公益意识还不成熟，没有意识到大学的治理需要他们的参与，他们也是大学的利益相关人”[19]。在这种情况下，学院权力高度集中在顶端，使本就松散的学院组织更加趋于分化，基层人员的权利与义务相分离，无论是大学教授还是学生都对学院事务漠不关心。为激发广大教师和学生参与学院日常事务的积极性和热情，应该在治理理念的基础上赋予他们对有关自身利益及学院发展的重大事项的决策权、咨询权、监督权等实际权力。学院治理有利于建立交互式的沟通渠道，疏通问题解决路径，使学院重大事务的决策权“下沉”到师生群体之中。学院现有管理者与其他成员共享治理权力，使教师得以从一线教学、科研岗位的立场出发，对学院事务表达观点和看法；学生能够以学院主人翁的身份，对学院教学、管理和服务工作提出建议；学院管理层能够准确把握和了解与师生息息相关的具体问题，能够快速反应，采取措施解决问题。这样也就疏通了学院内部行政管理与教学服务之间的问题解决路径。治理的本质在于多元主体在平等交流的基础上，就共同关心的事务进行民主协商，需要组织与个人、组织与组织、个人与个人之间相互作用并形成较为密切的关系网络。在良好的人际关系和工作环境中，学院成员能在共同参与的机制下，作出有关学院重大事务的决策，不仅有利于决策的科学化、合理化，而且有利于强化“利益相关者”意识，充分彰显师生个人在学院中的价值。

最后，学院治理有利于推进大学治理体系和治理能力现代化。与以加强“顶层设计”为核心的国家治理体系和治理能力现代化不同，大学治理体系和治理能力现代化“所指向的绝不仅仅是宏观层面的制度安排以及政府部门，它更需要高校确立一系列相对成熟的内部治理体系，即所谓的现代大学制度”[20]。推进大学治理体系和治理能力现代化的重点，在于构建大学内部治理体系，而其关键的组成部分则是学院治理体系。“学院治理是大学治理的一部分。学院治理现代化也是大学治理现代化的组成部分。”[21]学院治理是实现大学治理体系现代化和大学治理能力现代化的必要途径。“在高等教育治理现代化进程中，如果政府在明确的指导方针以内给予大学以制定自己的使命和目标的责任，大学将会更富革新精神和更具适切性。”[22]同样的道理，为实现大学内部治理的现代化，大学就应该以远距离驾驭和监督为基本原则，实行“校长治校，教授治学”，扩大院系基层组织的自主权，确保师生在学校、学院治理中的积极作用。此外，学院治理是实现大学治理体系现代化和大学治理能力现代化的可行路径。

其一，治理是对传统的“统治”与“管理”的否定，其本身就是一种现代化的产物。“现代化的特征可以概括为理性化、法制化、标准化、制度化和民主性等方面。其中，理性化和民主性是现代化的核心特征。”[23]治理强调多元主义，强调民主参与，强调协商与合作，这些理念与现代主义的内涵是一致的，符合现代化的发展要求。

其二，通过构建学院治理体系，能促进大学治理体系的完善。从二者的关系来看，大学治理体系是大学资源（包括权力、物力、人力等资源）在不同主体之间的配置及其规则，学院治理体系属于大学内部治理体系范畴，是在学院层级内部规范行政权力与学术权力运行和维护学术组织内部秩序的一系列制度和程序。二者体现为整体与部分的关系，前者是后者的外部框架，而后者是前者的具体细化。学院治理体系与大学治理体系还是一种底层基础和上层建筑的关系，大学治理体系是建立在学院治理体系之上的，二者的理想状态是上下贯通、融合协调的。

其三，在学院治理过程中，学院管理者能够积累经验，提高基层学术组织的治理能力，从而为大学治理能力的提升奠定基础。“大学治理能力是大学内外相关利益主体为了完成共同的使命，运用大学制度和机制管理大学各项事务的整体性能力。”[24]学院治理能力是大学治理能力的聚焦式体现，大学治理能力是学院治理能力适用领域的扩大化。现如今，我国大学治理能力不足和治理能力不够现代化，成为大学治理的一个问题，“不只是从上到下管理的能力不足，而且是多元、平等、协调的治理能力不足”[25]。对此，学院治理不但能使管理和决策者增强从下而上的治理能力，以弥补传统管理经验的不足，还能够增强学院不同个体或群体的沟通、协调、合作能力，以提高治理参与能力。因此，推进学院治理现代化是开启大学治理体系和大学治理能力现代化的关键一步。

参考文献

[1] 王战军，肖红缨. 大数据背景下的院系治理现代化[J]. 高等教育研究，2016，(3)：21-38.

[2] 王建华. 重思大学的治理[J]. 高等教育研究，2015，(10)：8-13.

[3] 赵曙明. 美国高等教育管理研究[M]. 武汉：湖北教育出版社，1992：62.

[4] [美]马丁・特罗. 从精英向大众高等教育转变中的问题[J]. 王香丽译.外国高等教育资料，1999，(1)：1-22.

[5] 王建华. 重启高等教育改革的理论思考[J]. 高等教育研究，2014，(5)：1-10.

[6] [美]罗纳德・G. 埃伦伯格. 美国的大学治理[M]. 沈文钦，张婷姝，杨晓芳译. 北京：北京大学出版社，2010：56.

[7] [美]伯顿・R. 克拉克. 高等教育系统——学术组织的跨国研究[M]. 王承绪，徐辉，殷企平译. 杭州：杭州大学出版社，1994：37.

[8] 杨如安. 学院制的内涵及其特性分析[J]. 教育研究，2011，(3)：41-48.

[9] 郑勇，徐高明. 权力配置：高校学院制改革的核心[J]. 中国高教研究，2010，(12)：24-26.

[10] 钱建平. 新一轮学院制改革的动力与路径探析[J]. 江苏高教，2010，(6)：22-24.

[11] [美]伯顿・R. 克拉克. 建立创业型大学——组织上转型的途径[M]. 王承绪译. 北京：人民教育出版社，2003：3.

[12] 杨纳名. 大学治理的必要与可能：治理理论的大学实践[J]. 河南师范大学学报（哲学社会科学版），2009，(6)：239-241.

[13] [英]格里・斯托克. 作为理论的治理：五个论点[J]. 华夏风译.国际社会科学杂志（中文版），1999，(1)：19-30.

[14] [美]伯顿・R. 克拉克. 高等教育新论——多学科的研究[M]. 王承绪，徐辉，郑继伟译. 杭州：浙江教育出版社，2001：136.

[15] 周川.“现代大学制度”及其改革路径问题[J]. 江苏高教，2014，(6)：22-26.

[16] 施晓光. 文化重塑：大学治理能力现代化之锥[J]. 探索与争鸣，2015，(7)：54-56.

[17] 胡建华. 大学学术组织科层化分析[J]. 探索与争鸣，2015，(7)：47-49.

[18] [美]理查德 •H. 霍尔. 组织：结构、过程及结果[M]. 张友星，刘五一，沈勇译. 上海：上海财经大学出版社，2003：138.

[19] 王洪才. 论大学内部治理模式与中位原则[J]. 江苏高教，2008，（1）：5-8.

[20] 阎光才. 高等教育治理体系与治理能力的现代化[J]. 苏州大学学报（教育科学版），2014，（3）：1-3.

[21] 钱颖一. 学院治理现代化：以清华大学经济管理学院为例[J]. 清华大学教育研究，2015，（2）：1-6.

[22] 潘懋元，左崇良. 高等教育治理的规约机制[J]. 吉首大学学报（社会科学版），2016，（3）：12-19.

[23] 甘晖. 基于大学治理能力现代化的大学治理体系构建[J]. 高等教育研究，2015，（7）：36-41.

[24] 龙献忠，周晶，董树军. 制度逻辑下的大学治理能力现代化探析[J]. 江苏高教，2015，（3）：32-35.

[25] 瞿振元. 建设中国特色高等教育治理体系推进治理能力现代化[J]. 中国高教研究，2014，（1）：1-4.

大学权力类型与二级学院院长角色定位

郑文力[①]

（福州大学经济与管理学院　中国福州　350116）

摘　要　学院制改革使得二级学院成为大学中最重要的实体组织，承担着越来越多的职能和使命。二级学院院长拥有政治权力、行政权力与学术权力，相应地也扮演着价值领导、行政领导和学术领导等多重角色。院长在多重角色期待中将产生角色设计冲突、角色期望不一、角色职责模糊、角色价值冲突等问题，为此，二级学院院长要加强角色调适，回归学术领导的本质定位。

关键词　大学；二级学院院长；角色冲突；角色定位

随着我国高等教育规模的扩大与高校内部管理体制改革的深化，高校将权力下放，管理结构由“学校—系”两级向“学校—学院—系”三级转变，学校侧重于宏观调控和目标管理，而学院侧重于过程管理，学院拥有更多的自主权，其权力、责任和义务均不断扩大，成为大学人才培养、科学研究和社会服务的中心。二级学院院长在大学中具有举足轻重的作用，其素质高低和角色定位直接影响了学院的发展。由于二级学院院长普遍存在着角色冲突，本文从院长角色演变入手，分析政治权力、行政权力与学术权力所赋予其的不同角色，归纳不同类型的角色冲突，理性地探讨二级学院院长的角色定位，对于保证二级学院的健康发展具有重要的现实意义。

① 作者简介：郑文力（1966—　），女，福州大学经济与管理学院教授，博士，主要研究方向为高等教育管理。

一、院长职位的出现与角色演变

（一）国外大学院长角色的历史演变

院长职位伴随着学院的出现而产生。12 世纪末至 13 世纪初，学院开始成了大学内部的一种重要组织形式，最具代表性的当属法国巴黎大学的学部制和英国大学的学院制。学院起源于为贫寒学生提供免费寄宿的慈善会馆，在巴黎大学，学院院长作为正式授职的教师听命于学校及宗教权威机构。在英国剑桥大学的彼得学院，主教通过一年一度任命的教师来管理学院，但重要决定要征得入住学生的同意，后来由学生选出院长。此时的学院只是作为发挥辅助性作用的附属物，院长的主要职责是为学生提供食宿方面的便利，提供道德和物质上的庇护，充当学生的监护人角色[1]。院长产生之初的作用是“友好仁慈地与学生交流，在一个学问和专业化日益增长的环境下维持学院和人的价值观”。这个时期的院长是一个人道主义者，扮演着“代父母”的角色[2]。

13 世纪中叶，一些学院开始组织教学活动，虽说还算不上是课程，只是一些晚间组织的复习和辩论，使学生回顾白天在学校学习的内容[3]，但学院已经从为贫寒学生提供免费食宿的慈善会馆，变成集食宿和教学活动为一体的新机构，承担起道德、物质庇护和教学的多元功能，院长的角色也从“学生的食宿管理者”向“学习管理者”转变。16 世纪中叶，学院正式成了大学最重要的教学管理组织，院长的主要角色即为“教学管理者”，其角色的学术性开始增强。直到 19 世纪，大学学院完成了最终蜕变，成为集行政管理与学术管理于一体的组织，古尔德认为“院长角色产生于校长需要一个人来帮助他减轻其档案和日常事务”[4]。随着大学规模的扩大和复杂性的增加，大学校长不断地把一些原本属于校级的管理权力和具体任务委托给院长，如校友关系、资金筹措等，院长变得更加倾向于管理，学院的院长尽管有一定程度的自治权，但大多数仍然是任命而不是选举产生，具有行政官员的地位。到 20 世纪，随着规模和功能的扩大，大学的事务和管理变得更加复杂，院长开始承担多层面的系列角色，他们集首脑、领导者、指导者、企业家、资源分配者和谈判者等多种角色于一身，每个院长职位都配有助理院长和其他辅助人员，拥有独立于教授团体的权力。

（二）我国大学院长角色的历史演变

我国近代大学是在学习和模仿西方大学的基础上设立的，1904 年颁布的《奏定大学堂章程》将大学分为科、学门、科目，科目中分主课和补助课两类。科是大学堂中设置的次级组织，相当于现在的院系[5]。1916 年，蔡元培执掌北京大学的改革，成立教务处和总务处，并将系作为组织教学的基本学术单位。1929 年 7 月，国民政府颁布《大学组织法》，从法律上确认我国大学校—院（科）—系三级组织结构，规定院长由校长聘任之，各科主任由院长聘任之，院长的职责主要是“计划本院学术设备事项，审议本院一切事宜”[6]，扮演的是学术事务的管理者和召集人的角色。

1952 年，学习苏联教育经验，开展大规模的大学体制改革，将原来的综合大学调整为文理大学和单科性大学及单科性学院，大学和学院均实行校系两级管理模式，院长的角色也就被系主任所取代。直到 20 世纪 80 年代，一些大学开始进行学院制改革，学院又重新回到了人们的视野当中，作为高校基层组织的二级学院，承担着培养人才、促进科学技术发展的使命，院长在不同时间和空间里，与学校领导、教师、家长、政府人员、公众等构成不同的关系，来自上级监管者（行政人员、董事会、校长）、委托人（教师和学生）和赞助人（纳税人、立法者和捐赠者）的各种要求综合在一起，造成了一种喧闹的环境，而院长必须在这种环境中生存，因为一个学院的成功依赖于所有参与者的相互作用，这些特殊利益团体塑造了院长的角色[7]。这使得学院院长角色经历了由简单到多元的变化，由“学生食宿管理者”到“学习管理者”“教学管理者”“综合管理者”的演变。

二、大学二级学院院长的三重领导角色

随着大学与社会的联系越来越密切，大学二级学院院长面临着更加复杂的环境，大学教学、科研和社会服务三个职能的扩展过程，就是大学与外部环境作用的广度和深度加剧的过程。1978 年，美国学者伯顿 • R. 克拉克首先提出“学术权力”的概念，认为学术权力是指大学里管理学术事务的权力，源于学者们的知识资源及其转移能力而形成的一种无形声望和权威，行使权力的主体是从事教学和科研的学术人员，运作方式自下而上。行政权力指大学中的党政权力，源于组织任命和委派，带有强制性，即党政机构为实现组织目标，依照规章制度对大学进行管理的权力，其行使权力的主体是与职位相联系的大学校长、院长、处长、科长等，运作方式自上而下[8]。在大学整体的组织结构布局中，科森较早发现了大学和学院管理中表现出的这种组织结构上的二重性：一种是传统的管理科层结构，权力运行集权化；而另一种是教师在其权力范围内对学校有关事务作出决策的结构，以教师非正式的特权和专业主义为基础[9]。由于高校的组织结构具有学术共同体和行政管理体的双重特征，二级学院院长又恰好处于学科和科层两个子

系统的交汇点上，决定了学院组织控制的二重性特征，其运行也同时受专业价值规范和官僚规章制度这两方面的影响与制约[10]。

权力作为大学组织运行过程中的重要因素，影响着大学组织的生存与发展，基于大学组织中权力的复杂性，可以将其归纳为政治权力、学术权力与行政权力三大类，分别赋予其价值引领者、学术责任人和行政服务人的三重身份，扮演价值领导、学术领导和行政领导的三重角色，具体分析如下。

（一）政治权力——价值领导

从组织行为学的观点来看，所有组织行为的背后都是价值观在起作用，价值领导是指有意识地运用组织核心价值观，去引导、整合和规范组织成员个体的价值观，使组织成员认同并奉行组织的核心价值观，从而实现组织共同愿景的过程[11]。《中华人民共和国高等教育法》规定高等学校实行中国共产党高等学校基层委员会领导下的校长负责制，坚持党的领导成为我国大学管理的重要原则，赋予政治权威在大学管理中的合法地位。大学除了具备科层权力和专业权力外，政治权力在保证贯彻执行党和国家的教育方针政策，以及维护大学的安全与稳定等方面有重要作用。

目前，在大学的具体管理中，普遍实行的校级管理模式是“两会并行制”，即党委常委会负责决策，校长办公会负责执行，院长除了要接受学校行政系统的领导外，还必须接受党委系统的指令，两者和谐相处、发挥合力，有助于我国大学发展。二级学院院长价值领导的过程，就是把共同的价值观和国家教育方针付诸实践，把先进的思想、理念、意志变成全院师生的心理需求和自觉行动。这就要求院长要有崇高的价值观，明确二级学院的办学理念，立足本位，坚持特色，把组织理念内化到个人心中，并以此为基础孕育学院文化。

（二）学术权力——专业权威

学术是大学的灵魂，大学是以学科为基础聚合而成的学术共同体，因此二级学院院长首先应该是一个出色的学者、教授，对本专业领域的研究前沿了如指掌，对专业问题有自己独特的见解，在学科专业领域始终是一位引领者，为确保在学术领域教授享有充分的发言权，使决策能依据专业学科的特点凸显知识的权威性。

天赋权威既不来自行政职位，也非出自于世袭，主要来自非凡的个人特性与人格魅力。在高等教育系统中，它作为一种力量也会经常影响院长的角色扮演。例如，教授院长严谨的治学态度、执着的探究精神、果敢的批判勇气等人格特征，都具有极大的个人感召力与凝聚力，对学院乃至学校的发展都具有无形的影响力。与此同时，院长应在全院建立一种相对宽松、自由的环境，鼓励师生追求真理、勇于创新。

（三）行政权力——科层权威

我国大学内部的组织结构实际上是政府主管部门组织结构的向下延伸，科层模式成为大学的主要模式，二级学院自然具有行政领导的权力。行政领导体现职位权力，强调制度与等级，关注成果的量化及考核的经常化、制度化与标准化，追求运转效率与组织绩效。

科层系统的运行要遵循指挥链和统一命令原则，否则就容易使命令接收者由于无法同时满足来自不同方向的命令或要求而产生角色冲突。二级学院院长在扮演好行政领导角色时，必须明确行政的作用是为学术服务的，绝对不能用行政权力去压制学术权力。另外，要充分发挥个人魅力，即天赋权威如道德水平、知识渊博程度和亲和力等在行政领导中的作用[12]。

三、大学院长角色冲突类型

大学院长是一个特殊而又重要的职位，肩负着引领一个学院向前发展的重要使命，我们可以将二级学院院长的角色理解为：院长在实现与其身份和地位相对应的权利和义务时，所表现出来的符合社会、他人和院长本人对自身的社会期望的态度和行为模式的总和。院长作为学院负责人，具有科层系统和学科系统负责人的双重角色，成为两个有着不同的价值观念、工作内容、工作要求和运行方式的子系统的一员。他既不同于纯粹的行政人员，也不同于完全的教师，是典型的跨边界工作者，必须同时受到这两个子系统的影响，其角色扮演同时受专业价值规范和科层规章制度的制约，这经常会对院长的角色扮演提出不同的角色要求与角色期望，使得院长的角色天然地潜含着内在冲突的组织基因，从而容易引发院长的角色冲突，具体表现如下。

（一）角色设计冲突

每个角色都对应着一套角色规范，它对角色功能的顺利实现具有保障作用。大学这种多元权威并存的权力结构，使院长的活动经常处于多重权威控制之下，一方面受到组织中拥有管辖权和等级权威的学校上级行政和党委的控制，另一方面又受到和他一样拥有专业知识和技能的学院内极具人格魅力的教授的影响。价值领导、学术领导和行政领导的三重角色，对于高校二级学院院长提出了不同的角色期望，他们既要面对来自全体员工的价值诉求，又要面对来自基层教授人员的学术诉求，还要面对行政管理机构的行政诉求。院长决策时，不仅要考虑科层系统的要求，也要考虑学科系统的需要，还不能违背政治系统的要求，这种来自多系统的要求强烈地挤压着院长，容易将院长置于一种左右为难的角色困境之中。

学校领导既希望院长成为优秀的管理者、很好的执行者、公正的仲裁者，又希望他成为科学家和教育家，但两种角色难以兼顾。行使好行政权力，院长必须深入基层，要花时间谋划学院经费的筹集使用、学院人员的评估任命和学院组织的建设调整等行政工作。学术权力的彰显，也需要花费大量的精力于科学研究事务，这样就造成了大学院长时间上的重叠性和角色转换的困难，进而造成了大学院长学术角色和行政角色的冲突。同时，进入社会中心的大学成为各种社会群体利益诉求的对象，院长必须走出传统封闭的大学围墙，与校外企事业单位建立联系，院长角色的扩展更加容易使其被置于角色冲突之中[13]。

（二）角色期望不一

角色期望是指社会或群体对承担角色人的行为模式的要求和期望[14]，角色期望的不一致，体现为不同群体在观念、态度和需求之间的差异，当这些期望彼此出现矛盾或个体对过多角色期望难以应付时，就必然会造成同一角色丛或角色库的不同角色之间产生冲突[15]。学院组织结构的二维交叉性使成员既有来自学科子系统的教师、学生和研究人员，也有源自科层子系统的行政管理人员和教学辅助人员、后勤服务人员。他们代表各自的利益，价值取向不一，甚至会产生冲突。学院运行通常受专业价值规范和科层规章制度的共同作用，学科系统希望院长进行民主管理，倾听教师意见，发挥教授作用，保障学术自由，而科层系统期待院长更好地贯彻学校政策，遵循科层运行模式，讲求效率。例如，院长在推行教师聘任制时，科层系统希望通过聘任制来激发教师的工作积极性，学术系统希望聘任制能保障学术自由，而政治系统希望在推行聘任制的过程中不能出现危及稳定的因素。这种多来源的工作要求，也反映出大学组织中多元权威结构对院长角色扮演的影响，容易使院长置身于满足了某一方而无法同时满足另一方的两难选择之中。

同一教师群体内部的不同角色，如新进教师、中年教师和年纪大一些的教师对院长的期望亦不同。新任教师希望在评职称方面机会更多，资深教师希望在学院有更多的自由学术空间，将来可能当博导，对学科发展就比较关注。另外，有的教师则希望学院收入更好，希望满足当下需要。各种群体都会把他们的利益诉求转到院长身上，都希望能在资源分配方面获得院长的优先支持。大学组织目标的模糊性，使大学目标的实现情况难以精确和测量，使院长难以找到一个具有说服力的指标来判断哪个目标更有价值。感受到了不一致的角色期望，势必会使院长陷于混乱之中，从而容易引起角色冲突。

（三）角色职责模糊

大学的基本任务包括传播、扩展和应用知识 3 个方面，分别与教学、研究和社会服务职能相联系，但这只是对大学组织目标的一种模糊表述，对于“如何教”“教什么”“如何选定研究方向”“如何评价”等，每个人都有各自的见解，这种社会角色定势和个体表现差异性也会引起院长的角色冲突。尤其是在多元社会环境中，人们的思想观念、目标追求和利益诉求异质化程度加大，大学内部各群体的利益诉求、价值评判标准，以及对院长的角色要求均越发复杂多样。他们从各自的观念出发，向院长提出有利于自己的角色要求，并用各自的价值标准评判院长的角色行为。

角色的顺利扮演要求责、权、利相统一，符合角色职责范围。当学校成员对院长的角色期望超出院长的角色职责时，也容易使院长产生角色冲突。如某院长认为，最大的压力就是资金，因学校只发放日常工资，院里需要筹钱发放奖金，某位教师曾经因收入比往年下降，认为院长应该被问责。社会对院长角色的思维定势和院长个人角色行为之间存在的差异，常常使院长遭到社会的指责和他人非议，进而使院长在心理上产生矛盾与冲突。值得一提的是，院长在扮演多重角色时，会出现角色超载现象，这不仅来自于院长自身的期望，而且来自于院长角色外不断变化的各种附加期望，进而加大了院长的内心冲突。

（四）角色价值冲突

当个体的知识能力、价值观念、性格立场等与院长角色规范不一致时，容易发生人与角色之间的冲突。院长角色要求其更多地从学院的整体利益出发来思考问题，为人处世要遵循院长的角色规范，这种角色规范与个体之间也经常会不一致，从而引起院长的角色冲突。

一方面，表现为院长价值观念与角色职责的不匹配，出现心理冲突导致自身压抑和痛苦。众所周知，与企业不同的是，学校要实现的目标是多元的，除了研究成果外，教学效果等产出结果具有难以量化和明晰化的特点[16]。许多高校实行目标管理，将企业管理经验移植到学校来，如每年出多少成果、发多少文章等，并与绩效津贴发放挂钩。有院长反映，“教师对学校已经通过的绩效工资方案存有意见，尽管我本身也对此方案也有不同看法，但作为行政领导还需贯彻执行”，这无疑使院长的角色扮演更加困难。

另一方面，则体现为院长的学校工作与家庭生活之间的冲突。院长从事管理活动，同时也从事着教学和科研活动，“双肩挑”干部具有不同的角色要求，使得院长既想搞好管理工作，不辜负各级领导和社会各群体的期望，又不愿放弃学术研究，所以院长往往利用晚上和双休日等业余时间钻研工作，工作和家务两副担子压得院长筋疲力尽，甚至影响到了其身体健康。有些院长忙于工作与教学和科研，而没有在家庭成功扮演好角色，这在女院长身上体现得更加明显。学校工作与家庭生活在时间安排上的冲突，可能会引起家庭矛盾，使院长深陷内疚和烦恼之中。

四、二级学院院长要回归学术领导的本质定位

有研究表明，学校规模越大，所处环境越复杂，院长的角色冲突就越大[17]。有学者认为，二级学院院长需要既有利于促进学科发展，又有利于实现学校的目标，要担任院长职务，就必须做好面对角色冲突的心理准备，巧妙地平衡两者的关系，增强应对角色冲突的能力，才能更好地履行院长的角色职能，但要真正做到这一点，是极为困难的。也有学者认为，二级学院院长的角色定位十分重要，指出二级学院院长角色本质上应该是一种学术领导，唯有把握好本真角色，方可促进学院的可持续发展[18]。笔者认为，作为在特定时期内认知能力和时间精力都有限的个体，二级学院院长在多种角色中要把握好本真角色、平衡多种角色，才能促进学院的可持续发展。

（一）学院组织特性决定院长学术角色

大学是一个学术组织，二级学院的组织结构是围绕知识体系形成的，其组织形式及运行管理都是围绕学术活动这一大学根本特性而开展的，教师在教学与科研中有较强的自主性，追随自己的好奇心，按自己的方式开展工作。大学作为“底部沉重”的社会组织机构，自身的特性就决定了越是基层越是拥有更多的学术权力，这才符合大学知识分布特点和组织特性的要求。大学的学院制改革正是要求大学基层组织围绕知识，从事学术传承、创造和应用的活动，在权力重心下移的过程中，遵循以学术权力为主、行政权力为辅的原则。这就要求学院采用扁平化的结构，充分发挥基层学术权力自我控制、自我管理、自我发展的作用。在相关制度设计中，一是明确学术权力，给予学术权力应有的地位和权威，建立发挥其效能的制度保障机制；二是合理规范学术权力和行政权力各自发挥作用的领域和

范围，使之沿着规范性和程序性的轨道运行；三是确立民主参与原则，运用教授会、评议会、理事会等形式努力营造良好的学术氛围，使教授在学院管理中发挥更大的作用，并有效防止权力的滥用倾向[19]。

任何组织只有遵循自身的组织特性，才能得到良好的发展，大学二级学院的组织性质就决定了其学术使命，决定了其组织特性是以知识的创造、传播和应用为己任的实体组织。二级学院应被视作学科和事业单位的结合体，相比行政角色，院长从事的各项职责都直接或间接地与学术活动有关，赋予院长角色一种天然的学术气质[20]。

（二）学院学术角色决定院长学术角色

大学是传播高深知识、研究创造高深学问的学术性机构，学术忠诚既是其身份特征，也是对其的角色期待。从大学院长自身发展的渊源来看，院长最初的角色是学生的监护人，同时兼任辅助性的教师角色，在确立学院在大学中的教学中心地位后，院长的角色性质也从学生的监护人变为了首席学术管理人员。随着社会和大学的发展，大学校长从学术象征型向教学行政型甚至校务经营型转变[21]，对大学校长的经营管理能力的要求日益提高，这就要求二级学院必须担负起捍卫和维护高等教育本质，坚持和发展学术职能的中坚，以及致力于学识追求、加强自身能力的学术责任，以学术自律、学术忠诚来履行一个学术领导者的神圣使命。如果二级学院院长也放弃了学术领导的本真角色，仅仅把维护学术的重任推给大学组织结构最基层的学系一级单位，那么学术职能在大学中的地位将岌岌可危。为此，作为大学最重要的中层组织，二级学院具有捍卫学术的职责，二级学院院长必须担负起学术领导的责任，坚决捍卫大学的学术权力。

所以，我国现阶段的大学二级学院院长大都是从具备一定的学术能力、学术修养、学术成就和学术权威的教授中选举产生的，只有具备较高学术成就的人才有机会成为院长。从本质上说，院长是从学者中产生的，是学者中的权威，捍卫学术责任、实行学术领导就成为其义不容辞的责任。二级学院是大学学术活动的具体实施单位，是大学治理的实施主体，强调二级学院院长的学术角色，是为了更好地沟通和整合所有的角色，促进二级学院的健康发展。在二级学院中探索建立以学术权力为主导的管理体制，是改变现在高校管理体制弊端的重要举措，唯有如此，才能保证二级学院朝着一个健康有序的方向发展。

（三）学院工作压力要求院长调适自我

从组织结构看，二级学院内部管理层分为技术体系和管理系统两级，技术体系代表的是以系、所为中心的基层系统，而管理系统则代表学院。我国高校多数二级学院采取了“院实系虚”的治理模式，这就意味着二级学院实际上成了大学中重要的中层组织，起承上启下的作用，对外向学校负责，对内管理下属的系、所、办、中心，其功能主要在于协调[22]，具体而言，院长应从如下方面做好自我调适，以应对强大工作压力的挑战。

首先，院长应该具备扎实的基础知识、学科知识与教育专业知识等，不断提高自身的科学素养，以灵活面对和解决出现的各种问题。

其次，重视角色学习，理解角色期望的真正含义，掌握角色规范和角色理论，提高角色认知水平，不断调整角色行为，缩小角色差距。另外，要提升科学素养，应对角色冲突带来的挑战，平衡角色之间的冲突，增强角色适应能力。

最后，建立良好的人际关系。个体与同事或上级主管的融洽关系能够改变群体成员的观念、态度和刻板印象，可以减少彼此之间的误解，从而消减角色期望差异引起的角色冲突[23]。院长良好的人际关系对角色扮演会产生积极的促进作用，良好的人际关系有利于沟通和交流，可以增进彼此的了解和信任，减少由于误解或信息不对称而产生的矛盾与冲突。因此，院长要始终和成员之间保持良好的人际关系，建构和谐的场域，以减少工作时的压力和矛盾。

参考文献

[1] [法]爱弥尔•涂尔干. 教育思想的演进[M]. 李康译. 上海：上海人民出版社，2003：159.

[2] 任初明. 大学院长角色的性质转变[J]. 现代大学教育，2008，(5)：25-27

[3] [法]韦尔热. 中世纪大学[M]. 王晓辉译. 上海：上海人民出版社，2007：57.

[4] Gould J W. The Academic Deanship[M]. New York，NY：Teachers College Press，1964.

[5] 唐良炎. 中国近代教育史资料汇编：学制演变[M]. 上海：上海教育出版社，1991：387.

[6] 宋恩荣，章威. 中华民国教育法规选编[M]. 南京：江苏教育出版社，2005：395-396.

[7] Montez J M，et al. The roles and challenges of deans[J]. The Review of Higher Education，2003，(2)：241-266.

[8] 郑文力，杨霞. 大学学术权力、行政权力的异化与回归[J]. 郑州航空工业管理学院学报，2013，(2)：131-135.

[9] 马克•汉森. 教育管理与组织行为[M]. 冯大鸣译. 上海：上海教育出版社，2004：92.

[10] 任初明. 大学院长角色冲突的组织学透视[J]. 高教探索，2013，(1)：53-56

[11] 徐莉. 实现价值领导的八个步骤[J]. 领导与管理，2010，(1)：88-91.

[12] 韩清波. 高校二级学院行政领导影响力核心因素研究[J]. 现代大学教育，2007，(4)：

69-73.

[13] 李玲，李中国. 大学院长的角色冲突及其调适[J]. 临沂大学学报，2014，（8）：17-20.

[14] 原宇. 我国大学院长的角色冲突研究——基于学术权力和行政权力视角[D]. 沈阳：东北大学，2010：12-13.

[15] 周晓虹. 现代社会心理学：多维视野中的社会行为研究[M]. 上海：上海人民出版社，1999：377.

[16] 任初明. 我国大学院长角色冲突的原因分析[J]. 黑河学院学报，2011，（10）：21-24

[17] Wolverton M，et al. The impart of role conflict and ambiguity on academic deans[J]. The Journal of Higher Education，1999，70（1）：80-106.

[18] 郭赟嘉，闫建璋. 学术领导：大学二级学院院长角色的本真定位[J]. 现代教育科学，2014，（1）：41-45

[19] 黄炳辉. 行政权力在大学制度中的角色定位及优化策略[J]. 高教管理，2008，（2）：41-43.

[20] 任初明. 我国大学院长的角色冲突研究[D]. 武汉：华中科技大学，2009：72.

[21] 周川. 大学校长角色初探[J]. 上海高教研究，1996，（6）：1-4.

[22] [美]理查德·斯格特. 组织理论：理性、自然和开放系统[M]. 黄洋等译. 北京：华夏出版社，2002.

[23] 斯蒂芬·罗宾斯，蒂莫西·贾奇. 组织行为学[M]. 李原等译. 北京：中国人民大学出版社，2008：572.

大学院长的领导情境及其角色特征①

全守杰②

（江苏大学教师教育学院　中国镇江　212013）

摘　要　大学是一个多种权力共存、博弈的场所，各种不同权力的配置形成了不同的院长领导情境。大学里的行政权力、学术权力和市场权力构成一个如等边三角形的权力场，院长情境因权力场中各力量对比的变化而不同。以等边三角形中心为原点的纵轴、横轴与三角形权力场形成四个象限的大学院长领导情境。不同类型大学的权力配置不一样，院长面临的领导情境也不同。部属大学院长的领导情境处于纵横两轴交叉的原点，省属大学院长领导情境在第一象限，地市大学院长领导情境位于第二象限。基于权力场位置的领导情境决定了院长的角色特征。

关键词　领导情境；院长角色；三角协调模型；大学类型

一、院长角色研究综述

大学中的校院关系和二级学院治理是高等教育治理的重要内容，院长处于多种利益相关者关系的交叉点上。院长作为二级学院的行政负责人、学科方向的引领者及人、财、物等相应资源的整合者及配置者，对于学院乃至学校发展发挥着不可替代的作用[1]。国外学者较早地从任期、学历学位等方面对 1860 年以来美国多个高等教育机构的院长进行了调查研究[2]。在西方大学院长的角色变迁中，院

① 基金项目：教育部人文社科青年基金项目“公立高校内部人控制问题治理与现代大学制度建设研究”（编号：14YJC880101）；江苏省社科基金“职业教育服务社会中利益相关者的对话机制研究”（编号：16JYC001）。

② 作者简介：全守杰（1982—　），江苏大学教师教育学院副教授，硕士生导师，教育学博士，管理学博士后，香港大学教育学院访问学者，主要研究方向为高等教育管理与政策。

长最初主要充当学生的监护人角色，同时兼任教育者角色。随着学院在大学中教学中心地位的确立，“院长被赋予教育者和管理者双重身份”[3]。当今美国大学院长由于其不仅处于大学组织结构的中层，还由于这个位置是一个矛盾、冲突和争论的中心，所以他们往往扮演着“领导者、管理者、联络构建者、调解人、谈判者、筹资者、游说者等多种角色”[4]。现实中的院长还扮演着“压力者角色”（a pressure role）[5]。国内有研究认为，院长的领导力具有行政权力，但其影响力主要在于非权力性影响力，因此不仅需要拥有渊博的知识，更要具备极高的道德水平，通过非权力性影响力的提升来强化自己的权力地位[6]。在校—院（系）的大学结构中，系主任相当于院长，其遴选是借助于学术权力与行政权力之间的彼此互动而实现的，因此往往具有双重身份：“既是学者，又是学术行政管理者。”[7]当前我国院长的职责主要是“科研、教学或人才培养、管理以及社会公共事务”[8]。

虽然有研究通过调查表明了“院长的角色压力在不同学校类型间的差异”，但是并未涉及院长的领导情境。既然院长处于高等教育行政权力、学术权力等多种权力交叉点的位置上，并承担着多种角色，那么就应考虑其领导情境问题。一定的学院领导与情境相匹配，将有助于平衡学院利益相关者之间的关系。反之，各相关关系将可能失衡，从而导致管理上的混乱和出现教师流失等现象。因此，超越院长的“共性”角色，以基于权力配置的领导情境来探讨院长角色问题，对明晰不同情境下院长的角色特征，具有重要的意义。

二、院长领导情境分析

情境，主要指在一定时期内，多种情况的结合，也可以称为境地或境况。在教育学领域，常见的有“学习情境”“教学情境”。一般而言，学习情境是指任何影响学习者、学习过程的因素或条件；教学情境常指教师在教学活动过程中所创设的氛围，它既是一种情感氛围，也是课堂教学的基本要素。肯·布兰查德（Ken Blanchard）与保罗·赫赛（Paul Hersey）提出了描述领导者与追随者行为的 4 种领导情境模式，分别是指挥式、教练式、支持式和授权式。他们用支持行为和命令行为归纳出 4 种领导情境，构成“情境领导”理论的基本框架。与不同情境进行互动，是提高领导行为有效性和满意度的关键。

情境领导强调领导者的行为与追随者的准备程度相匹配，匹配程度越高，领导效果越好，这为探讨大学院长面临的情境和院长角色提供了思路。但当时的情境领导框架主要是从领导者和追随者两个方面进行分析的，更多的利益相关方却没有被纳入分析的范畴。对于领导人来说，首要的任务是确保组织的价值观涵盖所有利益相关者，包括员工、客户、供应商、股东和社区。院长作为学院的组织领导者，不仅仅涉及与教师之间单一的关系，还涉及更为广泛和复杂的关系，即院长的领导情境并非“领导—教师”的简单关系。院长领导情境中各个要素包括教师力量、学科专业实力、学生力量、行政力量，所以院长作为学院组织的领导，并非仅针对教师调整领导行为的实施，而是应该根据整体的领导情境确定院长的领导角色，否则院长与领导情境便无法满足匹配要求。

院长的领导情境实际上是各个要素综合而成的境况，或者说权力配置情况。伯顿·R. 克拉克（Burton R. Clark）将高等教育体系整合成 3 种模式：政府导向、专业导向和市场导向。在他看来，理想的模型应是政府权力、学术权威和市场三者处于三角鼎立的状态，既互相排斥，又互相牵制。以大学领导层为主要代表（代行政府管理）的行政权力，教师力量和学科专业实力属于学术权力，学生力量属于市场权力。在不同类型的大学，甚至是不同时期的某种类型大学中，此 3 种权力之间的相互关系也不完全一样。因此，以等边三角形中心为原点的纵轴与横轴将三角形权力场划分为 4 个区域，纵横轴与三角形重叠部分的 4 个区域分别是第一、第二、第三、第四象限，分别以一、二、三、四标记，见图 1。

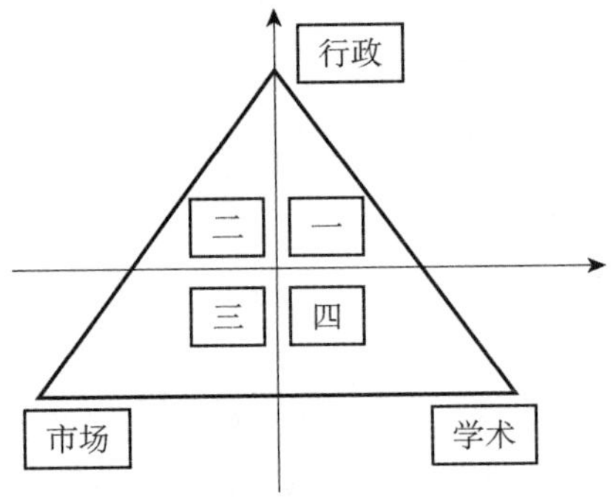

图 1　大学院长领导情境图

根据中国大学与各级政府的权力关系，可以将其分成 3 类：部属大学、省属大学和地市大学。正如有研究所指出的，当前中国大学管理基本上处于由二级向三级管理体系过渡的阶段，即从中央和省级政府负责向中央、省级和地市级政府负责的管理体制转变，所采取的是一种复合型模式：中央—大学型、中央—省级—大学型、中央—省级—地市级—大学型[8]。这种复合型模式与现实中的部属大学、省属大学和地市大学有类似之处。以下主要从大学的 3 种类型来分析大学院长的领导情境。

（一）部属大学院长的领导情境

部属大学与中央的关系密切，是中央通过教育部来管辖的大学。部属大学由中央管辖，中央对大学有着一定的管理权力，如中央相关部门对大学最高领导者进行任命等。虽然这类大学看似受到的行政权力制约最大，但在现实中往往由于这类大学为研究型大学、名校，由著名学者、诸多专家教授所构成的教师力量在大学权力场中占据重要地位，行政权力反而受到学术权力的限制和有力的制约。教师力量强，学科专业力量一般也较强，多为重点学科和特色学科。部属大学的学生学习能力强，综合能力突出，对大学的教学与学术水准的期望及整体期望都很高，这就要求大学要更注重提供好的服务，而不是管理和控制。因此，从领导情境来看，部属大学中的行政权力、以教师和学科专业为基础的学术权力及以学生为主体的市场权力“三分天下”。第一，该情境模式中的院长与行政权力、学术权力及市场三方的关系处于若即若离的状态，也不需要直接给予教师、学生支持、指导。第二，教师群体和学生群体力量强大，自主性强。第三，行政权力对院长有重要影响，但院长一般来源于教师群体，是学术能力和管理能力兼备的能手。因此，院长在行政权力与学术权力、市场权力之间具有协调作用，拥有一定的话语权，其并非纯属行政权力的附庸。

部属大学院长领导居于等边三角形的中心位置（横轴与纵轴的交叉点，即原点）。各方力量都很强大，且处于均衡状态，因此院长是象征性的。以人格标志为例，其“是民事主体标志其个性特征的人身识别因素，如自然人的肖像、姓名、形象、声音，法人或其他组织的名称等”[9]。部属大学院长一般具有本学科良好的教育背景，出身于名校，有博士学位，甚至具有海外学习、进修经历。在学术背景上，具有正高级职称，担任博士生导师，在全国性的学术性学会兼任要职等。在管理背景上，担任过学院或学科相关研究院所的负责人，承担过学院的管理与服务工作，获得学院师生广泛认可。例如，某重点大学理工科的 A 院长本科、硕士为名校毕业，在海外获得博士学位，在著名学术期刊担任编委或副主编，任全国性某学会理事，是国家杰出青年科学基金获得者、长江学者奖励计划特聘教授，曾担任所长助理、实验室主任等职务。

（二）省属大学院长的领导情境

省属大学（主要指公办高水平大学）是指在省级政府的管辖下，中央主要通过省级教育行政主管部门对大学执行国家教育政策进行监督、评估等的大学。中央和省级政府对省属大学均具有较大的影响，如大学的高层领导由省级政府任命并对其负责，同时向教育部备案等。省属大学科层制的传统较为明显，如职能部门有科层制的影子。省属大学学术权力比部属大学的要弱一些，全国著名学者较少，全国重点的学科专业数量也较少。例如，从教授所占大学总数的比例来看，一般而言，省属大学的教授数量没有部属大学的多，教师力量稍弱。另外，省属大学的学生群体与部属大学的学生群体不同。总体而言，部属大学的学习研究风气更浓，也更为自由；省属大学的学习研究风气稍弱，职能部门重视对学生工作的管理。与部属大学院长的领导情境不同，省属大学院长的领导情境位于第一象限。第一，受中央和省级行政权力的影响较大，行政权力占优的现象较为明显。第二，高水平的省属大学学术权力虽然比部属大学稍弱，但是在大学系统内仍然占有一定的优势。第三，基于学生的市场权力较弱。

省属大学的院长位于第一象限，即靠近行政权力方向，与学术权力距离次之，与市场权力距离较远。在教育背景上，省属大学院长通常具有本学科良好的专业背景，有较高层次的学历学位，或者具有海外学习、进修的经历。在学术背景上，具有高级职称，担任研究生导师，在省内或一定的区域内具有较大的学术影响力等。在管理背景上，担任过学院或学科相关研究院所的负责人、系主任，有管理工作经历，学院师生认可其综合能力。例如，某省属大学人文社会科学学院的B院长在国内名校获得本学科的博士学位，教授职称，博士生导师，任两个省级某学会副理事长，曾担任副院长等职。

（三）地市大学院长的领导情境

地市大学主要指由地市政府主管或地市管理为主并与省政府共建的大学，如新建的本科院校，新近合并、重组、升格的院校等。此类大学受到地市政府部门的影响最大，同时也受到上级政府教育行政主管部门的业务指导、监督评估等。地市大学受科层制传统的影响，甚至部分大学还有政府职能部门的影子，比如，某省会城市升格不久的一所院校的某教师直言道："学校像个机关单位！"由此可见，不论是政府对于地市大学的行政权力影响，还是大学内部所体现出的科层制，均较为明显。地市级大学的教授数量少，几乎没有全国著名的教授，高学历、高职称的教师数量也很少，教师力量不占优势；缺乏全国有影响力的学科专业，少有甚至没有研究生教育，学术权力总体较弱。例如，某地市院校人文社科类学院有近100名教师，正高职称者4人，博士学位者2人。此类大学中的学生有可能被认为是学习及能力成绩不突出，但大学对学生的管理也较为严格，有的院校甚至还不是开放式的大门，似乎犹如升级版的中学。与部属及省属大学的院长领导情境不同，地市大学的领导情境位于第二象限。第一，受各级行政权力的影响较大，行政权力占优的现象较为明显。第二，与部属大学及省属大学相比较，大学学术权力在大学系统中处于劣势。第三，较为重视对学生实践能力的培养与训练。

地市大学院长位于第二象限，即与市场权力距离次之，与学术权力距离较远。

在教育背景上，地市大学的院长具有一定的学历学位，但不一定是专业出身。在学术背景上，具有副高职称或正高职称。在管理背景上，担任过学院或学科相关研究院所的负责人、系主任，或具有校内其他部门的管理工作经历。例如，某地市大学人文社科学院的 C 院长为相近专业出身，教授职称，曾担任副主任等职。

三、大学院长领导情境的一般机理

（一）大学类型与院长角色

不同的大学类型，其权力配置是不一样的。大学系统中的市场权力、行政权力和学术权力对院长角色有 3 种要求，即要求院长承担 3 种角色：育者、管者和学者。从院长角色的产生与变迁来看，院长在早期主要是承担学生的监护人，并兼任教育者。随着教学中心地位的确立，学院的作用凸显，院长承担起了教育者和管理者的双重角色。德国柏林大学等一批新型大学的创建，标志着研究型大学的建立，研究成为大学的又一项职能。因此，在研究型大学里，院长首先应该是一名学者，同时也是育者和管者。从这个意义上说，作为学院组织代表的院长角色主要是由大学类型决定的，特别是由不同大学类型中的权力配置决定的。

（二）情境变化与角色匹配

虽然说院长角色主要由大学类型决定，但是随着环境的变化，大学又是在不断地与环境互动、发展的。大学职能随着社会历史的变迁而变化，大学系统里各种权力之间的关系也会发生变化。在不同的历史时期里，即使是同一所大学的权力配置也有所不同。举例说明，有一所地市大学与另一所大学合并成为省属重点建设大学，原地市大学理工类某系由学系改为学院，该系 D 主任（相当于院系最高领导者）自然也就成为学院的最高领导者。D 主任没有研究生学历学位，且为副高职称，因此其任常务副院长（主持工作）。当时学院有教师 10 余人，具有博士学位的教师极少，无正教授，无硕士点和重点学科专业。然而，随着大学的发展，其他学院的相关学科普遍获得了硕士点，该院为求生存，进行学科建设，为了不至于被兼并到其他学院，陆续招聘了多名博士，同时引进了 1 名教授。原常务副院长任职若干年之后转而负责学院党务工作，新引进的教授成为学院院长。由此可见，情境的变化可能会引发院长角色的变化，如果原学院领导者不符合情境，将会被与情境相匹配的人选所替代。

（三）院长领导情境的机理

综上所述，不同的大学类型有着不同的权力配置，并在整体上决定了院长的角色特征。不同大学类型对学院院长的角色产生影响，同一所大学在不同发展时期对院长的要求也不同。一般来说，院长角色的背景特征包括涉及学历学位等的教育背景，体现学术水平和职称等的学术背景，以及有关任职经历方面的管理背景。由于大学的内外部环境不是一成不变的，如果某一院长与情境不匹配，最终将被与情境匹配的人选替代。院长是否能够凝聚力量、整合资源，为学科专业发展注入活力，不断推动学院发展，从而让自身适应环境，是非常重要的。对于院长自身而言，应该致力于营造学院之内有群众基础，学院周围有资源利用，学院之上有领导支持的情境。其第三象限更倾向于市场权力，第四象限更倾向于学术权力，与部属大学、省属大学和地市大学的权力配置均有差别。如何识别这些情境，探讨院长的角色特征问题，将是今后需进一步深化的研究方向。

参考文献

[1] 王敬红. 大学二级学院院长研究：回顾与展望[J]. 高校教育管理，2016，（6）：118-123.

[2] McGrath E J. The dean [J].The Journal of Higher Education，1999，（Vol.70，No.5）：599-605.

[3] 任初明. 大学院长的性质转变[J]. 现代大学教育，2008，（5）：25-27.

[4] 王英杰. 美国大学中的院长：制度、文化和责任[J]. 比较教育研究，2015，（2）：1-6.

[5] Hans A. Andrews. New Directions for Community Colleges[M]. San Francisco：Jossey-Bass Publishers，2000：19-26.

[6] 陈伟. 组织学视域中的系主任分析[J]. 扬州大学学报（高教研究版），2005，（4）：22-25.

[7] 刘香菊. 谁在我国一流大学任院长[J]. 高等工程教育，2014，（4）：94-99.

[8] 严加红. 伯顿·克拉克大学学术权力配置模式研究——兼议中国模式的复合型特征[J]. 高校教育管理，2011，（4）：47-52.

[9] 杨立新，林旭霞. 论人格商品化权及其民法保护[J]. 福建师范大学学报（哲学社会科学版），2006，（1）：74-80.

治变之道：高校二级学院治理研究[①]

陈正江[②]

（浙江金融职业学院高等职业教育发展研究中心　中国杭州　310018）

摘　要　在高等教育综合改革背景下，高校内部优化治理结构、管理重心下移，二级学院将成为重要的“办学”主体。作为高校复杂系统的一个层级，二级学院治理面临着压力与挑战。本文基于对何谓高校二级学院治理、为何治理、如何治理及治理何为等一些基本问题的阐释，为提升高校二级学院治理的有效性提供理论支撑和实践指导，并尝试从制度、组织、系统等层面深化与拓展研究，推动高校二级学院治理变革。

关键词　高等学校；二级学院；治理；理论研究；变革

党的十八届三中全会把“完善和发展中国特色社会主义制度，推进国家治理体系和治理能力现代化”作为全面深化改革的总目标，《国家中长期教育改革和发展规划纲要（2010—2020年）》提出完善中国特色现代大学制度体系，而大学治理体系是现代大学制度的核心内容。高等学校原有的治理体系在实际运行中遭遇到新的压力与挑战，无论在学校层面还是二级学院层面的治理，都面临着变革。在高等教育综合改革背景下，高校内部优化治理结构、管理重心下移，二级学院将成为重要的“办学”主体，二级学院治理（以下简称“治理”）问题浮出水面，成为人们关注的课题。作为一个特定类型教育组织的一个层级，二级学院治理本

---

①　基金项目：本文系2013年度教育部人文社会科学研究规划基金项目“失序与重建：我国社会第二次转型中的职业教育秩序研究”（项目编号：13YJA880117）的研究成果。

②　作者简介：陈正江（1977—　），男，山西临汾人，浙江金融职业学院高等职业教育发展研究中心副主任，副教授，法学硕士，主要研究方向为教育组织与制度。

质上包括 4 个基本问题：何谓治理？为何治理？为谁治理？如何治理？这 4 个问题实际上就是治理的 4 个要素，即治理的含义、治理的动因、治理的主体和治理的机制。而当前对这些基本问题的理论研究尚未跟进，实践探索也处于初始阶段，亟待深化和拓展。

一、何谓治理?

作为一个概念，治理在经济学、生态学、政治学、社会学、法学、管理学等学科中被广泛运用。全球治理委员会在 1995 年发布的《我们的全球之家》的研究报告中，对“治理”进行了界定：治理是多种公共的或私人的个人和机构管理其公共事务的诸多方式的总和。它是使相互冲突的或不同利益得以调和并且采取联合行动的持续的过程[1]。

依照教育社会学的观点，现代化本身是一种进程，教育是这一进程的重要组成部分及主要推动力量。随着现代化进程的深入，治理逐渐拓展到对教育领域的分析，联合国教科文组织就曾于 1997 年发布文件《治理和联合国教科文组织》。作为一个教育组织，学校自其创设开始就与治理问题相伴。美国教育家约翰·杜威曾指出，学校必须有某种社会方向[2]。学校治理问题的提出及其引起的持续关注，准确地说是由学校中一些简单而微小的变化所产生的结果。这些结果在作为整体的学校中相互作用与渗透，形成更稳定的结构和方式，并对学校运行产生影响。

学校组织是一个复杂的系统，这个系统反映出来的复杂性决定了学校组织具有多种演化的可能性。一所大学必须在一定程度上眼光向内，必须关心自身的维护，将其看成是一个负有在高级水平上保持、扩展和深化学问之责的实体[3]。高等学校的每一层结构都有可能继续演化成一个上一层的结构，并且每一层结构都实现了某一方面的功能，而传统的还原论方法难以揭示学校组织演化的内在规律和独特机制，这便提出了二级学院治理的问题。因此，要实现现代教育治理下教育管理权力的合理重构，必须坚持权责明确及权力重心适度下移的原则[4]。从最一般的类的角度来看，各国现代大学制度的基本范畴大致包括了制度精神、法人制度、行政制度和职能制度 4 个方面，每一个方面都有着丰富的内容[5]。因此，应通过理解和把握治理的含义及要素间的特定逻辑，促进二级学院治理的实现机制臻于完善。

二、为何治理?

怀特海曾指出，大学在机构数量、规模及组织的内在结构的复杂性的发展上，暴露出某种危险[6]。事实上，为何治理这个问题是由治理本身所蕴含的价值决定的。有研究者指出，教育组织的关键性制约就是合法性[7]。治理体系是规范权力运行和维护公共秩序的一系列制度和程序，它在实践中被客观建构，又持续不断地发挥作用。对社会现代性的研究，产生了注重研究复杂性的科学，学者呼吁把普遍主义“置于具体背景中来加以认识”，依托治理所具有的信息交换、资源配置和利益分享等功能，二级学院与学校发展意愿得以聚合，这反映出两者间的作用发挥远远超越了作为一项技术性管理手段的价值，涉及二级学院与学校围绕权力来源和权力分配所形成的权力法则和运作机制等关键性议题[8]。

美国教育家兰德尔·柯林斯指出，学校教育发展的动力在于不同身份团体间的冲突[9]。治理体系具有自动维持组织功能的天然作用。当人们共享相同的价值时，他们趋向于依照其所期望于其他人行动的方式来行动。“当这种制度取得成功以后，就会为其他同类组织所模仿，而在这个时候，这种制度就成为一种‘制度环境’，具有了‘合法性’，从而形成‘共享观念’。”[10]在这个意义上，对为何治理的回答，意在将治理的普遍主义置于二级学院的背景中。一方面，二级学院治理体现着价值理性与工具理性的双重属性，它承载着教育价值，同时具有一定的技术性。另一方面，二级学院治理是一个实践过程，这又表现为一个有机的、协调的、整体的和动态的制度运行系统，且这种制度体系和运作方式处于不断调整和优化的实践过程之中。

三、为谁治理?

帕斯卡指出，所有的事物既是结果又是原因，既是受到作用者又是施加作用者，既是通过中介而存在的又是直接存在的，不认识整体就不可能认识部分，同样，不认识各个部分也不可能认识整体。治理的核心是权力问题。总体而言，对上一级负责成为解决二级学院治理问题的权力法则。正如美国社会学家詹姆斯·S.科尔曼指出的那样，制度受益者与目标行动者在不同制度中具有的相互关系，就规范而言，有与之相关的行动者，他们的行动或可能从事的行动是规范的焦点行动。因而，拥有控制焦点行动权利的行动者被称为规范的受益者。这些人可能是规范的倡导者，也可能仅仅是维持前人创造的规范[11]。衡量二级学院治理的标准，包括民主，即师生等多元主体的参与；效率，即教育组织运行和教学活动开展的效率；协调，即体系内外的各种制度和秩序的协同等，这对于促进高职院校更好、更有效地履行人才培养、科学研究、社会服务和文化传承与创新的职责使命，具有重要价值。二级学院在治理中有可能加入更多自己的意图与利益，获得更多的自主权。在这个意义上，治理既是“外生的”，也是“内生的”，是“自上而下”和“自下而上”的结合。

美国教育家欧内斯特·博耶强调，形成各种联系是办好一所大学的关键[12]。这是一种系统思维，系统是一个以共有功能、内在统合和自我调控为特征的有机体。系统由各要素构成且各要素的相互联系产生整合效应，避免出现结构混乱和功能失调。一项教育改革的成功，在很大程度上取决于教育规划方案的科学性、合理性，但选择什么样的方案则又取决于规划决策的主体及其决策模式[13]。因此，二级学院治理必须超越关于大学治理传统的学术权力与行政权力的二分法，以公平、透明、责任、高效为原则，在学校的决策、管理、监督等环节进行改革和重构，努力达致追求卓越的目标和注重策略的行动两方面的统一。

四、如何治理?

（一）从管理到治理

当组织成熟后，二级学院会取得相对独立的办学自主权，逐渐开始由权威依赖型机构向自我发展型机构转变。这就需要推动二级学院以强化教育教学管理为重点，不断提高管理工作的规范化、科学化、精细化水平。治理不是一种正式的制度，而是持续的互动。治理既包括有权迫使人们服从的正式制度和规则，也包括各种人们同意或以为符合其利益的非正式的制度安排。随着学校规模的扩大，各个组成部分需要整合。与此同时，随着学校与外部世界联系的增多，关系协调成为重要的工作内容。

（二）从治理到共治

共治是指建立在信任和互利基础上的社会协调网络，其实质是建立在公共利益和价值认同之上的合作，就是各方主体共同参与管理过程和管理活动并达成一种均衡。学校治理的权威主要来源于参与者的认同与共识，非人格化的规章制度需要以更人性化的程序得以实施，从而使共治成为可能。共治的本质在于参与，核心是平等，为此二级学院要发挥协商民主在多元治理结构中的作用，完善党委会、校长办公会、学术委员会、校企合作理事会、专业建设指导委员会、教职工代表大会组织机构及其运作方式，通过协调各方关系解决共治中的问题。

（三）从共治到善治

治理的最终目标应该是善治，其本质特征就是各方主体处于最佳状态。对一个组织而言，善治的价值理性在于追求管理效率，善治的工具理性立足于民主管理，是社会发展进步到一定阶段的需要和产物[14]。二级学院是一个协调的实体而非控制的实体，实现善治需要形成良好的文化，这种共同的心理因素和共享的价值观念，对置身其中的学生、教师发展具有较大的影响，反映到师生的行为中，并潜移默化地形成强有力的经验。随着师生、政府、行业、企业、社区等参与院校公共事务的深入和治理观念的内化，共治不断趋于向善治发展。

五、治变之道：二级学院治理理论研究的深化与拓展

（一）制度研究

作为现代社会科学的核心概念，制度在多个学科领域广泛运用且具有较强的解释力。正是通过吸收社会科学各学科领域的成果，制度理论在“过去与现在之间，宏观与微观之间架起一座桥梁”[15]，并对治理与办学发展间的复杂关系进行了深入的洞察。塞尔兹尼克指出，把新思想制度化的企图，有时会导致组织和它的根本目的或承诺相互冲突[16]。制度是人们将复杂问题简单化处理的依托与规范。尽管在治理体制机制综合改革实施过程中仍然延续学校主导的强制性制度变迁逻辑，但“通过组织学习提高组织变革的能力，通过责权机制保证有效的制度供给”[17]，源于行动主体间的相互作用，其运行基础取决于制度供给者与制度需求者的相互信任。“制度的本质是对均衡博弈路径显见特征的表现，由于这种表现与几乎所有参与人的策略决策有关，因而为几乎所有人感知。”[18]

（二）组织研究

德国学者汉肯认为，组织进化的形式可以分为两类——他组织和自组织。如果一个系统靠外部指令而形成组织，就是他组织；如果不存在外部指令，系统按照相互默契的某种规则各尽其责而又协调自动地形成有序结构，就是自组织。自组织理论是在一般系统论基础上发展起来的，其诞生于人类应付日益增加的“有组织的复杂性”[19]的尝试。按照大学组织的一般机理，这一中心的各个组成部分的聚集，从来不是完全和谐或者很容易地达到稳定的平衡。英国学者格里·斯托克认为，治理意味着参与者最终形成一个自主的网络[20]。这种自主网络的共享价值形成行为标准，诱致相似的行动，这种持久且稳定的融合是结构性的。根据历史制度主义的观点，“一项制度的确立，会在相关的政策领域产生协调效应，促成其他相应制度的产生，从而形成一个制度网络，这个网络聚合了资源和利益”[21]。

（三）系统研究

法国社会学家皮埃尔·布迪厄提出了“场”的概念[22]，由此引申出的“学校场”具有高度的自足性和自主性，我们称之为“静态的学校”。当然，没有人有意作出让系统不可持续的决策。每个人都作出了自己认为最好的决策，但他们都处于同一个严重分立隔离的系统[23]。每一所学校都由多种多样的利益主体构成，学校发展系统建立学校发展的方向感，激发教师与学生对学校发展愿景的认同与承诺。当学校逐渐披上了现代机构的外衣时，部门越来越多，层级也越来越多，却呈现出“有组织的无政府主义”的状态[24]，美国学者爱德华·希尔斯在《学术的秩序》中将其描述为“大学的内部：重心的初步分散”。他认为“这更多是通过默认的惯例，而不是通过改变大学的法规和内部章程”[25]。每一个构成部分都有通过长期的传统形成的和在专门化的机构培育起来的自身的价值模式。因此，根据系统组成部分的行动恰当地解释系统行为，更具稳定性与概括性。

本文从理论研究的向度探讨了二级学院治理，尽管存在着院校地区差异、办学模式差异和个案局限性等复杂情状，决定着本文的结论不能作为推导二级学院治理总体效果的依据，但本文提出的问题具有一定的普遍性。当然，这些研究究竟在多大程度和多快的速度上影响和改变着二级学院治理，还需要我们综合运用调查、访谈、案例分析等手段开展更为深入的经验研究，进一步解释二级学院治理实践中的经验和教训，并通过持续的理论反思和实践探索，不断提炼二级学院治理的真义。

参考文献

[1] The Commission on Global Governance. Our Global Neighborhood：The Report of the Commission on Global Governance[M]. Oxford：Oxford University Press，1995：2-3.

[2] [美]约翰·杜威. 人的问题[M]. 傅统先，邱椿译. 上海：上海人民出版社，2014：64.

[3] [美]爱德华·希尔斯. 学术的秩序——当代大学论文集[M]. 李家永译. 北京：商务印书馆，2007：88.

[4] 王珊，苏君阳. 走向现代教育治理的教育管理权力重构[J]. 现代教育管理，2015，（5）：27-31.

[5] 别敦荣. 论现代大学制度的基本范畴[J]. 现代教育管理，2013，（10）：1-9.

[6] [英]怀特海. 教育的目的[M]. 庄莲平，王立中译注. 上海：文汇出版社，2012：121.

[7] [美]海因兹-迪特·迈尔，布莱恩·罗万. 教育中的新制度主义[J]. 郑砚秋译. 北京大学

教育评论，2007，（1）：7-15.

[8] [美]华勒斯坦等. 开放社会科学：重建社会科学报告书[M]. 刘锋译. 北京：生活・读书・新知三联书店，1997：2.

[9] [美]兰德尔・柯林斯. 教育成层的功能理论与冲突理论//张人杰. 国外教育社会学基本文选[C]. 上海：华东师范大学出版社，2009：35.

[10] 秦惠民，解水青. 高职教育对现代大学功能变革的影响——基于国际视角的新制度学解读[J]. 中国高教研究，2014，（2）：18-22.

[11] [美]詹姆斯・S. 科尔曼.社会理论的基础[M]. 邓方译. 北京：社会科学文献出版社，1997：289.

[12] [美]欧内斯特・博耶. 关于美国教育改革的演讲[M]. 涂艳国，方彤译. 北京：教育科学出版社，2002：80.

[13] 康翠萍. "治策"、"知策"、"行策"：教育发展规划决策模式及其选择[J]. 教育研究，2015，（9）：46-50.

[14] 眭依凡. 论大学的善治[J]. 江苏高教，2014，（6）：15-26.

[15] [美]理查德・斯科特. 制度与组织——思想观念与物质利益[M]. 姚伟，王繁芳译. 北京：中国人民大学出版社，2010：3.

[16] 转引自：[美]内尔・诺丁斯. 幸福与教育[M]. 龙新宝译. 北京：教育科学出版社，2009：227.

[17] 孟照海. 试论深化教育综合改革的实现路径——兼论"顶层设计与摸着石头过河相结合"[J]. 中国人民大学教育学刊，2014，（2）：5.

[18] [日]青木昌彦. 比较制度分析[M]. 周黎安译. 上海：上海远东出版社，2001：28.

[19] [英]P. 切克兰德. 系统论的思想与实践[M]. 左晓斯，史然译. 北京：华夏出版社，1990：3.

[20] [英]格里・斯托克. 作为理论的治理：五个论点//俞可平. 治理与善治[C]. 北京：社会科学文献出版社，2000：19.

[21] 周光礼. 我国高校专业设置政策六十年回顾与反思——基于历史制度主义的分析[J]. 高等工程教育研究，2009，（5）：71.

[22] [法]皮埃尔・布迪厄. 自我分析纲要[M]. 刘晖译. 北京：中国人民大学出版社，2012：90.

[23] [美]彼得・圣吉. 第五项修炼：学习型组织的艺术与实践[M]. 张成林译. 北京：中信出版社，2009：370.

[24] 刘献君. 教育研究方法高级讲座[M]. 武汉：华中科技大学出版社，2010：226.

[25] [美]爱德华・希尔斯：学术的秩序——当代大学论文集[M]. 李家永译. 北京：商务印书馆，2007：67.

调整校院关系　推进学院治理现代化
——“二级学院治理：权力运行制约与监督”学术研讨会综述

韩梦洁[①]

（大连理工大学高等教育研究院　中国大连　116024）

摘　要　“二级学院治理：权力运行制约与监督”学术研讨会旨在推进关于院校关系、学院治理现代化的相关研究，与会专家从政策分析、理论探讨、实践反思和国际比较等角度提出完善党政联席会议制度，开设院务会、院教授会，院长角色调适，校院合理分权，加强民主管理和监督、社会参与及治理评估等策略。

关键词　大学与学院；治理现代化；权力运行

二级学院是高校开展人才培养、科学研究、社会服务和文化传承与创新活动的基本单位。伴随着学院规模的日益扩大和高校内部管理体制改革的深化，调整高校与二级学院之间的关系，提高学院治理能力和推进学院治理现代化，成为势在必行的变革趋势。在中国高等教育学会副会长、大连理工大学原党委书记、高等教育研究院院长张德祥教授的倡导下，基于其主持的教育部哲学社会科学重大攻关项目“高校内部权力运行制约和监督体系研究”，2016 年 12 月 3—4 日，由大连理工大学高等教育研究院和该项目课题组共同主办的“二级学院治理：权力运行制约与监督”学术研讨会在大连理工大学国际会议中心圆满召开。

来自中国高等教育学会、厦门大学、上海交通大学、华中科技大学、中国人民大学、吉林大学、北京理工大学、北京航空航天大学、北京工业大学、辽宁教

① 作者简介：韩梦洁（1980—　），河南周口人，大连理工大学高等教育研究院讲师，管理学博士，主要研究方向为高等教育治理与政策、比较高等教育。

育研究院、南开大学、南京师范大学、同济大学及大连理工大学等约 50 所高校和教育研究机构的百余位专家和学者参加了此次研讨会，与会代表们热烈讨论、积极发言，深入研讨了学院治理的相关问题。依据研讨会发言和会议论文集收录的学术论文，可将二级学院治理研讨的观点和思想概括为以下几个方面。

一、二级学院治理的政策分析

二级学院治理是大学治理的重要组成部分，是现代大学制度建设的重要内容。从大学的组织特性出发，张德祥教授认为院系组织是知识生产的完成、大学职能实现的关键环节，是高校内部科层制与松散结构的结合点，是院系规模、结构与功能变化的重要载体，做好院系治理已成为保证大学健康发展的内在要求。

张德祥教授认为，中国大学院/系的治理变迁经历了 1949—1989 年的领导体制探索期、1990—2009 年的党政联席会议制度形成期、2010 年至今的内部治理结构完善期 3 个时期。其通过对国家政策文件、研究文献的梳理，认为当前我国院系治理存在着“三多和三少”的现象。在国家的政策文件中，对大学治理领导体制、治理结构和运行机制的政策规定多，而对大学院/系的领导体制、治理结构及运行机制的政策规定少；在高等教育研究中，关于大学治理的研究多，而关于院/系治理的研究少；在大学内部，对坚持和完善党委领导下的校长负责制及完善大学的治理结构关注得多，而对完善院/系领导体制及治理结构关注得少。通过对 92 所大学章程的文本分析发现，在现代大学制度建设过程中，普遍关心的是学校层面的治理结构及其运行，而对院/系层面上的治理和实际举措的关心不够。

南京师范大学教育科学学院郭书剑和王建华教授认为，随着大学治理的深入推进及学院规模的不断扩大，学院治理已成为必然的选择。相较于传统的教育行政化管理，学院治理更有利于大学实现“基层变革”，同时有效的学院治理也是实现大学治理现代化的必要条件。加强学院治理不仅是必要的，而且是可行的，这种可行性来自学院制改革及学院的组织结构属性。而旨在突出学院实体性、独立性和自主性的学院制改革，则为学院治理现代化奠定了制度性基础。

二、二级学院治理的理论探讨

对二级学院治理的学理探讨，为学院治理改革实践提供了理论支撑。基于中国特色现代大学制度的内涵，鲁东大学党委书记毕宪顺教授指出，二级学院的决策与运行应把握“彰显学术本质、依法自主办学、实现民主管理”的核心要义，沿着教授治学、依法治校、民主管理、社会参与的实现路径砥砺前行，在落实党委领导下校长负责制的重要保证下深化改革，而且要符合科学管理的原则和要求。他指出了党政联席会议制度实施存在的现实问题，倡导探索民主集中制的院务委员会制度。他认为，在大学内部，越往基层，学术权力越大，不要过于关注学术权力与行政权力的分离。行政人员远离学术组织、取消行政级别不是解决行政化问题的根本方法，依法治校与教授治学协同推进、相向而行，才是去行政化的可行路径。

南京师范大学胡建华教授指出，去行政化是学院治理的现代化之路。他认为院长、系主任、教师之间存在着一种等级结构，在学院事务的决策过程中没有保证所有教师享有平等权利的制度环境，因此，学院要回归学术共同体，建立咨询型或决策型共治的制度框架。华中科技大学陈廷柱教授指出，院系治理改革应以创建新型院系组织系统为目标，基本策略是首先优化院系设置与权力结构，进而使之系统化。最佳的路径选择是将窄型院系组织结构调整为宽型院系组织结构，以院系组织结构为前提和契机，优化校院系权力结构。依据帕森斯的社会系统结构功能与演化进程理论，他提出了新型院系组织系统化的 A—G—I—L 整合方式。大连理工大学李枭鹰教授认为，整体有序而局部无序的生态系统是大学持续稳定健康发展的基石，是大学治理的内在逻辑和战略目标，是高等教育治理现代化的理性诉求。大学治理必须遵循生态规律，确保大学的整体有序与局部无序“耦合共生”，整体运动与独立运动“相向而行”，统一行动与自主行动“相反相成”。

大连理工大学姜华教授认为，二级学院院长普遍存在学术角色和行政角色的冲突。他通过实证研究发现，二级学院院长存在着中度偏上的角色冲突，个体特征对高校二级学院院长角色冲突的影响没有显著性差异，不同层次和类型高校之间二级学院院长的角色冲突没有显著性差异，高校二级学院院长的学术角色和行政角色冲突是由其职位引起的，具有普遍性。福州大学郑文力教授从管理学角度就此问题进行了分析，认为院长在多重角色期待中将产生角色设计冲突、角色期望不一、角色职责模糊、个体角色冲突等问题，为此，二级学院院长要加强角色调适，回归学术领导的本质定位。江苏大学全守杰副教授以行政权力、学术权力和市场权力为等边三角形，以三角形中心为原点的纵轴、横轴与三角形权力场构成了 4 个象限的院长领导情境。不同类型大学的权力配置不一样，院长面临的领导情境也不同。基于权力场坐标的领导情境决定了院长的不同角色特征。

南京师范大学郭书剑、王建华从学院治理的角度，对一流学科建设进行了制度分析，认为学院治理的最终目的在于建立现代学院制度，在协调“校院关系”

的基础上，重点要进行教师聘任、院长选拔和财务制度等方面的改革，以优化一流学科建设的制度环境。此外，万春明等探讨了教学研究型大学中院系治理的设想。

三、二级学院治理的实践反思

二级学院治理改革的实践探索，是推进高校治理现代化进程的试金石。安徽工业大学校长李家新教授谈到，该校在划转、合并和扩招后开始深化校内管理体制改革，推进管理重心下移，实行校院两级管理体制改革。在实施过程中，要选择合适的二级学院主要负责人加强班子建设，重视管理重心下移的权力划分，以及重心下移后的权力运行和权力制约。完善管理重心下移，要在观念转变上见真章，在合理分权上下工夫，在学术治理上做文章，在信息保障上见功效，在目标管理上出成果。上海交通大学杨颉研究员基于该校实践，分享了推进“院为实体”改革的基本思路：综合预算，建立校院两级成本核算体系，推进财权和事权的同步下移，建立成本分摊规则与机制；责权清单，列出学校层面、学院层面在资源权和事权的分配及人的权责要点；简化决策，形成规范的专项工作决策体系与议事程序；协议授权，变“特事特办”为制度规范，对现有的改革成果予以固化，学院的责权予以明确，校院的工作协同予以贯通，校部的支撑服务予以落地。

大连理工大学姚化成副教授通过对 84 所大学章程的文本分析，认为大学对院系的双重授权达成院系地位及权责关系，对行政、学术和政治 3 种权力及轭责和鞭责进行权责整合，解决治理困境，推动院校联动，重构院系关系，强化权责契约。迟景明教授建构了学院权力关系分析模型，通过实证研究发现并验证了学院内部权力制约总体较低，学术权力强度最差；权力监督不够有效，特别是决策过程中党委对行政的监督不力；现有制度规则对权力制约与监督的支持不足，权力界限和权力程序无显著差异。吉林大学张雷生博士通过调查问卷发现，当前高校利益相关者的参与热情和高校领导思维转变迟缓之间不匹配，教师参与治理渠道不畅通，行政权力过于集中，治理现代化水平较低等，阻碍了学院善治。

广西民族大学蒋兴礼教授从理论依据、实践依据和客观需要 3 方面探讨了地方高校二级党组织设立纪委的必要性，指出要加强地方高校内部监督的可选择路径，通过实践探索提出了二级纪委机构的建构模式，强调要建好学院纪委的领导班子，并要明确其在学院所承担的职责，努力以地方高校纪检体制创新促“转职能、转方式、转作风”。南开大学沈亚平教授通过对当前学院事务决策中出现的问题，提出了学院“三重一大”事项集体决策应遵循的基本流程与流程的分类，并指出完善学院“三重一大”事项决策，明确事项决策范围，完善事项决策体系，完善民主参与机制，坚持回避制度和负责人末位表态制度，健全决策监督机制。

中国人民大学李立国教授分析了美国研究型大学学院治理的行政体系和学术体系的构成，指出美国研究型大学学院治理的根本是共同治理，充分建立在对民主、学术自由、分权制衡的思想基础之上，同时考虑不同的时代和社会需求，以及决策效率和精英治理等因素。大连理工大学何晓芳副教授以密歇根大学为例，分析了美国大学内设学院治理结构“重心在下、以院为主”的特点，指出美国大学实行校院二级办学单位两级管理、以院为主的治理模式的经验是值得借鉴的。我们应按照增强活力、责权统一的原则，精简管理层级，调适管理跨度，下移管理重心并强化目标管理，才能令高校由下至上释放出办学活力。

四、结语

厦门大学别敦荣教授在研讨会上总结时评价说，这是一场高质量的圆满成功的研讨会，与会代表们的思想交锋碰撞出丰富的学院治理观点。通过对二级学院治理的理论探讨、政策分析及实践反思，取得了许多可喜的研究成果，并对当前学院治理改革提出政策建议，比如，完善党政联席会议制度，开设院务会、院教授会，院长角色调适，扩大学院自主权，以及院领导班子建设、校院关系合理分权和治理方向、民主管理和监督、社会参与、治理评估、去行政化等策略。

别敦荣教授提出了在研究过程中值得思考的几个问题。一是谁需要学院治理，是校长、校党委书记、院长、教师、学生，还是社会、高校利益相关者，学院治理的益处与谁有关？二是谁推动了学院治理，是政策制定者、学校领导者，还是学院本身要向学校要权，他们的动机是什么？三是学院治理的性质是什么，是象征性的，还是实质性的？是赋权的、独立的，还是依附的？是循序渐进的，还是问题导向的？是即时的，还是长远的？四是学院治理机制和模式是什么？要关注学院的自主办学机制、教师参与机制、社会参与机制。

中国高等教育学会会长瞿振元教授对学院治理提出寄语：第一，坚持两个“不动摇”，坚持学院中党领导的核心地位不动摇，坚持学院的学术特性不动摇，这两点是进行学院治理改革的前提条件和基础。第二，坚持学院治理机制的多样化。学院治理既有普遍的共性特征，也有不同学院个性上的差异，因此，应该依据不同学院的特点，设置适合自身发展的权力运行制约和监督体制机制。

下篇 实践篇

校院两级管理改革的实践与思考 / 李家新 戴玉纯 雷金火 105

上海高校内部治理结构与组织框架调研报告 / 杨 颉 余新丽 113

学院"三重一大"事项决策流程研究 / 沈亚平 汪 圣 122

美国研究型大学的学院治理模式 / 李立国 张 翼 135

基于社会网络分析的高校二级学院权力研究 / 姜 华 黄 帅 156

美国大学内设学院治理结构分析 / 倪晓芳 宋冬雪 169

高校院系层面内部治理结构现状调查研究 / 张雷生 179

沈阳师范大学教育硕士独立学院制管理模式的理论与实践探索 / 周润智 唐卫民 198

教学研究型大学院系功能定位研究 / 万春明 王 巍 张海龙 206

高校二级学院自主管理调查与对策 / 赵 哲 宋 芳 215

校院两级管理改革的实践与思考

——以安徽工业大学改革实践为例

李家新　戴玉纯　雷金火[①]

（安徽工业大学　中国马鞍山　243002）

摘　要　深化校院两级管理改革，实施管理重心下移，是完善高校内部治理结构的重要环节，对强化院（部）办学主体意识，激发院（部）办学治院、追求内涵发展的主动性，增强学校办学活力，具有重要意义。推进管理重心下移，既要在理念转变上动真章，在合理分权上下工夫，还要在学术治理上做文章，在信息保障上见功效，在目标管理上见真功。

关键词　重心下移；校院管理；内部治理

随着我国进入高等教育后大众化时期，围绕“提高高等教育质量”这一高等教育改革发展的主题，优化校院两级管理，完善内部治理结构，促进内涵发展，已成为高教界学者、办学者和政府部门深入探索的一个重要课题[1]。安徽工业大学自 2006 年起酝酿和实施了管理重心下移工作，开展了近 10 年的校院两级管理改革的实践探索，不断深化内部管理改革，推进内部治理结构优化。

① 作者简介：李家新（1957—　），男，安徽六安人，安徽工业大学校长，教授，主要研究方向为高等教育管理；戴玉纯（1963—　），男，安徽六安人，安徽工业大学高教研究所所长，研究员，主要研究方向为高等教育管理；雷金火（1963—　），男，江西九江人，安徽工业大学高教研究所研究室主任，副研究员，主要研究方向为高等教育管理。

一、重心下移的理性认识

（一）管理重心的定位

管理的核心在于决策，而决策的成本考量决定着管理重心定位的选择。高校管理重心是高校根据自身的特点及任务，对权、责、利等管理要素在学校内部重点部位进行配置[2]。龚怡祖依照决策经济学原理提出，“大学决策成本=应缺乏信息引起的成本+因目标不一致引起的成本”，并进一步分析指出决策信息成本、大学规模化程度、大学结构特征、大学核心成员工作特点是影响大学权力集中度的主要因素。因此，管理重心的恰当定位是完善治理结构的首要条件，成为校院两级管理改革的关键。

管理重心定位呈现出多样化，既可以置上，也可以下移，还可以定位于中间层面，由不同学校的办学规模、结构特征等方面的因素决定。

目前，根据高校的组织特性、权力构成及管理的层次性，结合我国内地高校治理环境，采取集权和分权的适度结合，适当下移管理重心，将更多决策权给院系，使院系成为相对独立的办学实体，已为大多数高校所倡导。

（二）校院两级的权力配置

现代管理科学的原则是权责对等、分权与授权，有责就应有权。校院二级管理体制要求学校原有的以职能部门为主体的管理机制转变为以学院为主体的管理机制，其核心是下移高校管理重心，扩大学院办学自主权。推进管理重心下移的一个特征是，学校让权，院系用权，合理进行校院两级权力配置[2]。

首先，学校让权。校院两级权限划分主要包括事务管理、人事管理和财务管理等 3 方面内容。按照这些权力划分内容，可以将校院两级管理改革分为相应的 3 种改革模式[3]：一是事务权力下移模式。就是教学、学生和科研等诸多具体管理事权在学校、学院二级管理中的配置，即“事权下放，人权、财权由学校集中管理”。二是人事权力下移模式。即学校人事管理及分配权在学校、学院二级管理中的配置，这类管理模式除了在事权上进行了划分，在人事管理和分配方面也进行了比较彻底的校院划分。三是财务权力下移模式。即以财务二级管理制度为核心的，涉及人、财和事权在校、院两级权限划分的改革。从分权的程度看，这种改革涉及学校组织及各种人力、物力和财力，以及各种任务目标的方方面面的改革，是一种权、责、利完整统一的划分方式，被认为是比较彻底的校院两级管理体制的改革，能够激发学院办学的主动性和积极性。

其次，院系用权。在学校内部治理方面，一是完善学校党委领导、校长负责、教授治学、民主管理的内部治理结构，建设现代大学制度，推进科学决策、目标管理、内涵发展。二是明晰学校与院系的权力边界，下放人、财、物和学术治理权力，使学校成为宏观决策中心，学院成为相对独立的管理中心，职能部门成为服务中心。三是实施学院制改造和责权利关系调整，调整重组学院，适当扩大学院规模，完善学院运行机制，形成尊重学术和民主的氛围。在院部治理方面，一是针对下放给学院的人事、财务、教学、科研、学生、实验室管理等权限，各学院根据学校发展目标提出系科、机构设置方案，制定学院主要发展目标。二是建立学院决策机制，组织教职工广泛参与学院各项重大事务的决策和管理，赋予师生员工知情权和监督权，强化学院的目标、责任、成本意识，深化人事与分配制度改革，制定科学合理的资源配置及管理办法，建立学校整体目标下的自我约束、自我发展机制。

二、重心下移的实践探索

21 世纪初期，伴随着高等教育大众化的深入发展，高等教育进入到以提高质量和结构优化为核心的内涵式发展的新阶段，高校治理的外部环境不断优化，追求质量、特色、高水平的发展愿望日益迫切，不同类型、不同层次、不同区域的高校纷纷开展了各具特点的管理重心下移实践。和其他高校一样，安徽工业大学也进行了管理重心下移的校院两级管理体制改革的实践探索。

（一）改革的背景回顾

任何改革的决策和路径的抉择，都离不开特定的历史背景和现实环境。学校当时的办学正处于一个比较特殊的时期。一是管理体制发生转变。作为原隶属国家冶金工业部的具有深厚冶金行业背景的一所工科为主的高校，1998 年划转到安徽省后面临着融入地方、服务地方的转型发展问题。二是办学规模迅速扩大。1999—2005 年的 7 年间，学校合并原安徽商业高等专科学校（以下简称“原商专”），更名为安徽工业大学，办学规模从 4600 多人增加到 15 000 多人（增长 2 倍多）；本科专业从 19 个增加到 43 个，并取消了原商专的专科专业；硕士点从 3 个增加到 13 个一级学科硕士点、18 个专业硕士点，2004 年本科教学工作水平评估获得优秀。学校规模和内涵建设取得了显著发展，学校教育教学、学科建设与科研、服务社会能力也得到较大提升。三是建设发展任务艰巨。一方面，办学基础能力建设任务繁重，实施两校区办学，改造原商专校园，两次征地、两次校园修编，校园建设任务繁重，教学科研仪器设备等条件建设需要大量经费投入，提高教职工的积极性、改善工作条件和工资收入待遇等方面的问题也急需解决。另一方面，学校划转地方后，地方财政投入没能跟上学校发展的需要，学校发展所需的经费缺口较大。同时，校院两级管理的矛盾凸显。随着院系规模与内涵的发展，沿袭原来一竿子到底的控制式管理已难以适应；学校统包统揽的管理跟不上院系自主管理、自求发展的主题要求等。

面对实际情况，学校立足发展，在积极争取政府支持的同时，向改革找出路，向内挖掘。在总结 2001 年以来实施的人事分配制度改革经验的基础上，进一步深化内部管理机制改革，在 2006 年开启管理重心下移的试运行，2007 年全面实施管理重心下移方案，至今已近 10 年。

（二）重心下移的实施

为主动适应经济社会和高等教育发展的形势，认真贯彻落实“注重质量、强化特色、提高水平、持续发展”的办学方针，推动学校各项事业又好又快地发展，学校根据实际，制定和实施了《安徽工业大学管理重心下移工作总体方案（试行）》，推进管理重心下移，深化校院两级管理体制改革，优化校院两级管理。

1. 重心下移的顶层设计

首先，确立指导思想。以充分调动校院两级办学的积极性、广大教职工工作的积极性为核心，以有利于增强办学活力、提升工作效率、提高教学质量和科研水平为目标，解放思想、实事求是、与时俱进，积极推进管理重心下移，加强和改进校院两级管理，努力提高学校管理水平。

其次，明确基本原则。一是坚持责、权、利相统一。理顺机关部门与院（部）的关系，明确院（部）管理权限和管理职责，合理配置人权、事权、财权，做到管理规范、运行有序、提高效能。二是坚持目标管理。依据学校发展规划，明确院（部）工作目标，进行年度考核奖惩。三是坚持院（部）自主管理与学校宏观管理相结合。既要充分发挥院（部）在日常管理中的主体作用，又要加强学校在重大问题上的宏观管理，保证管理重心下移工作的健康运行和学校各项任务的完成。四是坚持民主管理、民主监督与学校监督相结合。对于院（部）重大决策方案，要广泛听取教职工的意见，实行决策科学化、民主化，实施过程要公开、透明，接受群众监督。同时，学校要加强对院（部）管理工作的指导、检查和监督。

2. 重心下移的权力划分

学校确立了“八个方面”的管理职权与管理事项划分，分别规定了教务处、科研处、研究生部（学科办）、学生工作部（处）、人事处、财务处、资产处等为代表的学校职能部门与院（部）之间在教学、科研、学科建设和研究生教育、学生工作、人事、财务、资产及其他方面的职责和权力。同时，明确适应管理重心下移需要，学校财务工作实行“一级核算、校院（部）两级管理”模式。同时指出，随着条件的成熟，要逐步下移其他方面的管理权限。

3. 重心下移的权力运行

首先，建立重心下移的保障体系。学校制定了“八项加强”的政策措施与条件保障。一是加强目标管理。学校制定《院（部）工作目标体系》，根据实际确定院（部）当年的工作任务和目标。二是加强院（部）领导班子建设，增强领导班子的凝聚力、战斗力。三是加强院（部）机关建设，提高人员素质。四是加强辅导员队伍建设。五是加强经费保障。按照财权与事权相宜的原则，制定《经费管理工作下移实施办法》，并按照有关规定，落实院（部）经费使用权。六是加强信息化建设，建设全校性管理信息平台，促进信息交流、沟通与共享，提高管理工作效率。七是加强工作指导，既保证管理重心下移后院（部）自主权的落实，又要加强学校的宏观管理。八是加强民主管理。管理重心下移后，院（部）要坚持和完善院（部）务公开制度，充分发挥教代会和工会民主管理、民主监督的作用，院（部）内工资分配办法等重大事项要经过教代会讨论，做到科学决策、民主决策，实施要公开、透明，接受群众的监督。

其次，明确重心下移的重点权项。明确了以经费下移和经费分配为集中体现的下移管理重心。学校依据管理重心下移的工作总体方案，制定和实施了《安徽工业大学经费管理工作下移实施办法（试行）》。在经费管理下移实施办法中，确定了“五个坚持”的基本原则，即坚持为学校发展目标服务，坚持责、权、利相统一，坚持经费总量宏观控制，坚持财经纪律，坚持民主管理与学校监督相结合。下移经费按校内工资经费、教育行政事业费、学生经费 3 个类别，分经费项目及其标准分别核定，按年结算。

最后，推进重心下移的制度建设。学校出台了《安徽工业大学院（部）分配工作指导意见（试行）》，提出了总量控制、按绩取酬，效率优先、合理有序，民主理财、规范运行三条原则。要求院（部）行使经费分配权时，一是应重点考察岗位绩效、工作能力、创新成果等现代薪酬因素；二是在现有条件下，院（部）分配应以岗位津贴和工作量酬金为主，以学术津贴、成果奖励等为辅，构建相对完善的院（部）分配体系；三是在实际工作中，可以结合本单位的特点，对院（部）分配的项目适度扩展、融合或细化。

（三）重心下移的实践反思

总体上看，学校管理重心下移工作得到了有效实施，建立和坚持了校、院（部）两级管理体制，在一定程度上强化了院（部）办学主体意识，激发了院（部）办学治院、追求内涵发展的主动性，调动了教师和职工的工作积极性，增强了学校办学活力，促进了学校的内涵发展，为实现地方特色高水平大学建设目标奠定了坚实的基础。

推行管理重心下，除了制订科学合理的改革方案和学校贯彻实施的定力外，关乎成败的还有几个重要因素：一是选择合适的二级学院主要负责人是关键。二级学院班子特别是主要负责人的类型或者个性特点对于学院治理的影响至关重要，学术型的主要负责人更有利于学科成长，带领学院走向成功；复合型的主要负责人，虽然其学术能力不一定很强，但行政能力较强，能更好地发挥集体的作用，可以弥补学术方面的不足，也能够带领学院走向成功。二是管理重心下移后的权力运行和制约。管理重心下移，主要体现为对人、财、物的调控权、资源分配权和学术治理权。这些权力的行使，事关学校办学治校目标的落实，事关学院健康发展，事关师生员工的切身利益，必须有完善的制度作为保障。

重心下移存在的问题有：一是对管理重心下移的本质把握不够，导致学校决策层、职能管理层和院（部）实施层在具体掌握上出现了一定的错位，学校觉得把权、责、利都交给了院（部），而院（部）却认为只感受到事情（要算账）、责任增加了，但权力很有限。二是职能部门观念转变不到位。部分职能处室不放心、不放权，确实存在着将事务性工作交给了院（部），而管理控制权扔抓在手的现象。三是改革布局的系统性不够。这导致该放的权没有放，该明确的责任没有明确。四是院（部）治理结构不完善。管理重心下放，一个重要的条件就是二级学院（部）的相应治理结构必须与之相配套，管理理念要与之相适应。当时，院（部）对于自己应当行使的权力不甚明了，对于如何保障规范合理地运用自身的权力和接受监督制约，既缺乏在治理结构上的有效保障，也缺乏行之有效的运行监督机制。此外，因外部环境变化主要是政策变化的影响，进而导致学校的管理重心下移工作难以取得预期的效果。

对此，作为高校的办学者、管理者和广大教职工都要有清醒的认识。既不能因噎废食、止步不前，也不能视而不见、故步自封，要在建设现代大学制度、完善治理结构中找准突破口，在高等教育信息化中发掘新路径，进一步完善管理重心下移工作，促进高校治理体系和治理能力的现代化。

三、关于完善重心下移的几点思考

（一）在理念转变上动真章

视野决定境界，观念决定思路，思路决定出路。深化内部治理改革，推进管理重心下移，思想观念要先行。首先，要树立现代大学治理理念。高校要围绕立德树人的根本任务，深化内部综合改革，完善党委领导、校长负责、教授治学、民主管理的治理结构，推进治理能力和治理体系现代化，建设现代大学制度，促进内涵发展，提高人才培养质量和办学水平。其次，要树立学术中心的理念。高校人才培养等职能的实现在基层，学术治理的重心在基础，要以人才培养为中心下移管理重心，协调学校与院（部）的关系，协调行政权力和学术权力的关系，强化院（部）在人才培养、学科建设、教学改革、科学研究等方面的职能。最后，要树立权力制衡理念。在重心下移过程中，要正确处理校院两级的权力矛盾和博弈，认真分析各个利益主体的需求，由权力制衡逐步到制度均衡。

（二）在合理分权上下工夫

高校治理是高校协调各利益相关者的相互关系、降低成本、提高办学效益的一系列制度安排。高校要在大学章程上完善内部治理的顶层制度设计，结合不同办学层次的高校实际，确立合适的管理重心定位，明确学校各层级、各个主体的权、责、利、义务关系。其一，梳理和界定校、院（部）、系（所、中心）三级主体的责、权、利关系，形成制度。其二，完善学校管理重心下移方案及其相关办法，与时俱进，确保重心下移有效实施。其三，建立健全和坚持实行院（部）党政联席会议制度、教职工代表大会制度、教授委员会制度，完善院（部）治理结构。其四，制定和实施院（部）治理实施条例，规范院（部）内部治理运行。其五，建立健全和实行决策咨询及权力运行监督机制，保障院（部）办学治院权力科学有效、阳光公平。

（三）在学术治理上做文章

高校是一个学术组织，院（部）是学术的中心，管理重心下移归根结底还是关于学术治理重心的定位及其相应的行政治理重心配套问题。管理重心下移要注重权责对等。落实学术治理权力、保障院（部）学术发展是管理重心下移的主线，也是划分校院两级党政管理权限的基本出发点。因此，应当根据各院（部）所承担的学术责任，赋予其相应的人、财、物等管理权。

（四）在信息保障上见功效

一般来讲，权责下移的同时，事务也将相应地下移。现代信息技术的广泛应用，正在深刻改变高校师生的教学方式、学习方式、思维方式和交流方式[4]。在信息化条件下，管理权力和责任的履行手续将不一定需要传统的方式，事务性工作也不一定要院（部）去做。因此，要构建和完善管理信息化平台，形成管理信息化和信息互联互通机制，减少信息流转环节和人工时间消耗，将服务性事务通过线上线下相结合的服务大厅，由职能部门直接提供，实现事务性管理的扁平化，从而提高效率。

（五）在目标管理上见真功

管理重心下移，一个重要的标志在于责任的下移，即一般来说，学校要将一定的目标任务落实到相应的院（部）。确保院（部）在运行其权力时有效达成学校的目标要求，应当成为管理重心下移工作关注的焦点。通常统领学校发展的是学校制定实施的事业发展规划及其子规划，在实施管理重心下移工作中，学校要以事业发展规划及其子规划为依据进行任务分解，责任到院（部），实行目标管理。院（部）要对照学校事业发展规划和任务要求，制订和实施院（部）目标任务实施方案，接受学校的监督和考核，确保院（部）发展上水平，学校事业目标有效推进。然而，值得思考的是，真正的重心下移，是不是学校的发展目标应当建立在学院自主发展的目标基础之上，也就是称之为“学院办大学”？

高校完善治理结构，推进管理重心下移，是高校实现以提高质量和优化结构为核心的内涵式发展的有效选择。改革在路上，困难也不少，困惑也颇多，有待于高等教育界的专家、学者和办学实践者不断进行探索和实践。

参考文献

[1] 钟秉林. 加强科学谋划，提高教育质量[J]. 中国高等教育，2016，（1）：21-23.

[2] 龚怡祖. 大学管理重心定位的理论分析[J]. 北京大学教育评论，2009，（4）：136-146.

[3] 刘亚荣，李志明，唐宁等. 高校校院两级管理模式研究[J]. 教育与经济，2010，（2）：12-15.

[4] 张大良. 运用现代信息技术促进教学改革和资源共享[J]. 中国高等教育，2016，（12）：1.

上海高校内部治理结构与组织框架调研报告

杨　颉　余新丽[①]

（上海交通大学规划发展处　中国上海　200240）

摘　要　为了解高校内部治理结构和组织框架的现状，深入探究校院两级的职权关系，本文通过编制"上海高校内部治理结构现状调查"问卷，对上海市12所多种类型高校进行调查研究。针对现存的瓶颈问题，提出深化校院两级管理体制改革，以及促进管理重心下移等若干对策建议。

关键词　内部治理；组织框架；调查研究

大学治理结构是现代大学制度的基石，其核心是如何处理好学术权力与行政权力的关系。学术权力和行政权力是大学实施内部管理的两种基本手段。从中世纪博洛尼亚大学成立至今，学术权力和行政权力始终共存于大学内部，它们时而相互博弈，时而相互协作，共同促进了大学的发展。学术权力是指学者依据其学术水平和学术能力，对学术事务和学术活动施加影响和干预的力量。行政权则是指行政机构通过组织、控制、协调、监督等管理手段调动各类资源（人、财、物）以保障组织目标实现的力量。高校校院两级治理结构涉及学校纵向和横向关系，各种权力（权利）、义务与责任的界定，以及各种利益关系的格局等。治理结构改革要解决的根本问题是活力和效率。活力和效率问题的解决，取决于科学地界定校院两级各种权力或职权关系，取决于明晰学校与学院之间、学校与职能部门

① 作者简介：杨颉（1972—　），教育学博士，研究员，博士生导师，上海交通大学规划发展处处长，改革与发展研究室主任；余新丽（1975—　），管理学博士，研究员，上海交通大学规划发展处副处长。

之间、职能部门与学院之间的关系，在此基础上，明确职责、规范权限、民主管理、强化监督，科学、有序地推进管理重心下移，扩大基层自治[1]。

一、研究目的、研究对象和研究方法

本文的目的是了解高校内部治理结构和组织框架的现状和深入探究校院两级的职权，了解高校内部治理结构的现状，分析存在的问题，对学院的权力和职责作较为系统的研究，为明晰学校和学院的职责、规范权限，有序地推进管理重心下移，以及扩大基层自治提供依据。

本文主要采取问卷调查法。问卷调查法是一种通过书面形式，以严格设计的测量项目或问题，向调查对象收集研究资料和数据的方法。笔者希望通过问卷调查了解上海地区高校的校、院职责和权力。

通过查阅国内外关于现代大学制度、大学治理结构等相关文献，编制“上海高校内部治理结构现状调查”问卷，并对上海市 12 所多种类型高校进行问卷调查。调查问卷内容包括：一是基本信息；二是校级层面的校学术委员会、专项工作委员会、教职工代表大会等在制定政策中发挥的作用；三是学院层面的治理状况，包括院党政联席会议、院务委员会和院学术委员会或教授委员会在学院发展中的角色和作用。

二、国内高校调研结果与分析

2016 年，笔者调查了复旦大学、上海交通大学、同济大学、华东政法大学、华东理工大学、上海财经大学、上海大学、上海理工大学、上海师范大学、上海对外经贸大学、上海电力学院、上海出版印刷高等专科学校 12 所上海高校，涉及多种类型的高校，其中 3 所“985 工程”高校，占 25.00%，4 所“211 工程”高校，占 33.30%，3 所地方本科高校，占 25.00%，1 所行业特色高校，占 8.30%，1 所高职院校，占 8.30%。

（一）校级管理模式

本次调查中有 41.67%的高校认为全部的二级学院已经实现“院为实体，自主办学”，25%的高校认为大多数的二级学院实现了“院为实体，自主办学”，8.33%的高校认为仅有个别二级学院实现了“院为实体，自主办学”，25.00%的高校认为完全没有实现“院为实体，自主办学”（占 1/4）。但是调查结果显示，“院为实体”的具体落实情况远没有各高校自评结果那样乐观。

1. 实施“院为实体”的最主要瓶颈问题

实施“院为实体”的最主要瓶颈问题是学校政策限制过多、规定过死，学院没有足够的人事决策权，学院没有干部任命权，学院可调控的经费和资源不足，学校干预学院的学术事务，对学院的考核方式不科学。从图 1 可以看出，学院可调控的经费和资源不足及对学院的考核方式不科学，是最主要的瓶颈问题。

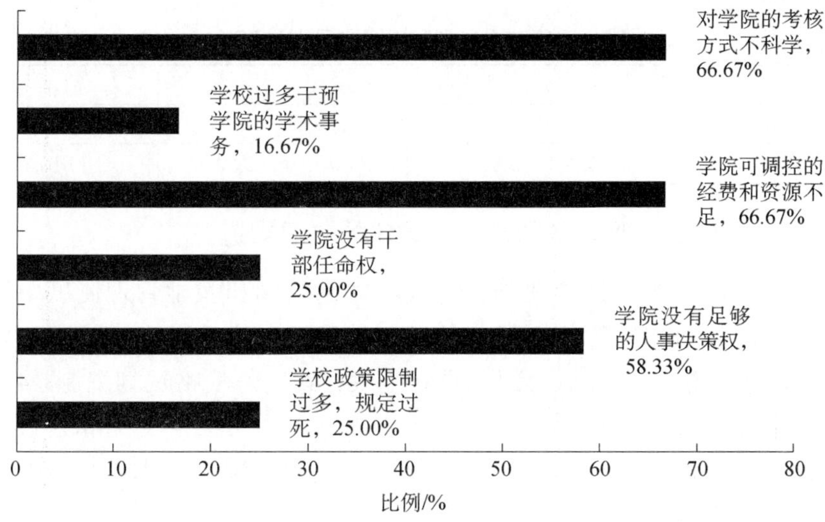

图 1　实施“院为实体”的主要瓶颈问题

2. 教师参与行政和学术管理渠道的分类

本文从两个维度对高校内部治理结构的现状进行分析。

第一个维度是决策的参与程度，分为审议、讨论和咨询 3 个层面。所谓审议，指审查和评议，通过审议的意见、决议或批准的文件具有法律效力，是管理部门行政意志的表现，审议意见一般均要督办并规定办结时限以求实效，有时还组织代表在现场视察办结的效果。督办权是审议权的延伸和补充，办结时限具有权力属性，从而构成了一个完整的程序。讨论是指就某一问题交换意见或进行辩论，讨论意见仅是参与讨论者对特定问题的评判结论和看法，并不具有法律效力，不能作为行政的直接依据，从形式上看，讨论的全部过程仅相当于审议工作的前半段。咨询是指商讨、协商，即通过某些人头脑中所储备的知识经验和对各种信息资料的综合加工而进行的综合性研究开发。咨询产生智力劳动的综合效益，起着为决策者充当顾问、参谋和外脑的作用，被咨询者一般只提供意见而不参与决策过程。因此，从决策的参与程度来看，审议强于谈论，强于咨询。

第二个维度是根据组成人员或组织形式的性质分为行政主导和学术主导两种类型。行政主导包括专项工作委员会、学校专题研讨会、部门调研 3 种主要形式，学术主导包括校学术委员会、教职工代表大会、个别征求意见 3 种主要形式。

行政主导型的专项工作委员会在学校预算编制、人事管理编制、教学管理制度、校园建设方案、机构设置方案、年度考核方案等 6 项事务中都起作用，可见专项工作委员会是被调查高校中主要的参政议政形式，这说明在高校学校层面主要还是行政主导型，见表 1。

表 1　行政主导型和学术主导型的形式

类型	审议	讨论	咨询
行政主导	专项工作委员会	学校专题研讨会	部门调研
学术主导	校学术委员会	教职工代表大会	个别征求意见

3. 高校重要事项听取教师意见和建议的主要渠道

校学术委员会在科技管理制度、战略规划编制和教学管理制度中发挥的作用比较大。其中，发挥作用最大的是科技管理制度，一半高校在制定科技管理制度时听取校学术委员会的意见和建议；其次是战略规划编制，41.7%的高校校学术委员会在战略规划编制中听取校学术委员会的意见和建议；最后是教学管理制度，33.3%的高校在教学管理制度中听取校学术委员会的意见和建议。

专项工作委员会在学校预算编制、校园建设方案、人事管理制度和教学管理制度方面发挥作用，其中 83.3%的高校专项工作委员会在学校预算编制中发挥作用，66.7%的高校专项工作委员会在校园建设方案中发挥作用，58.3%的高校专项工作委会员在人事管理制度和教学管理制度中发挥作用。

教职工代表大会在战略规划编制、学校预算编制、学校年度计划、校园建设方案和年度考核方案中发挥较大作用。58.3%的高校教职工代表大会在战略规划编制中发挥作用，33.3%的高校教职工代表大会在学校预算编制中发挥作用；25%的高校教职工代表大会在学校年度计划、校园建设方案和年度考核方案中发挥作用。

学校专题研讨会在战略规划编制、教学管理制度和机构设置方案中发挥作用。58.30%的高校专题研讨会在战略规划编制中发挥作用，50%的高校在制定教学管理制度和编制机构设置方案时，专题研讨会发挥作用。

部门调研在战略规划编制、年度计划、人事管理制度、学校预算编制、教学管理制度、科技管理制度等事项中发挥作用。其中，66.7%的高校部门调研在战略规划编制、年度计划、人事管理制度中发挥作用，58.3%的高校部门调研在学校预算编制、教学管理制度、科技管理制度中发挥作用，50%的高校部门调研在机构设置方案、年度考核方案中发挥作用。

个别征求意见在校园建设方案、人事管理制度和机构设置方案中发挥作用。其中，33.3%的高校在编制校园建设方案过程中采取了个别征求意见的方法，25%的高校在制定人事管理制度和机构设置方案时个别征求意见（表2）。

表2　高校重要事项听取教师意见和建议的主要渠道　　单位：%

事项	学术主导			行政主导		
	校学术委员会	教职工代表大会	个别征求意见	专项工作委员会	学校专题研讨会	部门调研
战略规划编制	41.70	58.30	8.30	41.70	58.30	66.70
学校年度计划	16.70	25.00	16.70	33.30	16.70	66.70
学校预算编制	8.30	33.30	16.70	83.30	41.70	58.30
人事管理制度	16.70	16.70	25.00	58.30	33.30	66.70
教学管理制度	33.30	16.70	8.30	58.30	50.00	58.30
科技管理制度	50.00	0.00	16.70	33.30	41.70	58.30
校园建设方案	8.30	25.00	33.30	66.70	41.70	41.70
机构设置方案	0.00	8.30	25.00	50.00	50.00	50.00
年度考核方案	8.30	25.00	16.70	50.00	33.30	50.00

通过上述分析，我们可以得出结论：高校在决策中，主要还是听取基层行政意见，在学校的重大决策中，没有充分重视学术意见，仅有一半高校的校学术委员会在科技管理制度决策中起较大的作用。

（二）学院管理模式

1. 二级学院预算的主要依据

确定二级学院预算的最主要依据是学生数量与结构，75%的高校在确定二级学院预算时主要考虑学生数量与结构。确定学院预算的第二个主要依据是教学科研工作量和学院前一年的绩效情况，66.7%的高校在确定二级学院预算时，主要考虑教学科研工作量和学院前一年的绩效情况。确定学院预算的第三个主要依据是教职工数量与结构和前一年预算，41.7%的高校确定二级学院预算时，主要考虑教职工数量与结构和前一年预算（图2）。

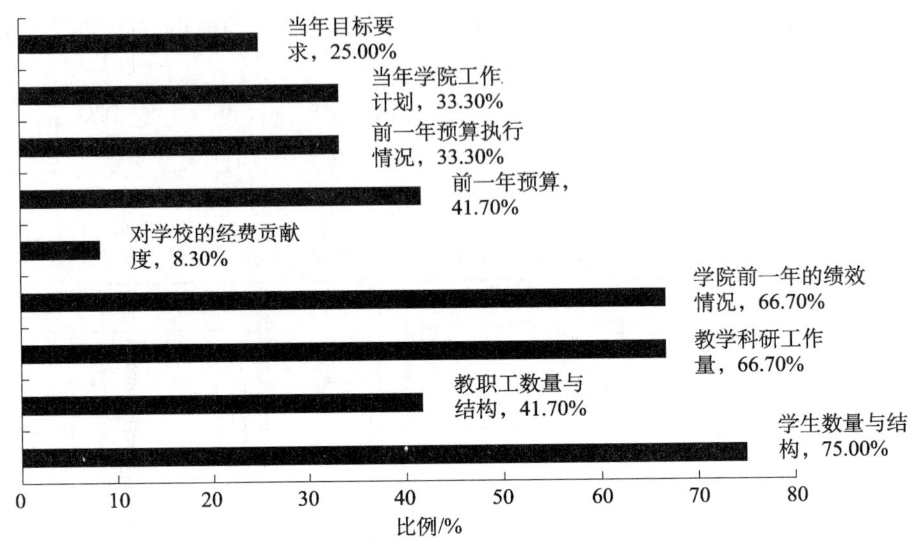

图 2　学院预算的主要依据

2. 院党政联席会议、院务委员会、院学术委员会或教授会

本文调查了 12 所高校院党政联席会议、院务委员会、院学术委员会或教授会的角色和作用。

1）学院党政联席会议。学院党政联席会议在事项中发挥的作用大小，依次是内设学术机构的设立与撤销、教师绩效工资和奖励分配方案、制订学院发展规划、编制学院财务预算、教师的转岗与解聘等事项，如 83.3%的高校学院党政联席会议在内设学术机构的设立与撤销中发挥作用。学院党政联席会议对推荐院长人选、正高职务晋升、课程和教学改革方案的决策发挥的作用最小。学院党政联席会议在制订学院发展规划、年度工作计划、内设学术机构的设立与撤销、编制学院财务预算、教师岗位招聘、教师绩效工资和奖励分配方案、教职工年度和聘期考核、教师的转岗与解聘、院内招生名额分配、制订人才培养方案、课程和教学改革方案、学生的奖励与处分、学院内部用房的调配中主要起决策作用，在正高职务晋升方面起决策和建议作用，在学术方向的设置上起审议作用，学院党政联席会议在推荐院长人选中主要起建议作用。《中国共产党普通高等学校基层组织工作条例》明确了学院党委和学院行政的工作职责，指出"通过党政联席会议，讨论和决定本单位重要事项"，因此各高校要建立健全党政联席会议制度，真正形成职责明确、分工协作、和谐有序、运转高效的工作运行机制。

2）院务委员会决策课程和教学改革方案、学生的奖励与处分，审议和建议院长人选，审议学院发展规划、年度工作计划、学术方向的设置、内设学术机构的设立与撤销、编制学院财务预算、正高职务晋升、教师绩效工资和奖励分配方案、教职工年度和聘期考核、教师的转岗与解聘、院内招生名额分配、制订人才培养方案，在教师岗位招聘工作中有建议权。

3）院学术委员会或教授会决策学术方向的设置、人才培养方案、课程和教学改革方案。可见，院学术委员会或教授会对学院事务的参与度较低，在人事、规划与资源方面的参与度很低，仅有若干高校在某些方面有咨询和审议权。院学术委员会的主要决策权体现在教学科研的若干方面：学术方向的设置、制订人才培养方案、课程和教学改革方案（表3）。

表3 学院党政联席会议、院务委员会、院学术委员会或教授会各项事务职权 单位：%

事项	学院党政联席会议			院务委员会			院学术委员会或教授会		
	决策	审议	建议	决策	审议	建议	决策	审议	建议
推荐院长人选	16.70	16.70	41.70	0.00	16.70	16.70	0.00	8.30	3.30
制订学院发展规划	66.70	0.00	0.00	8.30	33.30	0.00	0.00	50.00	8.30
制订年度工作计划	58.30	8.30	0.00	16.70	25.00	8.30	0.00	33.30	16.70
学术方向的设置	25.00	33.30	0.00	8.30	25.00	0.00	66.70	16.70	0.00
内设学术机构的设立与撤销	83.30	8.30	0.00	8.30	25.00	0.00	0.00	41.70	8.30
编制学院财务预算	66.70	16.70	0.00	8.30	41.70	8.30	0.00	8.30	8.30
教师岗位招聘	41.70	25.00	0.00	16.70	8.30	16.70	25.00	8.30	16.70
正高职务晋升	16.70	8.30	16.70	8.30	8.30	0.00	25.00	16.70	16.70
教师绩效工资和奖励分配方案	75.00	8.30	0.00	0.00	50.00	0.00	0.00	16.70	8.30
教职工年度和聘期考核	58.30	0.00	0.00	8.30	41.70	0.00	0.00	25.00	16.70
教师的转岗与解聘	66.70	0.00	8.30	8.30	41.70	8.30	0.00	16.70	25.00
院内招生名额分配	50.00	8.30	8.30	8.30	33.30	8.30	0.00	16.70	25.00
制订人才培养方案	25.00	0.00	0.00	8.30	33.30	8.30	50.00	33.30	8.30
课程和教学改革方案	16.70	8.30	0.00	25.00	16.70	0.00	41.70	33.30	8.30
学生的奖励与处分	33.30	8.30	0.00	25.00	16.70	16.70	0.00	16.70	16.70
学院内部用房的调配	50.00	8.30	0.00	16.70	16.70	16.70	0.00	0.00	33.30

学术方向的设置、内设学术机构的设立与撤销、院内招生名额分配、制订人才培养方案、课程和教学改革方案、学生的奖励与处分事项都与教学科研有关，推荐院长人选、教师岗位招聘、正高职务晋升、教师绩效工资和奖励分配方案、教职工年度和聘期考核、教师的转岗与解聘都属于人事方面的事项，制订学院发展规划、制订年度工作计划、编制学院财务预算、学院内部用房的调配与规划和资源相关，因此将这些事项分为教学科研、人事、规划与资源3种类型，详见表4。

表 4　院务委员会、院学术委员会或教授会在各项事务中的决策权　　单位：%

事项	类型	决策	学院党政联席会议决策	院务委员会决策	院学术委员会或教授会决策
学术方向的设置	教学科研	100.00	25.00	8.30	66.70
内设学术机构的设立与撤销		91.70	83.30	8.40	0.00
院内招生名额分配		58.30	50.00	8.30	0.00
制订人才培养方案		83.30	25.00	8.30	50.00
课程和教学改革方案		83.30	16.70	25.00	41.70
学生的奖励与处分		58.30	33.30	25.00	0.00
推荐院长人选	人事	16.70	16.70	0.00	0.00
教师岗位招聘		83.30	41.70	16.60	25.00
正高职务晋升		50.00	16.70	8.30	25.00
教师绩效工资和奖励分配方案		75.00	75.00	0.00	0.00
教职工年度和聘期考核		66.70	58.30	8.40	0.00
教师的转岗与解聘		75.00	66.70	8.30	0.00
制订学院发展规划	规划与资源	75.00	66.70	8.30	0.00
制订年度工作计划		75.00	58.30	16.70	0.00
编制学院财务预算		75.00	66.70	8.30	0.00
学院内部用房的调配		66.70	50.00	16.70	0.00

从表 4 可以看出，部分高校在某些方面没有决策权，如院内招生名额分配、学生的奖励与处分、正高职务晋升、教职工年度和聘期考核、学院内部用房的调配，学院内的主要决策权还是在学院行政领导手里。

三、思考与建议

1. 加强大学章程建设，完善大学章程

大学章程是高等学校依法自主办学、实施管理和履行公共职能的基本准则，它被称为大学的“宪法”，对明晰大学与社会及大学内部各种关系，明确办学自主权，规范学校行为，梳理规章制度，明确校内机构职责，提高办学水平，具有重要的保障作用。大学章程是建设现代大学制度的制度保障，是高校建立和完善现代大学制度必不可少的一步，是深入推进现代大学制度的重要保障。因此，各高校要重视章程的制定和修订工作，按照教育部 2010 年第 31 号令《高等学校章程制定暂行办法》的规定和要求，认真开展章程的制定和修订工作。在章程中要构建适合高校自身的大学治理结构，明确学校、学院（系）、校部机关等校内机构的定位、职责和性质，依照章程的规定来管理学校。

2. 加强学术制衡，实现学术权力与行政权力的平衡

通过合理的制度设计，控制行政权力，保障学术权力。保障学术权力的关键，

在于明确学术标准的制定权和学术资源的支配权。行政权力调整的关键则在于加强宏观调控能力。为实现学术权力与行政权力的平衡，可以采取以下 3 种措施：第一，形成扁平式的权力结构，可以通过组建学术委员会及各领域的分学术委员会，形成一个相对独立于行政决策体系的学术决策和咨询体系。第二，降低学术决策重心，通过合理的制度设计和完善的行政程序限制行政机关对其他组织的直接干预，并且强调要将部分权力转移到相关组织，扩大相关组织的自由裁量权，从而有效地保护大学与学者的学术自由权利。第三，加强学校层面的宏观调控能力，强调行政的科学决策能力、执行力和服务意识。因此，要科学、合理地行使行政权力，实现学术权力与行政权力的协调合作；激发广大教师在学校管理和政策制定中的创造性和积极性，使学术管理和行政管理相互协调、相互支撑、相互促进，共同承担起学校的人才培养、科学研究、服务社会、文化创新与传承的重要职能。

3. 深化校院两级管理体制改革，管理重心下移

各高校要明确学校、职能部门、学院三方两级管理体制，学校是办学主体，职能部门在学校的领导下代表学校对学院进行指导协调、评估监督和咨询服务，学院是组织实施人才培养、科学研究、社会服务和文化传承与创新的基本单位和学科专业建设的责任单位，接受学校的统一领导。各高校要从根本上实现管理重心下移，下放办学自主权，把人、财、物尽可能地下放到学院，在深化校院两级管理改革的过程中，要科学合理地划分学校、学院的职责。在深化管理改革的进程中，要建立和完善目标管理责任制，把学校的总体目标分解到学院。学校要根据学院的办学目标、办学成本和办学绩效配置资源，通过预算方案划拨学院日常经费和其他资源，评估学院（系）的运行情况和目标完成情况。

参考文献

[1] 陈鸿海，吴卫丰. 治理结构理论视阈下的高校校院两级管理改革研究[J]. 教育与职业，2010，(35)：33-35.

学院“三重一大”事项决策流程研究

沈亚平　汪　圣[①]

（南开大学周恩来政府管理学院　中国天津　300071）

摘　要　改革开放后高等学校学院建制改革以来，学院被赋予更为广泛的自主权，如何对“扩权”后学院的权力进行监督和制约，成为高校内部治理中的重要问题。将“三重一大”事项集体决策制度延伸至学院层面，成为对学院权力进行监督与制约的重要路径。严谨、科学的决策流程是学院“三重一大”事项有效决策的重要保障，可以从基本流程和具体流程两个方面，对学院“三重一大”事项的决策流程进行分别阐释。同时，明确“三重一大”事项决策范围，完善“三重一大”事项决策机构体系，完善民主参与决策机制，坚持回避制度和主要负责人末位表态制度，建立健全决策监督机制，是学院“三重一大”事项有效决策的支撑性要素。

关键词　学院；“三重一大”；权力监督；集体决策

一、高等教育综合改革背景下的学院权力监督问题分析

自改革开放后高等学校学院建制改革以来，高校内部治理形成了“校—院”两级管理模式，学院作为办学主体的独立性得到了强化，其获得了在人才培养、科学研究、社会服务，以及学科建设、人事与财务管理、招标采购等方面更大的自主决策空间。这一改革的目的在于，通过权力下放，增强学院发展的自主性，使学院在大学功能履行方面发挥更大的积极性，进而增强其发展活力，释放高等

① 作者简介：沈亚平（1956—　），哲学博士，博士生导师，南开大学周恩来政府学院教授，主要研究方向为公共管理；汪圣（1989—　），南开大学周恩来政府学院博士研究生，研究方向为行政管理。

教育发展潜力，形成较为科学的高等教育内部治理权力结构。同时，对权力的制约是社会发展过程中始终需要面对和回应的问题，学院自主权的扩大同样对权力的监督提出了新的挑战。在高等教育内部治理综合改革的背景下，在学校对学院的管理从过程管理向目标管理模式的转换中，增加了学院权力运行过程中的变量和不确定性因素，从而可能为腐败和专权行为留下可操作的空间，加大了对学院权力监管和腐败问题治理的难度。尤其是在当前的高等教育治理系统中，尚未发育出适应权力结构转型的权力制约系统，使对学院领导者权力的监督和制约更具必要性与紧迫性，学院权力的监督和制约成为高校内部治理中的重要命题。

中共十八大以来，随着反腐工作在高校的深入，“象牙塔”中暴露出来的腐败现象凸显出了高校内部治理与权力运作过程中存在的纰漏。当前高校的腐败问题呈现为一种从校级领导腐败到校级、院级领导腐败共存的苗头和趋势，甚至导致当前部分高校在学院治理方面存在较为严重的现实问题。尤其是近年来，中国人民大学教育学院原执行院长被免职，合肥工业大学继续教育学院院长因收受贿赂而获刑等问题浮出水面，引发了人们对学院权力运行制约与监督的更多思考。高校腐败问题不仅仅可能在校级领导层面上多发，在缺乏有效制约的情境下，学院领导尤其是学院党政“一把手”同样可能发生权力滥用与贪腐行为。从学院事务决策的维度分析，当前学院在决策过程中主要存在的以下问题是导致权力使用失范的重要原因。

（一）领导意志对决策产生干扰

在学院重要事项决策过程中，主要领导往往拥有更多甚至是绝对的话语权，使得决策过程缺少应有的讨论和商议，而是存在“一言堂”“一支笔”等现象，使民主决策制度流于形式，导致个人意志对集体决策规则的侵蚀，使权力制约机制形同虚设。一些领导干部把权力凌驾于知识之上，摒弃民主集中制的决策原则，议而不决、决而不断和个人说了算的现象，都不同程度地存在[1]。通过分析当前学院领导者的腐败问题，可以发现缺少其他领导成员的监督和制约，高校学院主要领导更容易产生擅权与贪腐等行为，这也凸显了当前学院主要领导权力制约的重要性。

（二）决策形式失范

决策形式对于权力制约有着重要意义，对于重要的决策事项，通过会议决策的形式进行集体表决是一种基本原则。但在当前学院重要事项决策过程中，缺乏决策形式的严谨性，如有的领导班子集体采用传阅会签、个别通气、征求意见，碰头会、私下交流等非正式沟通替代会议决策，从而削弱了集体决策应有的严谨性。同时，这种非正式的决策方式往往无法形成明确的责任机制，为决策失误等提供了推脱责任的可能，加大了对决策责任追究的难度。

（三）决策信息公开有限

信息公开是对权力进行监督的重要途径，只有进行全面、及时的信息公开，使决策的利益相关者了解决策进程，才能发挥对权力的制约和监督作用。当前在学院的决策过程中，一些学院缺少对决策依据、过程和结果的公示，决策信息披露不完整、选择性的信息公开等现象突出，使学院师生等重要的利益相关者无法对学院事项的决策进行有效质询、监督，加大了对不当决策问题的治理难度。

（四）决策执行反馈与监督不力

决策的制定并非决策的终点，决策执行中的信息反馈与监督同样是完整决策环节的重要组成部分。对决策执行反馈问题的忽视，无法及时矫正执行偏差或防止决策不当形成的决策执行风险，可能会使决策的执行产生较大的不良影响和损失。而“重决策、轻落实”同样是当前学院院务决策中存在的较为普遍的问题，突出表现为缺乏对落实责任人与完成时间的明确，对决策落实缺乏相应的监督和规范，致使决策在落实过程中打折扣、留余地，从而可能导致决策执行偏离决策的初衷。

二、“三重一大”事项集体决策：学院权力监督的制度路径

应对高等教育综合改革过程中的学院权力监管难题，形成对学院领导者权力的有效监督和制约，是高校内部治理模式转型面临的挑战。“三重一大”事项集体决策制度则为破解学院权力的监管与制约难题提供了一种重要路径，为规范权力运作、预防惩治腐败与保障科学决策提供了重要支撑。“三重一大”事项集体决策制度是党中央提出的旨在加强领导班子建设，落实党的民主集中制，实行科学民主决策，防止党政领导主观、专断，提高各级组织决策水平和执政能力的一项根本性制度[2]。第十四届中央纪委第六次全会公报中首次明确了“三重一大”事项集体决策制度的内涵，要求“认真贯彻民主集中制原则，凡属重大决策、重要干部任免、重大项目安排和大额额度资金的使用，必须经集体讨论做出决定”，从而标志着“三重一大”事项集体决策制度的正式确立。“三重一大”事项集体决策制度立足于腐败问题高发的严峻形势，旨在实现从制度建设层面弥补权力监

管的漏洞，推动决策的民主、科学、规范，实现集体领导、集体决策，形成对权力的有效规范和制约。

在高校治理领域，2006年8月教育部下发的《关于贯彻落实〈建立健全教育、制度、监督并重的惩治和预防腐败体系实施纲要〉的具体意见》、2008年9月中央纪委、教育部和监察部联合发布的《关于加强高等学校反腐倡廉建设的意见》中，都明确提出了“三重一大”事项集体决策制度要求。2011年4月，教育部下发了《关于进一步推进直属高校贯彻落实“三重一大”决策制度的意见》，对教育部直属高等院校“三重一大”事项的决策问题提出更为明确和具体的要求。因此，可以认为在高校层面“三重一大”制度的发展与国家层面的制度发展是同步的[3]。

“三重一大”事项集体决策制度在高校层面的贯彻执行，是对高校领导者权力进行制约的重要举措，是推进高校预防和惩治腐败制度体系建设的重要内容。随着“三重一大”事项集体决策制度在高校的推进，学院层面的“三重一大”事项集体决策也在逐步渗透过程中。“三重一大”事项集体决策制度在学院层面的应用，为决策者权力设置了边界，有助于封堵权力运行监管漏洞，防止权力失控，从而完善学院权力监管链条，提升规范权力运作的制度约束力。同时，集体决策有助于集思广益，拓展和提升信息收集和处理的广度与能力，保障决策信息的准确和完整。因此，“三重一大”事项集体决策制度通过对学院重大问题、重要人事任免、重大项目安排和大额度资金使用等决策事项的规范、约束，有利于在保障学院办学自主权、释放学院发展活力的基础上，实现对权力运行的有效制约。

需要注意的是，虽然“三重一大”事项集体决策制度对于高校学院权力制约与高校内部治理整体有效性的实现有着重要意义，但相关调查研究发现，目前一些高校在“三重一大”事项集体决策制度的执行过程中尚未建立必要的程序，从而降低了制度应有的约束力[4]。如何认知目前学院权力运作与决策过程中存在的问题，建立高等教育综合改革背景下学院“三重一大”事项决策的科学流程，是需要重点解决的问题。

三、学院“三重一大”事项的决策流程分析

决策流程是决策机构在决策过程中遵循的方式、步骤、时限和顺序，完善、严谨的决策流程是科学决策的有力保证。“三重一大”事项集体决策制度在学院层面的延伸，需要以科学的决策流程为基础，才能真正发挥制度的效力，否则将可能因为缺乏可靠的程序保障，使制度无法落地。规范的流程不仅在形式上符合

权力监督和制约的要求，更是在实质上保证权力监督与制约有效性的关键，“没有科学严谨和操作性的程序安排，‘三重一大’事项集体决策规定就不可能得到有效落实”[5]。因此，从学院重要事项的特性出发，优化学院“三重一大”事项决策流程，建构较为完整的决策路径，对于落实学院权力监督与制约具有十分重要的意义。同时，学院“三重一大”事项本身涵盖的内容是复杂的，相关事项的决策流程既有共性的元素，同时也有异质性的属性，因此，笔者尝试一方面分析学院“三重一大”事项决策的共性流程框架，另一方面针对“三重一大”事项的具体要求，进行分门别类的探讨。

（一）学院“三重一大”事项决策的基本流程

1）提出议题。议题的提出是决策前期工作的必要组成部分，在学院的管理实践中，“三重一大”事项议题的来源具有多样性。学院发展过程中符合“三重一大”事项的问题，包括重大问题决策、重要人事任免、重要项目运作和大额资金使用等，均应通过提出议题的方式进入集体决策的议程。

2）确定议题。议题提出后决策集体成员应进行集体讨论，尤其是党政主要负责人要进行充分的沟通，形成对议题的基本意见。对于前期提出的议题形成初步意见后，将符合要求的工作事项确定为“三重一大”事项决策的正式议题，并着手开展正式决策前的准备工作。

3）酝酿准备。集体决策前，充分的酝酿准备工作是保障科学决策的重要前提。在决策议题确定后，要通过广泛地征询意见等途径，进行调查研究、信息收集等工作，获取决策的支撑性资料。对于专业性问题，要征求相关专家的意见，对决策事项的科学性进行论证。在这一过程中，参与决策的领导集体成员可以通过中心组学习或其他形式进行前期的意见交换，形成初步一致性意见或提出初步方案。在决策会议正式开始前，应将相关材料送达决策成员和其他与会人员手中，保证与会人员能够对相应议题有充分的了解和掌握。

4）会议决策。在经过前期较为充分的酝酿准备后，由参与决策的领导集体成员进行会议表决。决策会议的主持人根据决策事项的属性而定，一般涉及学院重大问题决策或党务工作的事项，由学院党委负责人主持，涉及学院行政管理工作的决策会议，则由行政主要负责人主持，学术事务由学院学术委员会主任主持。参与决策会议的成员数量应符合相应的要求，一般至少需要 2/3 以上的成员到场，未达到相应要求的，应暂停决策。会议应采用投票表决的方式，遵循少数服从多数的原则，形成关于决策议题的决议。对于意见分歧较大的决策事项，或在部分重大情况尚不清楚的情况下，应该暂缓决策，在进行后期的论证和沟通后，再启动决策程序。另外，相关师生代表可以列席会议，列席人员不参与表决，但可以发表意见。

5）决策的公开、公示。决策的公开、公示是学院“三重一大”事项决策过程中的重要环节。在决策会议形成决策意见后，对决策依据、过程与结果进行公示，并开通意见反馈通道，接受和听取相应的质询、意见与建议。对于决策公示环节师生反映的重要问题或不同意见，需对决议进行慎重的检查和审核处理，必要时需进行重新论证。

6）决议通过、执行和监督。公示期满无异议后，对于决策的决议进行正式审核通过，并将决策的执行责任进行分解，按照相应的职责分工进行决议的落实。另外，要做好决策执行的监督工作，对决策过程中出现的偏差进行及时纠正，对于落实不力等问题进行相应的责任追究。同时，做好决策执行中的信息反馈，对于决策本身存在的问题进行调整。

（二）学院“三重一大”事项决策流程的分类探讨

1. 重大问题决策流程

学院重大问题主要指关系到学院发展、改革和稳定的重要事项，涉及党政管理、教学、科研等多个方面，其决策流程主要包括以下几个方面。

1）议题的提出。学院重大问题的议题来源包括学校部署的重要工作、学院发展中需要回应和解决的重要问题，以及学院领导班子认为应当集体研究决定的其他重大事项等。这些关系学院发展的重要问题，通过工作安排、领导成员提议等方式，作为议题被提出。

2）确定议题。领导集体对于符合要求的提议和工作事项进行确认，形成初步意见，从而将其确定为正式议题，并做好调研论证的准备工作。

3）调研论证。在学院重大问题的调研论证环节，要充分听取学院教师、行政管理人员和学生的意见，开展广泛的讨论，并对专业问题进行专家论证，进行充分的酝酿和准备，从而为决策活动提供信息基础。

4）会议决策。召开重大问题决策会议，决策成员在进行充分的沟通和意见交换后，通过民主表决的方式产生决议结果。

5）结果公开。对于非保密事项，将决策的依据、过程和结果进行公开，并接受相应的质询。

6）落实反馈。公示期满无异议后，做好决策的落实工作，并进行监督、反馈、调整，见图 1。

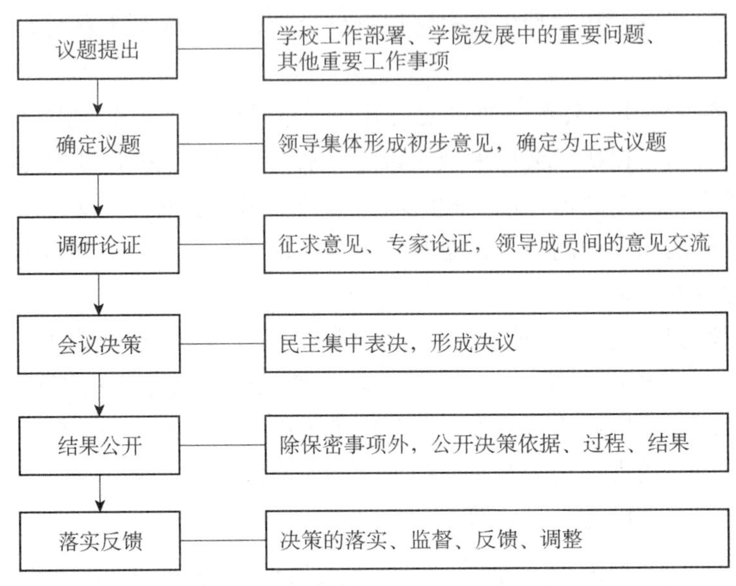

图 1　学院重大问题决策流程图

2. 重要人事任免决策流程

学院重要人事任免一般指学院科级以上干部，包括党政管理、业务骨干人员和内设机构负责人的任免，其决策流程主要包括以下几个方面。

1）民主推荐。民主推荐是学院重要人事任免的第一步，主要通过组织推荐、个人推荐、投票推荐等方式，产生考察对象的初步人选。

2）确定考察对象。学院党委在民主推荐的基础上，召开党政联席会议对民主推荐的人选进行初步研究，确定考察对象。

3）组织考察。由学院人事、组织、纪律检查等部门组成联合考察组，对考察对象通过民主评议、查阅档案等方式进行德、能、勤、绩、廉的综合全面考察，形成对考察对象的考察结论。

4）会议决定。在前期考察结论的基础上，通过党政联席会议进行投票表决，形成人事任命的拟定人选。

5）拟定人选公示。公布任免拟定人选名单，接受相应的质询和评议。

6）干部试用。公示期满无异议后，进行干部试用，试用期一般为一年，期满后对考核对象进行试用期任职考核，对于考核合格者进行正式任命，对不合格者免去职务，见图 2。

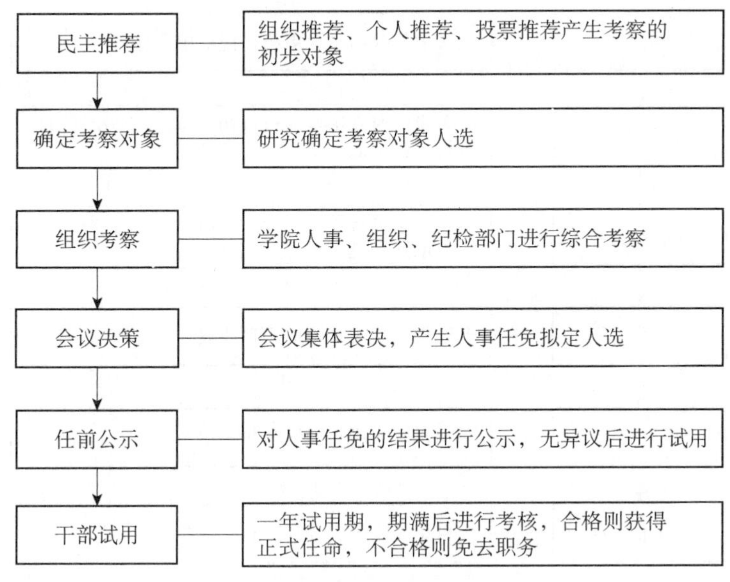

图 2　学院重要人事任免决策流程图

3. 重大项目安排的决策程序

学院重大项目主要指对学院发展具有重要影响和作用的各类建设项目和大型活动的安排，其决策流程主要包括以下几个方面。

1）立项申请。由学院内项目单位提出项目申请，并提供相应的申请材料，对项目的立项缘由、计划方案等进行详细说明。

2）初步审查。领导集体对立项申请的项目价值与可行性等进行初步审查、讨论，对于通过初步审查的项目，将进行进一步的组织论证。

3）组织论证。通过组织专家论证的方式，对项目的风险、价值、可行性进行详细评估和论证，形成专家意见，作为会议决策的重要参考。

4）会议决策。在前期项目论证的基础上，参考专家论证意见，召开决策会议，对项目进行集体决策，形成会议决议。

5）项目公示。对项目审批过程、依据和结论进行公示，并接受相应的质询和评议。

6）项目审批、执行。在项目公示期满无异议后，进行项目的正式审批，并做好项目的执行、监督等后期工作，见图 3。

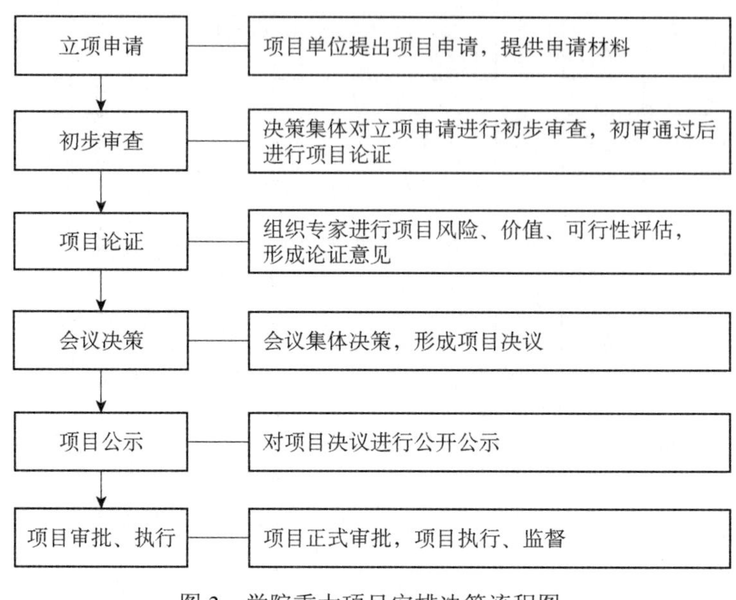

图 3　学院重大项目安排决策流程图

4. 大额资金使用的决策程序

学院大额资金使用主要涉及学院内一定数额以上资金的使用，其决策流程主要包括以下几个方面。

1）提出申请。由使用资金的系或部门提出资金使用书面申请，并对资金使用的原因、数额进行详细说明。

2）初步审核。领导集体对资金使用申请进行初步审核，经集体讨论初审通过后，将其确定为正式议题，进入调研论证环节。

3）调研论证。对通过初步审查的资金使用申请进行进一步的调研，对资金使用项目、金额等进行详细的论证和测算，为集体决策提供翔实的数据和信息支撑。

4）集体决策。根据调研论证结果，对资金使用申请进行集体决策，确定对大额资金使用申请的意见和具体资金拨付额度。

5）公开公示。对大额资金使用申请决议的依据和结果进行公开，接受相关的质询和评议。

6）资金拨付、监督。在公示期满无异议后，进行资金的拨付工作，并对资金使用情况进行全程监督，见图 4。

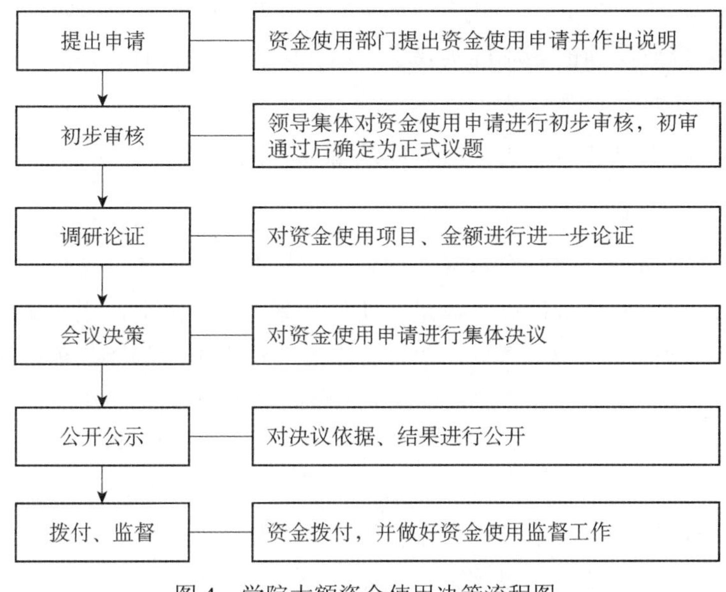

图4　学院大额资金使用决策流程图

四、对完善学院“三重一大”事项决策的进一步思考

“三重一大”事项集体决策制度在学院层面的应用，是一个不断深入和完善的过程。科学的决策流程设计是保障“三重一大”事项集体决策制度有效性的重要条件，同时这种有效性的发挥需要相应的要素支撑。明确“三重一大”事项决策范围，完善“三重一大”事项决策机构体系，完善决策民主参与机制，坚持回避制度和主要负责人末位表态制度，建立健全决策监督机制等，是保障学院“三重一大”事项决策规范化的重要条件。

（一）明确“三重一大”事项决策范围

在学院的管理实践中，需要应对繁多的决策事项，结合学院工作实际，对于什么是重大决策问题、什么是重要人事任免、什么是重大项目、什么是大额资金使用等进行科学、明确的界定，可以为学院“三重一大”事项的决策提供可操作性的依据。在“三重一大”事项界定方面，要注重原则性与权变性的统一，在原则性事务上严格把关，确保重要问题一律通过民主集体决策的方式进行决议，也需要认识到不同学院间“三重一大”事项界定的差异性，允许不同学院在一定的原则框架内“因院制宜”地进行调整，避免一刀切。典型的问题如在学院大额资金的界定上，不同学院在运行过程中存在较大的差异性，需要结合学院工作实际，确定相应的标准。同时，“三重一大”事项的范围要随着学院的发展和政策的变动进行调整，以适应新的客观现实要求，在保障权力监督有效性的同时，提升决策的效率和科学性。

（二）完善“三重一大”事项决策机构体系

党政联席会议是学院“三重一大”事项的主要决策机构，但“三重一大”事项的复杂性和异质性，需要由具备专业分工的机构进行分类决策。在实践中存在的所有事项均由学院党政联席会议进行决策的现象，可能会产生决策行政化倾向严重、决策科学性受到影响等问题[6]。因此，需要完善学院“三重一大”事项的决策组织配套建设，形成完善的决策机构体系，形成不同决策机构间清晰明确的事权边界和分工。完善的学院“三重一大”事项决策机构体系，主要包括以下几个方面。

1）学院党政联席会议。党政联席会议是学院“三重一大”事项的最高决策机构，其出席人员主要有学院院长、党委书记、副院长、党委副书记，主要负责对学校重要工作的贯彻落实，学院长期发展规划、学院年度预算方案、学院内部机构的设置与人员调整等关系学院发展与稳定的重要事项进行决策，从而实现对学院工作的全面领导。

2）学院党委会。学院党委会由学院党委全体委员组成，其主要职责涉及学习、宣传、执行党的路线方针政策及学校党委的重要决策、决定和指示，讨论决定学院党组织建设的重要问题，研究讨论党支部的设置及支部书记任免，党员干部的教育、管理工作，学院领导班子和干部队伍建设、思想宣传、党员发展等党务工作。

3）院长办公会。院长办公会参会成员一般为学院正、副院长，根据会议内容可邀请学院党委书记或副书记参加。院长办公会的会务组织工作，由学院办公室负责。院长办公会主要对学院师资队伍建设、国际交流与合作、人事财务管理、纪律奖惩等行政管理工作中的重要事项进行决策。

4）学院学术委员会。学院学术委员会一般也称为教授委员会，其成员主要由学院具备教授职称的教师组成。学院学术委员会一般设主任 1 名、副主任若干名，其主要职能是根据学校学术委员会和学院党政联席会议的授权，对学院科研成果评定、教师职称评定、学科建设与专业设置、人才培养方案制订等重要学术事务行使决策权、审议权、评定权和咨询权。

（三）完善决策民主参与机制

“三重一大”事项的决策过程不应仅仅是决策集体成员间进行商议和作出决

定的过程，在学院层面，教学科研人员、行政管理人员、学生均是“三重一大”事项决策的内部利益相关者。现代高等教育治理的多元主体参与理念，要求学院师生等利益相关者在与自己利益密切相关的问题决策上进行参与并进行观点表达，以产生有效的影响[7]。在传统决策模式下，封闭的决策过程使学院师生与领导集体产生疏离感，对决策结果的认同感有限，这对于决策的有效落实将产生阻力。因此，在学院“三重一大”事项的决策过程中，要进行广泛的民主意见测评和调研，为师生参与学院重要事项的决策过程提供有效通道。另外，可以通过召开“三重一大”事项座谈会、听证会或邀请部分师生代表列席决策会议并发表意见等方式，充分听取学院师生的意见，以为决策提供信息支持，并为决策的有效执行奠定基础。

（四）建立回避制度与主要负责人末位表态制度

“三重一大”事项对于学院发展有着重要影响，在相关事项的集体决策过程中，当涉及领导集体成员本人或其亲属利害关系，或其他可能影响公正决策的情形时，参与决策或列席人员应当回避，以保证决策结果的客观性、公正性[8]。同时，要建立主要负责人末位表态制度。在学院“三重一大”事项的决策过程中，根据不同的决策事项，党政主要负责人、学术委员会主任等分别作为决策会议主持人，应当最终综合其他决策集体成员的意见，进行总结性发言。其目的在于防止主要负责人观点影响其他决策集体成员意见的表达，保障决策集体成员独立发表意见，保障集体决策制度更为有效地实施，从而充分发挥民主决策的作用，防止决策权力向个人集中。

（五）建立健全决策监督机制

1）完善院务公开制度。院务公开是加强反腐倡廉，防止权力使用不当的重要举措，在学院“三重一大”事项集体决策制度的推进过程中扮演着不可或缺的角色。只有将重要事项的决策依据、过程、结果进行公开公示，接受来自各方的质询和监督，才能有效压缩权力不当利用的空间，保障学院师生的知情权、监督权。因此，应以公开为原则，不公开为例外，依照《高等学校信息公开办法》（教育部令第 29 号）的相关规定，除保密事项外，凡涉及学院“三重一大”事项的决议，均应通过各种方式进行有效公开，以保证决策过程与结果的透明化。

2）建立绩效评估制度。作出决策决议并非意味着决策活动的完结，对决策进行进一步的评估是对决策科学性的检验，同时也有助于及时发现决策履行过程中和决策本身存在的问题，从而及时纠正存在的偏差以减少损失。建构完善的决策评估指标体系，对决策完成进度进行全程的跟踪评价，并对最终的决策绩效进行有效评定，能够保证学院“三重一大”事项决策的科学性、严谨性，是激励和督促科学决策的重要制度设计。

3）建立责任追究制度。“三重一大”事项集体决策制度重在实现决策责任的可追溯性，以在决策绩效评估的基础上，落实相应的责任追究工作。因此，要建立决策责任追究制度，涵盖实施责任追究的主体、提起、时间、形式、程序等多项内容，以及区分集体责任、个人责任及直接领导责任和主要领导责任的标准，对于违反集体决策原则而个人作出决定、主要负责人先发表结论性意见的、擅自改变集体决定的责任人进行责任追究。要完善会议记录工作，在“三重一大”事项民主决策后，严格履行提议人、表决结果、参与表决人员签字手续，并存档备案，使责任追究工作有据可查。同时，对决策的落实责任进行分解，明确落实责任人和完成时间，从而督促决策集体成员更为谨慎地对待决策过程和执行工作，实现决策权力和决策责任的统一。

参考文献

[1] 庄德水. 高校“三重一大”制度的生成逻辑、内在规范和实施机制[J]. 教育与教学研究，2011，(8)：51-55.

[2] 史富泉. 如何保障“三重一大”制度在高校的有效实施[J]. 教育理论与实践，2009，(2)：27-29.

[3] 李欣元. 如何建立和完善“三重一大”决策机制[J]. 交通运输部管理干部学院学报，2010，(2)：12-15.

[4] 夏拥军，尤树林，章法洪. 高校二级学院落实“三重一大”集体决策制度的实践与思考[J]. 中国农业教育，2015，(3)：78-81.

[5] 史晓宇，诸芳. 大学内部治理的权责探析[J]. 黑龙江高教研究，2014，(11)：50-53.

[6] 林健铭. 浅谈高职院校在贯彻执行“三重一大”集体决策制度中存在的问题与对策——以广西为例[J]. 传承，2014，(12)：54-55.

[7] 乐国旺，彭靖. “三重一大”集体决策制度是提高企业科学决策水平的关键举措[J]. 江西行政学院学报，2014，(2)：37-39.

[8] 李鸿渊. 用“三重一大”制度规范党委决策[N]. 学习时报，2015-07-23，第3版.

美国研究型大学的学院治理模式

李立国　张　翼[①]

（中国人民大学教育学院　中国北京　100875）

摘　要　学院治理是高校治理的重要方面。美国研究型大学在学院的治理方面一直是高等教育领域的典范，引领着世界高等教育的潮流。本文分析了其学院治理的行政结构与学术结构，讨论了学院治理内部的权力分配，院长、副院长、系主任的领导角色和职责及教授委员会等组织的运行，总结了美国研究型大学学院治理的具体模式和治理理念。

关键词　学院治理；行政权力；学术权力；治理模式

美国作为世界高等教育最发达的国家，其研究型大学的治理有其独特性。目前，美国研究型大学形成了清晰的校、院、系三级权力结构，校、院、系三级在学校事务中都有各自的权力重点和范围，学院作为三级权力结构的中间一环，形成了一个强有力又富有自主性的学院权力层级，在美国研究型大学的治理中尤为重要。学院作为大学组织机构的基础单元，是大学学科发展、教师管理和学生管理的载体，学院管理着专业课程的设置与改革、教学人员的人事问题、本科生入学标准及第一级专业学位的授予等。其治理模式和结构对于大学的发展起着至关重要的作用，学院治理的好坏也直接关系到大学的发展。

不同于管理，治理主要指的是分配所有权和控制权，界定责任、权力和利益，确定组织目标，实现有效监督等，可以说治理是一种协调基础上的战略管理。具

① 作者简介：李立国（1970—　），中国人民大学教育学院副院长，教授，主要研究方向为高等教育理论与管理，教育思想史；张翼（1987—　），中国人民大学教育学院硕士研究生，主要研究方向为教育行政管理。

体到本文的研究对象——美国研究型大学，大学治理是一个不同于大学管理或大学行政的概念，其强调的是各利益相关者之间的博弈和互动。在大学层面，包括董事会、校长、教授、学生、行政人员等各方的角力。而在学院治理层面，则是更为具体的学院里的各利益相关者的博弈和互动，主要涉及院长、系主任、学院教授会等在学院决策过程中所起到的作用和影响，以及学院权力在各方的分配和彼此博弈等。

一、美国研究型大学学院治理的行政体系

美国研究型大学学院的行政管理体系主要是以院长为首，包括副院长、系主任及其他相关管理人员。副院长可能有多名，分别负责学院的不同事务。院长的任命因学校而异，有的是由校长经董事会批准后直接任命，有的则是由教师选举产生。一般而言，院长、副院长还会配有助理，一些规模较大的文理学院院长的助理可能会有多名（学院的行政系统结构如图 1 所示）。以加利福尼亚大学伯克利分校为例，其文理学院的领导团队除院长和执行副院长以外，还包括来自下属 4 个学部的主任各 1 名，以及负责对外关系的副院长和负责财务管理的院长助理，共 8 名成员。而作为专业学院的自然资源学院的领导成员则更为精简，包括院长、执行副院长、学术副院长、教学副院长及学院关系副院长，共 5 名成员。

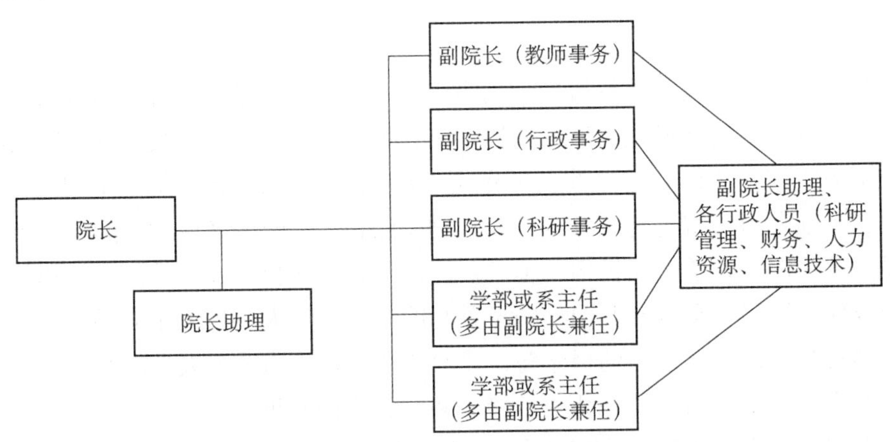

图 1　美国研究型大学学院的行政结构

（一）院长的职责与角色定位

院长作为学院管理者这一职位，是一直到 19 世纪才在美国高校出现的，并在随后获得了很大发展。“在南北战争前，美国绝大多数高校都依赖校长、一名

出纳和一名图书管理员来履行行政职责。”院长一职是伴随着高等教育的发展而出现的，19 世纪美国社会经济的迅猛发展，高校招生人数成倍增长，管理难度的增加，以及教师需要从管理工作中解脱出来的需要，使院长这一管理角色在大学里出现了。教育学家古尔德认为，“院长角色产生于校长需要一个人来帮助他减轻其档案和日常事务的压力”[1]。1816 年，哈佛大学在医学院任命了第一任院长，在之后的 30 年间，哈佛大学和其他大学陆续在法学、神学、文科和理科领域增设了院长，到 1913 年院长一职普遍建立[2]。院长既要负责学院的行政工作，也要管理学术工作，其最大的使命是“维系学术共同体和人的价值”[3]，随着时代的发展，院长的职责也越来越复杂，其工作外延不断拓展。

美国研究型大学对于院长的遴选有着一套非常严格的规范和程序。美国的各大高校都根据章程规定，制定了一套规范的院长遴选制度，大部分高校是通过面向全社会公开选拔之后，由校长进行任命。同时，大学对于院长的任职资格也有明确规定，例如，伊利诺伊州立大学的董事会章程里甚至对有资格获得院长任命的候选人的资格做了详细规定：从本学院选举出来的候选人需要是拥有终身教职的教授，并且在本学院里的学术成就排名靠前；从校外选拔出来的候选人也需要拥有教授职称，并且有相应的学术成就材料证明[1]。由此可见，美国研究型大学院长的任命在每个环节都有着严格的规定，在评选过程中，力求做到严格、透明，院长可以从本院、全校甚至是全国进行公开选拔，选拔后由校长或者主管教务的副校长负责任命，校长还有权力罢免院长的职务。如此严格的规定，也体现了院长在美国研究型大学中的重要性，以及其在学院治理中的突出地位。

另外，院长的职责也是不断变化的。对于院长的职责到底包括哪些方面，很难进行简单的概括，20 世纪初，在美国大学的院长职责就已经较为复杂了，哥伦比亚学院院长豪克斯（Herbert Hawkes）在 20 世纪 30 年代说：“根本就不存在一个标准的院长，只有这所或那所学院的院长，我从来没有看到过两位院长可以交换岗位而保持职责不变的现象。”[4]确实，自院长这一职位诞生以来，其职责就是变动的，所管理的职责越来越多，根据大学的不同规模、不同类型，校长的不同管理方式，以及学院的不同定位，院长的角色和职责也会有所差别[5]。

从 20 世纪上半叶到 20 世纪 90 年代，院长的角色经历了从只关注学生事务，到主要关注学生和课程，再到关注课程和教师，最后到多层面、全方位的管理者的转变。院长要负责鼓励好的教学、代表学院、参与财政计划和预算，建立和维持好学院的工作环境，给予指导，招聘优秀教师等，甚至在一些大型的学院，院长还需要承担一些具有市场取向的职责，例如，寻求新的学生市场，寻求连接学术兴趣与工商利益的机会等。笔者比对了伊利诺伊州立大学[6]、约克大学[4]及马里兰大学[7]对于院长职责的描述，见表 1。

表 1　伊利诺伊州立大学、约克大学、马里兰大学院长职责规定

伊利诺伊州立大学	约克大学	马里兰大学
1）协调制定和实施学院的愿景和目标； 2）制定学院预算；管理学院财务； 3）领导和协调学院战略规划和课程的制定； 4）监督、评价和支持全院争取教学优异、提升学术创新力，以及开展校内服务； 5）领导学院管理者的选拔程序，监督教师和职员的选聘和留任，协调学院管理者和职员的专业发展； 6）在咨询学院教师和职员后，对学院管理者和职员进行评价，评价系主任和院各部门主任； 7）评价各系的政策和程序，就教师的聘任、工资、留任、终身聘用和晋升提出推荐意见； 8）对各系教学、研究和服务职责进行评价； 9）就大学的政策和程序的实施向教务长提出建议； 10）管理学院的非教师成员； 11）开发、领导和鼓励筹款以支持学院、系和专业项目目标的实现，推进校外拓展和公共服务工作	1）制定长远的学院目标，制订学术发展计划，协调学科的检查，指导课程发展； 2）培训本学院教师，计划和执行继续教育项目，提供充分的信息渠道使得本学院的教授了解学院的计划、活动； 3）观察、监督和评估战略实施情况，为战略实施提出策略措施和建设性意见； 4）拟订学院预算，管理学院预算，起草年度报告，监督资源分配，促进规划全面实施，筹集项目资金； 5）与系主任沟通学院需要，与上级领导加强联系，与外部群体协调各种活动，处理学院公文函件和信息咨询，开创和维持与外部机构及部门的交流与合作； 6）督促和协调招聘与遴选过程，减少、解决和防止教职员工之间的矛盾，协调其他的人事行为； 7）规划学院公共关系和学生招生，执行学校大范围的招生政策； 8）监督和评估学院办公室人员和技术人员，确保学院有关信息数据及时报送学校备案，处理各种办公文件、审批	1）作为学院的主要负责人，有义务贯彻并执行学院及学校的政策和规章制度； 2）制定学术标准，推进科研、学术及教学活动，营造为师生服务的良好环境； 3）在大学管理和与社区的联系中作为主要的代表和倡导人； 4）对学院的预算、学术和管理负有最终责任； 5）按照大学章程推荐并任命系主任及终身教授，评定学术及管理非终身教职员工； 6）在学院内推进各种肯定的行动政策； 7）负责维持学院内部学生的建议系统及确保学生完成学业并获得学位； 8）按照组织章程，作为学院评议会一员，有建议权、无投票权，寻求委员的建议及赞同； 9）主持管理委员会并获取相应事务的建议； 10）加强组织章程的执行； 11）经过学院委员会许可成立专门的委员会； 12）每年向学院委员会汇报学院的情况等

尽管 3 所大学在院长职责的表述上有所不同，但是我们可以看出其基本内涵是一样的，在美国研究型大学的学院治理当中，院长无疑是核心的领导者，院长的权力也是很大的，其管理内容涉及学院的行政、财务、课程、教学、教师聘任等多方面，院长所扮演的角色也是多元化的。总结起来，在美国研究型大学当中，院长主要承担着以下多种角色。

1. 首席行政负责人

美国大学院长享有一定的自主权，负责学院的行政工作，通常包括人事、专业、预算、设备、学生事务等内容。

2. 首席学术管理人

院长是学院里学术理念、学术标准和学术项目的护卫人，院长要尽力确保学院的学术水平、学科专业结构和提供的课程能有效满足社会需求和时代变化，在顺应社会发展与尊重学术传统之间保持平衡。

3. 首席发言人

院长担负着在学院内外进行信息沟通、信息传递的角色。对内要善于进行组织发展方面的宣讲，例如，向师生介绍学院的历史、使命与发展目标，对外要善于与新闻媒体打交道，努力树立学院良好的公众形象。在学校、学院的一些大型活动当中，院长经常要代表学院作为主持人或出席嘉宾，也是校级会议和活动的学院首席代表。

4. 公正的裁判员

美国高校的多元化色彩非常浓厚，来自不同国家、不同种族的教职工和学生在价值观、文化背景、宗教信仰等方面都有着明显的差异，因此，难免会出现一些摩擦与冲突。当教职工或学生遇到摩擦或冲突时，会向校内的审查机构寻求帮助，而审查机构则会把意见建议反馈给院长，这就要求院长要熟悉问题处理的机制，要能很好地与审查团体进行沟通和交流，核查事实，判别是非，并决定如何处理。

5. 加油队长

良好的氛围对一所学院的发展非常重要，院长作为学院的基石，直接影响着学院教职工对学院的信心与士气。因此，院长要尽可能保持积极乐观的态度，勇于面对学院发展中遇到的困难，并以积极的心态去解决，以此带动学院教职工不断努力。

6.应对困难的导师

院长还扮演着帮助教师应对各种困难或错误的指导者的角色。当教师遇到困难或犯错的时候，院长要站出来为教师提供帮助与指导，促进教师的健康发展与专业成长。

由此可见，美国高校院长身上担负的职责较多且扮演着多重角色。这些角色既有行政事务方面的又有学术事务方面的，所以在学院治理当中，院长是一个多元化的职位，已经不是纯粹的学术人员或者行政人员了。

（二）副院长的职责与角色定位

随着社会分工的细化，大学内部环境的日渐复杂，教师和学生的增多，以及学院规模和功能的扩大，学院的事务和管理变得更加复杂，仅仅只有院长作为学院事务的管理者已经显得捉襟见肘，因而副院长这一职务也就出现了，其产生主要是为了分担院长所需要管理的日益繁重的事务。正如上一节所分析的，在较大的学术单位中，学院事务非常庞杂，院长要承担众多的领导责任。面对如此烦琐而复杂的工作，院长一个人很难应付，通常会有一个或更多的助手或副职来承担上述职责中的一部分，使院长能够专注于一些最为关键和优先的事务。

在美国研究型大学当中，副院长职务日益呈现出专业化倾向。20 世纪 90 年代之前，副院长通常是从现有教师中选举产生去完成为期 3 年的“责任期”（tour of duty）[8]。但是，从 20 世纪 90 年代起，副院长的任命产生了很大变化：开始出现由资深学术型教师担任副院长向行政管理专业人才担任副院长的转变。特别是一些 20 世纪 90 年代后新成立的大学向外界刊登广告招聘资深的学术管理者担任副院长，即由专门的行政管理人才担任学院的副院长。

副院长的角色更像是一个协助者和执行者，职责是相对不确定的。副院长的管理权是通过院长授权，由副院长具体实施的。副院长管辖的事务一般包括教师和科研、教学项目和课堂质量、教师工作量和考核、招生或对外宣传等[9]。副院长的职责是由院长授权，所以尽管上述有些活动是副院长的职责，但也可能授权委托给专业教师去做。

（三）系主任的职责与角色定位

系是大学最基本的组织，随着大学规模的扩大，其组织结构和日常管理活动也日趋复杂，系这一最小组织单元的管理工作就显得尤为重要。有学者指出，在美国研究型大学当中，有 80%的决定都是由学系作出的[10]，因而系主任就成了学院治理当中不可或缺的一个角色。

系主任的选拔主要有 3 种方式：一是由系里成员选举产生；二是院长在咨询学院终身教职教师后直接任命系主任；三是由系里向学院提供推荐名单，再由学院教师经会议讨论通过后任命。在美国的一些大学里，系主任是由学院里获得终身教职的教授轮流担任。担任系主任，并不是一件轻松的事，需要有管理能力，还需要有较强的个人魅力，因为系主任既是校、院、系三级管理结构中的管理者之一，但同时又是系里的教师，其管理的基础来源于系里同事的支持。一般而言，系主任由在某一学科领域具备一定成就又在学院里站稳脚跟的教授担任[11]。

系主任是系的领导者，其在治理中所起到的作用对于学院乃至整个大学的发展都会产生重大的影响，尽管系主任的决策往往还需要上级的复审，但是系主任在教师任命、课程和教学等事务中具有很强的控制权。美国学者 Tucker 认为，“如果一所著名大学的管理阶层吸纳了无能的系主任，那么这所大学将很难生存下去；相反，一个平凡的大学管理组织，如果有卓越的系主任们的支持帮助，通常可以生存下来”[12]。系主任在学院当中扮演的角色，大致可以总结为以下几个方面。

1. 系主任是学术力量的引领者

系主任需要衡量学系教师价值观与学校行政要求之间微妙的关系，把握专业的研究方向，成为两者之间重要的纽带。另外，系主任作为学术的开发者，还需要严格把关新教师的招聘，鼓舞教师士气，提高教师的教学质量和科研产出。

2. 系主任是内外兼通的管理者

系主任的一项重要管理职责是制定本系的长远发展战略规划。作为系里的领导者，系主任往往需要具有敏锐的学科嗅觉和前瞻性，通过制定本专业的长远发展规划，从而为教师更替、完善或开设新的项目、制订课程计划及组织其他活动提供标准和指南[13]。系主任的另一项重大任务则是需要掌管预算编制和经费管理。在美国研究型大学中，系主任在财务方面的管理权限差异比较大，主要取决于学科及系的规模。有的系主任可能只负责财务管理中关于本系的办公用品的预算和开支；而有的系主任则可能在财务方面享有较大的管理权限，他们负责制定购置贵重仪器和设备的预算，并具体采购；还管理本系编外人员的预算方案，如专门的雇佣技术人员和特聘教师[14]。而对外，系主任还要主动承担起筹措研究经费的职责，由于财政紧缩，美国高校的办学经费严重缩水，特别是一些公立大学，来自于联邦政府和州政府的资助和拨款连年削减，为了争取更多的科研项目，促进系里良好的科研产出，系主任也必须承担起筹措资金的重任。

3. 系主任是师生的服务者

系主任的管理权力来源于同僚的尊重、支持与配合。在大学这样一个研究高深学问之所，系主任要想顺利开展工作、得到教师的推崇和尊重，不但需要具备突出的教学和研究能力、兢兢业业的工作态度，还要拥有乐于助人、任劳任怨的奉献精神，系主任由于经常与教师和学生打交道，所以需要具备很强的个人魅力和感染力、耐心和亲和力，成为师生能够依靠和信任的服务者。

二、美国研究型大学学院治理的学术体系

研究型大学的各个学院最主要的工作是进行教学和研究，因此除了上述的行政管理体系之外，在学院中还存在着学术管理体系，二者共同享有学院的治理责任，并互相渗透，形成了学院一级的二元权力结构。学术体系主要包括学院教授委员会和由教师、学生代表共同组成的各种具体事务委员会。这些机构不定期地

开会听取学院委员会或院长的报告，通过集体协商、投票，就有关学术问题进行决策或者向院长提出咨询意见[15]。

（一）学院教授会

学院教授会是大学学术评议会在学院层面的延伸，具体承担学院治理中学术事务的责任。教授委员会是学院学术力量的代表，教授通过教授委员会行使学术权力，不定期地举行会议讨论和制定学术方面的政策，给院长提出建议和意见，以及监督学院的财务状况等。

在学院教授会的构成当中，最重要的职务当然是教授会主席，同时有的学院还会设置副主席，以便在主席临时缺席时代行职务。学院教授会的主席一般由教师选举产生，但主席不能是学院的院长或者执行副院长，因为他们是行政体系内的职员，这也体现了美国研究型大学在学院治理当中分权制衡的思想。但是，学院院长是教授委员会的成员之一，也具备投票权。除了教授会主席，一般还会设置教授会秘书长等职务，在学院教授会之下会设置执行委员会作为常设机构代表其行使权力。

纵观美国的高等学府，教授委员会主要有以下两种类型：第一种是“纯粹型”（pure）评议会，其成员完全由教师组成，可能是学院内部的全体学术人员，也可能仅限于某些职位以上的教师；另一种则被称为“混合型”（mixed）评议会，大学和学院的管理者是学院评议会的当然成员，尤其是高级管理者，还包括来自学院的学生代表和行政人员代表等[16]。例如，哈佛大学文理学院的教授会就是比较偏纯粹型的教授会，哈佛大学的文理学院教授会只由教师代表组成，教授委员会成员由教师选举产生，哈佛文理学院现任的教授委员会成员共 19 名，成员来自哈佛学院、文理研究生院及工程和应用科学学院等 3 个单位，其中 2/3 为拥有终身教职的教授[17, 18]。与哈佛大学不同，加利福尼亚大学伯克利分校的文理学院教授会则是混合型的教授会，校长、教务长都是学院教授会的当然成员，除此之外，还包括所属各学部的所有教师。当召开会议时，规定该学院中每个提供课程的系都要指定至少 1 名代表参加会议，但是明确规定工作不足两年的教师没有投票的权利。文理学院的教授会的常设机构是执行委员会，具体负责监督文理学院的教学和科研事务，评估各系的主修和辅修项目，执行委员会成员由文理学院院长和来自不同系别的 7 名教授组成。

相比学校的学术委员会，美国研究型大学中学院教授会的权力显得更为集中和突出，因为学院和系是承担学术工作的实体，越往基层，事务越集中，教授委员会的权限也随之更大。美国高校的学院教授会主要负责本院的学术事务，学院教授会的运行有着严格的组织制度规定，包括每次会议的参与人数、投票原则等都有着详细的规定，这也为教授会的良好运行提供了组织保障。有的学院的教授会运行是全体教师参与，实行一人一票制，采用集体决策的方式来组建教授会，而有的学院规模比较大，教师人数众多，则会采用代议制，从各个系、科、学部选举代表参加教授会进行决策。从职责方面来看，学院教授会的权力也是很大的，几乎所有与学术相关的事务都由教授委员会负责决定。其首要的职责是对学院学术事务的决策，其决策权涵盖了学院的学术政策、规划学科建设和发展、教师聘用、考核与晋升、本科生和研究生教学、课程设置、学位事项和任命下属委员会等。虽然不同高校、不同学院的教授委员会在决策权限范围上有所不同，但是我们可以看到，学院内部的学术权力是学院治理当中一股非常强大的力量。其次，教授委员会的第二个职责就是利益表达，教授委员会为学院的教员提供了一个表达自身利益诉求的渠道。这种功能在整合教师利益需求，疏通“民意”，维护学院内部团结上，起到了巨大的作用。因为在教授委员会的会议上，代表可以自由发表观点，会议的所有议题都有讨论环节，向参会的成员自由开放，尽管向全院教师表达不同意见，需要一定的勇气，但在美国大学的学院教授委员会中，演讲、游说、辩论的情形并不少见。教师只要找到一定数量的愿意支持自己见解的代表，就能够提交议案供会议讨论，如果在讨论中成功说服了多数代表，则很可能通过投票形成决议，即使没有形成决议，也能让学院领导层看到不同的观点和呼声，对一些问题加以重视。另外，一些较大规模的学院，如文理学院的教授会就常有学校的高级行政官员到访和讲话，他们的讲话一般是有特定的主题和目的，会说明学校近期的相关政策或者是寻求某种支持，在行政官员发言之后，教师代表可以随意提问，表明自己的意见和看法，进行有效的对话。通过这一过程，教师能够有效表达需求，而行政官员能够就要采取的政策或行动事先了解民情，防止决策失误或引起反感。这样的对话，便畅通了教师与学校、学院行政之间的利益表达通道，其效果不容忽视。

（二）其他各类委员会

在学院治理的学术系统里，在学院的教授委员会之下，往往还会设立诸多具体的委员会来管理和执行具体事务。各委员会的委员一般由教师选举产生，有的则是由院长直接任命，各委员会对全体教师负责。表 2 列出了哈佛大学文理学院、加利福尼亚大学伯克利分校文理学院、印第安纳州立大学文理学院所设立的委员会情况，从中我们可以看出美国高校的哪些具体事务是由委员会来负责的。

表 2　哈佛大学、加利福尼亚大学伯克利分校、印第安纳州立大学文理学院的委员会

哈佛大学	加利福尼亚大学伯克利分校	印第安纳州立大学文理学院
学位项目课程委员会 教育项目委员会 跨学科协调委员会 研究委员会 非课程的本科学生委员会 管理委员会	改革委员会 课程委员会 评估委员会 计划和预算委员会 教师事务委员会 学生教师关系委员会	学术事务委员会 管理和教师事务委员会 奖励委员会 晋升和终身教职委员会 调解委员会 基础课程委员会 学生成绩申诉委员会

从 3 所学校的委员会设置情况来看，委员会设置的领域主要是课程、科研、学生事务、教师事务等。从职权来看，各个委员会各司其职，负责监督和执行自己领域的相关政策和活动。例如，哈佛大学的课程委员会主要负责的就是提供课程指南，监督和协调各系的课程安排；教育项目委员会则负责开设本专业以外的课程并进行指导等[19]。所以，在美国高校的学术事务当中，不仅有教授委员会负责决策，还有各委员会负责监督执行，是一套非常完善的体系。同时，属于学院行政管理体系中的院长、副院长、系主任往往也是学术管理体系中学院教授会的成员之一，并具有投票权，他们还可以担任某些委员会的执行委员。另外，教授会的一部分教师也参与到各个委员会当中，从而保证教师能参与某些重大行政事务的决策。由此可见，美国研究型大学的学院管理中行政权力系统和学术权力系统相互渗透、相互协调，实现了有效的管理共享。

三、美国研究型大学学院治理模式的分析

（一）学院治理的类型

美国大学的学院治理是以院长为主的行政体系和以教授为主的学术体系的相互作用和制衡的结果。但学院治理并没有固定的模式，在不同的学院，由于学院的规模不同，院长的领导方式不同，行政权力和学术权力的力量配比往往有所差异，因而也就形成了不同的领导模式。

根据学院决策的方式、过程和最终决定权的不同，在美国研究型大学的学院治理中，主要存在集权型和分权型两种具体的治理类型，所谓集权型主要指的是在学院的人事、财务、发展方向等方面，院长起着主导的作用，最后的决策往往与院长的个人意志有很大的关系，教师委员会或者相关的事务委员会起到的作用并不大。而分权型，则指的是在学院的决策过程当中，大部分决定是由教授会作出的，院长等领导只是作为顾问的形式参与到决策当中，既不占据主导地位，也没有最终的决定权。一般而言，在集权式的治理模式当中，决策方式和过程不固

定，会根据领导者的领导风格而变化，由于缺乏明确的决策规定，强势型的院长就比较容易独揽大权。而在采用分权型治理的学院中，一般对于决策方式、过程有着明确的议事章程，依照规矩办事，院长等领导层很难起到主导的作用。

美国学者约翰森（D. J. Johson）对美国几十所研究型大学的院长进行了研究，还根据学院治理的集权程度的高低，将治理类型进一步细分为寡头决策型（oligarchic organization）、领导决策型（headship organization）、参与决策型（participating organization）、共同决策型（collegial organization）[20]。寡头决策型和领导决策型都属于上面所提到的集权型，而参与决策型和共同决策型都属于分权型的类型。在前两种模式当中的院长或管理层更像是大学里的政治家，而后两种模式当中的院长或管理层则更像是学者型的领导。不同的治理类型，具体事务的决策主体和决策过程是不同的。判断学院治理属于哪种模式，主要标准有 3 个：第一，对于学院决策的制定流程是否有明确的明文规定；第二，学院决策的讨论是否通过教师大会或委员会，相关委员会是如何选拔产生的；第三，学院重要决策的最终主体是谁，是院长还是委员会或教师大会。

在寡头决策型治理模式当中，决策主体是学院领导层，最终的决定基本由行为强势的院长作出，学院设置的如课程委员会、人事委员会等只在最终决定作出前起到建议的作用，在院长作出决定后，也不需要经过委员会的批准，学院教师在学院决策中的存在感很低，教师私下评论这样的院长决策时，经常认为其如同“父亲般的独裁者”（paternal dictator）。随着民主化和学术权力的加强，寡头决策型的治理模式在美国高校中已经非常少见，只在一些规模很小的学院或者是一些院长任职多年，并且享有非常高的声望的学院当中存在，这样的治理模式对于院长的能力要求非常高。他既需要在学院内部拥有很高的威望，同时又要有足够强的个人素质，不仅是指对学科的把握和学术素养，还要能够在处理事务的时候有准确的判断力。

而在另一种集权型的领导决策型中，决策主体则是学院的相关委员会，决策过程呈现出很强的集中性特点。根据学院章程，学院的大部分决策需要通过相关的委员会最终作出，院长在决策时需要向委员会咨询和讨论，委员会对于决策有着很强的影响力。但在这种治理模式中，学院重要的委员会的委员基本是由院长任命或提名产生的，而强势或者声望很高的院长会倾向于任命与自己关系比较亲近的人进入到这些委员会当中，并且由院长或者副院长兼任重要委员会的主席，所以大多数时候委员会所作出的决定，更多是体现领导层的意志。在这种治理模式当中，学院的领导层占据着主导地位，教师能够在一定程度上参与到决策当中。

分权型治理模式的决策主体和决策过程则与集权型有很大的不同。在参与决策型的治理模式中，决策主体仍然是学院设置的相关治理委员会，但是主导者却变成了教师，决策过程也充分体现了民主原则。学院各委员会的成员由教师大会选举产生，院长是委员会的当然成员，但是并不占据主导地位。委员是由选举产生的，所以往往在决策中会体现教师的意志，因而全院的教师都能通过自己所支持的委员的意志参与到决策过程当中，或多或少地通过正式的或非正式的方式对决策产生影响。但是，在参与决策型的治理模式当中，对于委员会成员的身份一般会有所限制，例如，规定必须是获得终身教职的教授才能进入，所以在委员会中一些比较有资历的教授能发挥很大的作用，但是年轻教师或者讲师在决策中能起到的作用却很有限。而在另一类分权型治理模式——共同决策型中，决策主体则变成了教师委员会，大多数重要的决定，如教师的聘任、晋升、终身教职的评定及学院的重大改革，都需要经过教师大会的讨论，在教师会议上，所有教师只要有意愿发表看法，都可以提出自己的见解，如果教师拥有足够强大的理由和说服力，每个教师都可以在决策当中产生一定的影响。同时，相关具体事务的委员会，也按照一定的比例吸纳年轻教师进入，因此，在学院大大小小的决策当中，教师都能参与其中。例如，印第安纳州立大学的自然资源学院的章程里就明确规定，学院的新教师聘任、终身教职评定，需要公开在教师大会上讨论并投票。同时，章程还明确规定，如果教师对于学院的任何决策和行动在 120 天内，学院教师都拥有投票权，只要在规定时间内获得 25 位以上教师的联名请愿书，就可以申请召开专门的教师会议，重新讨论相关政策和问题[21]。由此可见，在共同决策型的治理模式下，教师对于治理决策的参与度是很高的。

（二）不同学院治理模式的内部特征

随着学术权力的加强和民主化思想在大学治理中的不断深入，集权型治理模式尤其是寡头决策型模式，在美国研究型大学当中已经比较少见，大多数学院在决策过程当中都越来越多地引入更多的教师参与。当然，学院的治理模式也是变动的，在不同的院长领导下，根据院长个人的领导风格和行为方式，学院的权力分配结构和治理模式会有所不同。目前，在美国的学院治理中，决策的民主化是一个大的趋势，但是民主化的程度有所不同，为了提高决策速度和效率，一些学院也会在一定程度上采取集权的决策模式，同时在不同治理模式下，学院会呈现出不同的特点。

1. 学院治理模式的选择与学院规模有很大的关系

学院治理的集权程度与学院的规模大小有着很大的关联，一般而言，规模越大，下属科系和教师人数越多的学院，集权程度越低，多采取分权型治理模式，例如耶鲁大学的耶鲁学院、哈佛大学的哈佛学院。集权程度较高的学院，则往往规模偏小，这些学院以大学里的专业学院为主，如神学院、教育学院等。Ryan在俄亥俄州立大学的 15 个学院所做的一项调查显示，在教员人数小于 30 人的学院中，大多数都是偏向于集权式的治理方式。教员人数在 30 人以上的，规模相对较大的学院的治理模式则更倾向于分权式治理。因为在规模较大的学院中，下属的科系越多，管理的跨度越大，领导者不得不分散一些权力到下属的团队决策中，这样才能协调各方的利益。

以俄亥俄州立大学为例，在其 15 个学院中，有 8 个学院（A—H）的教师人数是在 30 人以上，人数最多的有 87 人；有 7 个学院（I—O）的教师人数是在 30 人以下，人数最少的是 13 人。规模不同的学院在委员会设置、委员会成员选拔等方面都呈现出巨大的不同，见表 3。

表 3　俄亥俄州立大学学院委员会基本情况统计

学院序号	委员会数量	委员会主席职称			委员会主席产生方式	有无明确议事章程
		教授	副教授	助理教授		
A	16	13	3	0	部分选举	有
B	9	3	3	3	部分选举	有
C	11	8	3	0	选举	有
D	7	4	2	1	选举	有
E	10	4	5	1	任命	无
F	10	4	4	2	部分选举	无
G	6	6	0	0	任命	无
H	8	6	2	0	部分选举	有
I	5	4	5	1	任命	无
J	8	3	5	0	任命	有
K	0	0	0	0	任命	无
L	7	5	2	0	任命	无
M	7	4	2	1	任命	无
N	1		1	0	任命	无
O	3	2	1	0	任命	无

如表 3 所示，在规模为 30 人以上的学院（A—H）当中，所设置的委员会数量的平均数为 9.5 个，而规模在 30 人以下的 7 个学院（I—O）当中，所设置的委员会的平均数量仅仅为 4.5 个。管理具体事务的委员会越多，说明管理层级越细，权力分工越明确。我们可以发现，规模越大的学院，越倾向于通过建立相关事务

的委员会去处理相关事务。其次，在委员会成员的组成上，虽然大多数学院都是以获得终身教职的教授为最主要的组成部分，但是规模较大的学院更倾向于加大副教授和助理教授在委员会中的组成比例，给予更多教师参与决策的权利，在俄亥俄州立大学 8 个规模较大的学院中，有 5 个学院都允许助理教授进入委员会当中，而在 7 个规模较小的学院中，只有 2 个学院允许助理教授加入到各个委员会当中。同样，在委员会主席的产生方式上，在规模较大的 8 个学院里，有 6 个学院的委员会主席都是通过选举或者部分选举（部分选举是指在规定的范围内进行，如只有获得终身教职的教师才有资格投票等）产生的，而 7 个规模较小的学院，其委员会主席则都是由任命产生的。正如前文所述，教师选举产生的委员会主席，在决策的时候，更多会反映教师的意志，治理模式也就更为分权，而院长任命主席时，一般会任命与自己关系较为亲密的教授，治理模式也就更为集权。还有一点是，在规模较大的学院中，有 5 个对于决策过程都有明确的制度规定，为权力的规范行使提供制度保障，而小规模学院里只有一个有相关的制度规定，这也导致了小规模学院更容易受到领导层意志的影响，采取集权式治理模式。

2. 学院治理模式不同，教师所能参与的决策程度不同

在不同的治理模式下，教师能够参与到决策中的程度是明显不同的，在集权型治理模式中，教师往往只能起到咨询的作用，最终决策权是在院长等领导层的手上，教师的意见并不重要。而在分权型治理模式中，教师能参与到决策的方方面面，大部分决策都是通过教师大会或者委员会投票作出的，教师有权利自由发表意见甚至提出反对提案。

课程设置、教师招聘、职称评定是 3 项与教师息息相关的决策。在俄亥俄州立大学 15 个学院对于这 3 项决策的决策主体，也可以明显看出教师参与程度的不同。根据统计，在俄亥俄州立大学的 15 个学院当中，关于课程设置的决策是教师参与程度最高的，有 5 个学院将课程设置通过全体教师大会进行讨论决策，所有教师都可以参与其中，并且所有学院在作出最后的决策时都会进行相关必要的咨询。而关于教师招聘、职称评定这两项决策，则参与程度明显更低，只有两个学院将这两项决策通过教师会议讨论，大多数则是通过只有教授参加的委员会或者领导层参加的会议作出最后决策。在教师招聘方面，有 10 个学院决策前院长或委员会会对相关的教师进行咨询，而在职称评定上只有 8 个学院会进行必要的咨询，并且一般是向高于所评定职称的教师进行咨询。这说明，在一些关键问题上，治理模式不同，教师能够参与决策的程度也是不同的，见表 4。

表 4 俄亥俄州立大学各学院最后决策者（final decision）统计[22] 单位：人

最后决策者	课程设置	教师招聘	职称评定
管理层	2	6	7
相关委员会	8	7	6
教师会议	5	2	2
决策前对相关方进行咨询	15	10	8

对于这一点，我们也可以从耶鲁大学耶鲁学院的治理模式当中得到证明。耶鲁大学一直提倡尊重学术权力，耶鲁学院作为耶鲁大学的代表，实施的是典型的共同治理模式。耶鲁学院的教师可以通过教授会，在确定课程开设、学习标准、入学考试和学位授予，以及教师招聘、终身教职、奖惩政策等方面，直接参与和制定有关政策。耶鲁学院著名的历史学家皮尔逊对耶鲁学院学术权力行使的民主性曾做过这样的描述："在耶鲁学院，每个教师都是代表；共同体的决策由每个教师亲自参加。当人们对任命存在异议时，永久性教师委员会则会出面解决。绝大多数事务都是由耶鲁学院的全体教师协商解决。讲师、助教与教授有同等的发言权及同样的责任。青年人可以与老年人辩论、提出问题、对动议提出修改意见——虽然在一群威严挑剔的听众中间站起来发言本身是一项巨大的考验，甚至可能会面临难堪，因为老教师可能对于所提出的问题已经有了成熟的考虑，但是耶鲁学院始终鼓励教师参与其中。"[20]由此我们可以看出，在耶鲁学院这样的分权型治理模式下，教师对于决策的参与面很大，参与程度也是很高的。

以耶鲁学院教师聘任过程为例，我们可以看到教师聘任的各个环节都渗透着教师的参与。耶鲁学院的教师聘任工作由学院的文理科教授会负责，新教师聘任程序和标准开始于系和学院，首先在岗位的分配决定中，主要由文理科教授会的指导委员会作出决定，委员会的主席由学校教务长担任，成员包括院长、学院教务长、助理教务长及耶鲁学院下属 4 个组的负责人（生物科学、人文科学、自然科学与工程学、社会科学）组成。在这个过程中，各个组的负责人会广泛收集来自各个学系教师的意见，并将意见提供给指导委员会，以利于将招聘岗位转移到学生感兴趣的学科及新出现的科研领域。接下来，在聘任过程中，在岗位分配确定后，各个拥有招聘名额的学系会成立遴选委员会，遴选委员会的组建要接受教务长的监督，其成员构成必须是多元的，要包括女性和少数族裔。遴选委员会成员的任命需要在教师会议上公布，任何教师都有权利提出质疑。进入到投票与核准环节，在确定若干最优候选人之后，学系会召开会议进行投票，所有获得终身教职的教师都必须出席投票，同时在招聘岗位级别同级或以上的教师也都会被邀请参加投票，这样就保证了教师在聘任环节中最大程度的参与，保证了学院所招聘的教师是学院所欢迎并且真正需要的。

3. 学院治理的模式不同，教师与领导的关系不同

在不同的治理模式中，教师与学院的领导层的关系呈现出明显的不同。在领导层起主导作用的集权型治理模式下，教师与领导层的关系趋向于疏远，教师对领导的评价也趋向于负面。而在教师起主导作用的分权型治理模式下，教师与领导层的关系则更为亲近，评价也趋向于积极。

在一项面向美国研究型大学的 41 个院长及所在学院的教师的调查，则揭示了在不同治理模式当中学院领导与教师之间的关系，发现在不同的治理模式当中，院长和教师对于管理工作的认知和评价有很大的不同[23]。在偏向集权的院系治理结构中，院长占据了主导地位，大权独揽的院长通常会认为自己将学院管理得很好，为学院奉献了很多，但教师却并不买账，除非这位院长享有很高的声望，同时又确实提高了教师的待遇。否则，在集权型领导下，教师对于学院的忠诚度普遍不高，教师和领导层之间也缺乏团结，教师普遍不喜欢强权型的领导。如果院长在学院里以领导自居，那么他的工作就很难得到教职工的认可。而在分权型的学院治理结构当中，院长的领导工作和决策方式往往比较民主，尽管可能院长自己认为自己做的事情并不多，但是却能得到教师很高的评价，在分权式结构当中，院长与教职工之间的关系更为亲密和接近，教师比较偏爱不那么强势、行事更为民主的院长，因为这样的院长或领导层不会过多干涉教师事务。

对于这一点，我们可以从哈佛大学文理学院 20 世纪 50—70 年代两位院长即乔治·邦迪和罗索夫斯基与教职工的关系看出。乔治·邦迪在 1953—1961 年担任文理学院的院长，他在任期间，哈佛文理学院的知名度和影响力都有巨大的提升，而且面对经济的不景气，乔治·邦迪大力为学院争取到足够的资金，但是他与文理学院教师的关系却很紧张。乔治·邦迪采用独裁式的管理方式，崇尚精英主义，通过建立各种委员会来进行管理，以避免直接与教师发生冲突。乔治·邦迪的一系列专断的措施与教师利益产生了冲突，尽管他付出了很多，但是教师对他的评价并不高。

首先，在任期间，他大量从外校聘请学界的知名学者和年轻精英，哈佛大学文理学院的教授数量增加了近一倍，一方面确实使哈佛大学文理学院的学术水平得到了巨大的提高，但是人数的增加也导致了竞争的加剧，许多教师职称晋升更加困难。同时，他还坚信哈佛大学文理学院应该不断补充新鲜血液，所以对于一些达到退休年龄的教授并不积极返聘，这更加导致了他与一些教师关系的紧张。

其次，乔治·邦迪一些大胆的任命也遭到了保守教师的批评，例如，他聘任

活跃于政坛的基辛格为政治学系的终身教授，他将英语系、日耳曼语系、斯拉夫语系和罗曼语系合并成了现代语言学院，希望建立一个有良好秩序的大型院系，但是却收效甚微，各个语系之间缺乏沟通，互相争夺资源，导致多位教授反对这项决议。尽管乔治·邦迪在离开文理学院后，被当时的校长评价为“有才能、有干劲又有魄力的院系领导，对哈佛做出了突出的贡献”[21]，但是他在教师中的口碑却并没有这么高。而之后罗索夫斯基在20世纪70年代担任了哈佛大学文理学院院长一职，他是一位典型的民主院长，提倡教会委员会通过选举组成，并将许多事务交由教师委员会开会处理。他非常注重与教授的沟通，在每年的预算报告中，都要根据文理学院的财务状况作出书面解释，用语力求使每一位教授都能理解。他在任期间还提出大幅度增加教师工资，以提高哈佛大学教师的待遇和竞争力，这些举措都使他在文理学院的教授中广受欢迎，尽管他在任期间文理学院的各项评价指标较之前期并没有显著提升，但是他仍然得到了巨大的支持，许多教员都希望他进一步成为哈佛大学的校长[24]。

由此可见，在美国高校的治理模式当中，主要还是集权和分权的区别，并由此产生了不同治理模式下不同的特点。规模较小的学院一般更容易产生集权的领导者，而规模较大、人数较多的学院一般则更多是分权的决策模式。这也与学院决策的委员会的选举方式有很大的关系，如果是任命产生的，一般会更多体现领导层的意志，偏向集权；如果是教师选举产生的，则会更多体现教师的意志。在集权治理模式中，教师对于决策的参与面和参与程度较低，而在分权治理模式中，教师则能更多地参与到治理的方方面面。在美国当前的学院治理当中，居于主流的还是倾向于分权的共同治理的模式，行政权力的存在有利于协调学校和学院之间、学院内各部门之间的关系，使大学具有整体性，而学术权力的存在则确保了学院在教学、科研等学术事务上的基本属性，二者相辅相成，共同推进学院的科学治理及学院目标的实现。

美国的研究型大学的管理重心在学院，学院的自主权较大，在人事、科研、课程、财务等方面都有一定的自主决定权，同时学院也建立起了完善的规章制度，各项事务都有章可循。在权力结构上，美国研究型大学的学院治理形成了行政权力与学术权力的二元权力结构，两者相互配合又相互制衡，共同分享学院的管理职责，由以院长为首的行政体系主管行政事务，由以教授委员会为主的学术系统主管学术事务，有明确分工，但成员间又互相渗透，使二者更好地分工与配合，同时设置诸多的委员会，来负责具体事务的执行和监督，使行政和决策更为有效。美国研究型大学的学院治理体现了美国大学一直以来所追求的学术自由、分权制衡、民主化与专业化的价值诉求，通过完善的制度设计，来保障这些价值理念的顺利施行，在充分尊重教师权益和教授专业意见的同时，尽量保证行政的高效，正是其在治理上的独特之处，为美国高校那么多享誉盛名的学院和世界一流的学科奠定了基础。

（三）学院不同治理模式特点的分析

美国研究型大学的学院治理所形成的集权和分权的两大类型，以及寡头决策型、领导决策型、参与决策型、共同决策型 4 种具体的治理模式都是相对而言的，其都是大学作为一个具有松散耦合特性的组织建立在对民主决策，大学教师学术性、专业性的尊重的基础之上。尤其是随着民主化思想和分权制衡理念的深入，美国研究型大学中的集权治理、分权治理也都是相对而言的，权力分配更为集中或更为分散，权力的行使仍然受到来自于制度、校级、教师层面的多方监督。

美国研究型大学学院治理的根本还是共同治理，只是不同学院从自身实际出发，采取了不同的治理模式。美国大学作为一个具有松散耦合特点的科层化组织，其治理充分建立在民主、学术自由、分权制衡思想理论的基础之上，同时不同的时代和不同的社会需求，又需要适当考虑决策效率和精英治理等因素。

虽然民主思想渗透到了美国大学的方方面面，但是民主也并不能解决一切问题，有其固有的局限性，主要反映在可能会出现决策低效和多数人暴政的弊端等方面。因此，在美国研究型大学的治理中，一些学院在治理过程中倾向于采用更为集权的方式来治理，即上文所提到的寡头决策型和领导决策型，这两种治理模式更多强调的是对科层化高效决策的追求和对精英思想的推崇。作为科层化的行政体系，尽管以院长为代表的学院行政系统与纯粹的科层组织有着一定的区别，但是也有着高度的相似性。院长作为学院的首席行政官员，依照学校的相关规定，设立必要的组织机构，配备相应的工作人员，控制与协调学院各方面的运作。在寡头决策模式里，大部分决策的最终决定者是院长，院长是学院里的决策核心，对于学院的重要决策会经过正式或非正式的咨询后，快速地作出决定以实现决策的高效。这反映了大学作为一种社会组织，也需要追求效率，通过尽可能少的投入来获得尽可能多的回报，如果学院过分强调民主，过分追求决策的高质量，而忽视了决策和执行的高效率，不仅难以实现学院的目标，甚至会影响学院的长远发展。同时，以寡头决策型和领导决策型为代表的集权型治理模式，还反映出了美国研究型大学对精英主义的推崇。在寡头决策型模式中，决策主导权在院长手里，而在领导决策型模式中，决策的主导权则在一批具有较高学术地位，学术水平和经验较强的终身教授手中，他们与院长一起构成学院的决策层，主导整个决策过程。美国研究型大学中行政体系和学术体系的共享治理模式，并不是单纯地建立在民主思想之上，更多的是基于专门知识和专业主义。在一些采取集权型治理模式的学院里，虽然学院教授会在名义上涵盖全体教师，但实际上其中的一些重要委员会如执行委员会、人事委员会，通常都只局限于少数拥有高级职称的正教授。年轻教师在决策中的地位和角色无法与资深教授同日而语，这反映出了美国研究型大学对于精英在大学治理中所发挥的作用的重视。

而在分权型的治理模式中，则主要反映的是学院在治理当中对民主参与及学术自由思想的重视和追求。受分权制衡等民主思想的启发，教师作为大学的主体，其权利意识不断增强，要求自主处理涉及自身利益的相关事务的呼声也越来越高。所以，在分权型的治理模式的参与决策型、共同决策型这两种类型当中，教师都可以更为广泛地参与到学院的决策过程中。在这两种模式中，最终的决策是由相关的委员会或者教授委员会作出，学院的教授会和委员会的运作在程序上和形式上均采用民主的方式，成员由民主选举产生，决策通过无记名投票作出，为了防止少数学术寡头和学术部门把持教授委员会，分权型的学院对于委员会主席的任期和任职资格都有明确的规定。

综上所述，美国研究型大学目前所存在的几种治理模式，都是在科层化和松散耦合组织形式的基础上形成的对不同思想理论和价值目标追求的反映。集权类型更多注重的是效率和精英主义，而分权类型则更多注重民主参与和教师的学术主体地位。不同类型是根据不同的学校、学院情况，以及学院所面临的不同挑战，所作出的不同模式选择。

参考文献

[1] Rudolf F. The American College and University：A History[M]. Athens，GA：University of Georgia Press，1990：434-435.

[2] Gould J W. The Academic Deanship[M]. New York，NY：Teachers College Press，1964：186.

[3] Wolverton M，Gmelch W H, Montez J, et al.The Changing Nature of the Academic Deanship[M]. Sanfrancisco，CA：Jossey Bass，2001：5.

[4] Illinois State University. University policy and procedures for academic dean responsibilities，appointment，compensation，and evaluations [EB/OL]. http：//policy.illinoisstate.edu/employee/3-2-16.shtml[2012-04-15].

[5] Fronzo N C. The academic dean［EB/OL］.http//www.new-foundations/orgtheory/DiFronzo7216.html[2014-06-15].

[6] Gardner W G. Once a dean：Some reflection [J] . Journal of Teacher Education，1992，43（5）：357-366.

[7] IU University Administrative Handbook[EB/OL].http：//www.iu.edu/VPAS/handbook/policies/acadeans.s.html[2016-11-12].

[8] ARHU Administrative Handbook[EB/OL].http：//www.arhu.umd.edu/about/admin/handbook.html[2014-05-10].

[9] Richards J. Uneasy Chairs：Life as a Professor[M]. Lancaster：Unit for Innovation in Higher Education，1997：35.

[10] Bolton A. Managing the Academic [M]. Philadelphia：Open University Press，2000：46.

[11] Roach J H I. The academic department chairperson：roles and responsibilities[J]. Educational Record，1976.

[12] 王庆辉，朱军，刘念才. 世界一流大学系主任的基本特征及其启示——基于美国 AAU 大学的调查分析[J]. 高等教育研究，2012，（10）：102-109.

[13] Tucker A. Chairing the academic department：leadership among peers[C]. American Council on Education，1984.

[14] Jenski L J，Douglas L N. Department planning within the context of institutional exceptions[C]. The Department Chair，2003.

[15] Denny C. Tips for Managing the Department Budget[M]. The ACE Department Chair on line Resource Center. Washington，DC：American Council on Education，2005.

[16] 别敦荣. 中美大学学术管理[M]. 武汉：华中理工大学出版社，2000：11.

[17] Bucklew N，Houghton J D，Ellison C N. Faculty union and faculty senate co-existence：a review of the impact of academic collective bargaining on traditional academic governance[J]. Labor Studies Journal，2012，（4）：373-391.

[18] University of California manual：By-laws of the Berkeley Division of the Academic Senate[EB/OL]. http：//academic-senate.berkeley.edu/commitees/re/Laws-berkeley-division-contents.[2014-10-25].

[19] Harvard University：Self-study for NEASC Accreditation[EB/OL].http：//www. provost. harvard. edu/institutional_research/HavardUniversitySelf-Study.pdf[2014-06-20].

[20] Ryan D W. The internal organization of academic departments [J].Journal of Higher Education，1992，43（6）：468，473，478.

[21] Dewayne J. Relationship Between Administrators，Personality and How They and the Faculty Perceived the Administrator’s Role and Degree of Success[M]. Washington，D.C.：Distributed by ERIC Clearinghouse，1996：4，7.

[22] Indiana State University Faculty Handbook [EB/OL].http//www.indstate.edu/cas/faculty_and_staff/facultyCouncil2014_2015.html.[2014-06-20].

[23] 陈宏薇. 耶鲁大学[M]. 长沙：湖南教育出版社，1990：60 .

[24] [美]莫顿·凯勒，菲利斯·凯勒.哈佛走向现代：美国大学的崛起[M].史静寰，钟周，赵琳译. 北京：清华大学出版社，2007：310，552.

基于社会网络分析的高校二级学院权力研究

姜　华　黄　帅①

（大连理工大学高等教育研究院　中国大连　116024）

摘　要　学院制是我国高等学校普遍采取的管理模式。在不断推进的大学治理实践中，学院治理作为大学内部治理的核心内容和重要环节，对于大学实现“基层变革”具有重要意义。学院治理的核心是权力结构，因而二级学院权力研究对于大学治理的完善具有重要意义。本文通过问卷调查，利用社会网络分析的方法，对不同类型高等学校学院权力的结构、运行状态进行实证分析。结果表明，不同类型高等学校的学院权力的结构、运行状态差别不大，呈现出“趋同性”；权力在高等学校中具有明显的集中性；除博士、硕士授予权高校外，“底部沉重”的特性在多数高等学校中的表现并不明显，学院缺乏应有的权力。因此，推进学院治理要进一步理顺校院权责关系，稳步放权给院系，立足校情，建立顺畅的信息沟通渠道。

关键词　学院权力；社会网络分析；权力结构；高等学校

完善大学治理结构是建立现代大学制度的核心，也是深化高等教育综合改革的重要内容。大学治理结构是大学治理的作用方式，其核心是权力结构，即决策权的分配模式[1]。从大学治理的角度看，二级学院的治理是大学内部治理的重要内容，因此，关于二级学院权力结构的研究，是大学治理特别是大学内部治理研究的一个重要方面。

① 作者简介：姜华（1963—　），大连理工大学高等教育研究院教授，主要研究方向为大学治理与绩效评价；黄帅（1983—　），大连理工大学高等教育研究院博士研究生，主要研究方向为高等教育管理。

20 世纪八九十年代，由于我国社会主义市场经济体制的建立和高等教育体制改革的深入，我国高等学校原有的校系两级管理逐渐被校、院、系三级管理模式所代替。“学院”作为高等学校组织结构里的中间层次，在高等学校管理中发挥着越来越重要的作用[2]。学院制也因此成为我国高等学校组织结构的基本选择，从直线型走向扁平化的管理模式变革，一度成为我国校院关系转变的基本走向[3]。目前，我国高等学校大都实行了学院制的管理模式，二级学院在大学中居于重要地位，其权力的要素、结构和运行状态等问题也就成为二级学院治理研究的核心问题，因为权力要素的科学性、结构的合理性、运行的顺畅性决定着学院治理的达成程度。

我国高等学校的二级管理组织通常是学院，但是有一些高等学校还保留着系的编制，同时，近年来很多高等学校在学院的基础上又成立了学部。本文研究的对象是具有实际管理职能的高等学校二级组织，在本文中用学院来表示。

一、文献梳理

（一）学院权力的 3 种形态

从权力形态的角度考察高等学校学院的权力，权力可分为理念的权力、制度的权力和实践的权力 3 种形态。理念形态的学院权力研究认为，学院是高等学校教学、科研、人才培养、学术服务的实施单位，是集教学、科研和行政管理于一体的实体性机构[4]。出于分层管理的需要，高等学校将部分权力给予学院，学校成为“决策中心”，学院成为“管理中心”，系（所）成为“质量中心”[5, 6]。制度形态的学院权力研究认为，大学章程的制定于外可理顺大学与政府的关系，于内能完善大学的治理结构[7]。这类研究主要是运用文本分析法，对大学章程、学院制度及相关的法律政策文件等进行深度解读。关于学院权力实践的研究表明，无论是“事权下移，财权、人权和重大事权仍然集中在校级”的模式，还是“职能分权制”，学院一级所拥有的自主权并没有达到所预期的状态[8, 9]。

（二）学院权力的要素划分

从学院事务的性质来看，学院的事务分为学术事务和行政事务，而学术事务应该是学院的核心事务[10]。有研究强调，学院应充分发挥学术权力的作用，高等学校在学院一级应充分放权，淡化行政权力，充分发挥院一级的学术委员会、学位评定委员会和教学指导委员会等组织的作用，保证基层教学科研人员的教学和研究自由[11]。作为实体的学院应在学校的统一规划和领导下，合理分享相应的责任和权力[5]。关于学院权力的研究，涉及人事管理权、财务管理权、教学管理权、学科建设与科研管理权和行政管理权等，其核心是财务管理权[3, 8, 12]。然而，“事权以及事务管理基本运行经费支配权下移，重大财权、人权及发展事项仍然集中在校级”，这是对我国高等学校校院两级管理改革现状基本特征的判断[13]。

（三）大学内部权力研究

学界就大学内部权力结构进行了一系列深入且卓有成效的研究：回顾梳理高等教育改革发展的历史、现状和问题，提出了推进内外利益相关者共同参与治理[14]，完善有中国特色的大学董事会和理事会制度[15]等政策建议；由于大学学术组织的特性，学者从知识管理[16]、学习组织理论[17]的角度出发，认为学术委员会应在大学决策制定过程中起到主导作用[18]，进而呼吁重视和赋予学术人员在大学中应有的重要地位；利用“多人囚徒困境模型”（multiple prisoner’s dilemma，MPD）[19]、扎根理论[20]的研究方法，学者对大学行政权力和学术权力间的关系进行了深入剖析；层次分析法[21]也被引入大学内部权力研究中来，用于对大学内部权力结构进行分析。

在大学权力研究领域，社会网络分析的方法也逐渐开始有所应用。有学者利用社会网络分析方法对大学内部决策者的角色进行了实证分析[22]，从高等学校个案出发，提炼权力关系网络结构，在此基础上学者对二级学院在不同的权力网络结构、校院利益关系和院长代际情况下的策略性选择模型影响因素进行了探讨[23]。

既有研究为把握学院权力的概念、制度和现状提供了重要的参考和方法上的借鉴，也为这一领域研究奠定了丰富的理论基础。然而，现实中的学院权力究竟是一种怎样的结构？不同类型高等学校的学院权力结构是否相同？“底部沉重”的组织特性在我国高等学校中是否存在？这些都是以前的研究很少涉及的。

二、研究设计

本次研究采用社会网络分析法（social network analysis），对我国高等学校中学院权力的结构、校际差异、权力重心等进行实证分析。网络分析的视角“强调把结构关系作为关键的导向原则”，关注行动者之间的关系结构、关系内容、关系传递渠道是其主要的研究范围[24, 25]。这一思想为研究学院权力结构提供了思路。

首先，通过对文献的整理，确定与学院权力密切相关的5大事项，即学科建设、人才建设、教务教学、财务事务和学生治理。“以学科建设为中心设置的二级学院是大学‘学术权力’实现的主要载体，大学的学科建设、专业建设、教学与科研、学术队伍建设等落脚点在学院不在大学。”[26]而关于财权管理的二级管理制度改革被认为是校院两级管理体制改革的核心所在，通常校院两级财务管理的焦点在于校、院收入来源的划分[13]。学生管理作为日常管理的重要内容，在校、院两级管理中显然是下放的主要内容。可见，这5个方面是高等学校内部校级权力和院级权力交汇作用的场所，正是在校、院两级在5大事项上表现出的权力下放与权力谋求的交互过程中，形成了学院权力的结构。

其次，将高等学校内部与这5项事务有关的部门划分为校级部门、职能部门、院系部门等3个层次共计21个部门。其中，校级部门包括校党委、校级相关领导、校学术委员会、校人事委员会和校职称评定委员会；职能部门包括财务处、人事处、科研处、教务处、学生处、发展规划（学科建设）处、招生就业处；院系部门包括院长、院党委书记、院党政联席会、院党委副书记、院学术委员会、科研副院长、教学副院长、行政副院长、系/研究所/教研室。事实上，高等学校中的部门非常之多，选定这21个部门是因为与上述5项事务有关的高等学校权力运作过程，主要是通过这些部门实现的，由这21个部门所构成的三级权力体系既代表了高等学校内部科层管理的特点，又将每个层次的主要权力主体囊括其中。同时，选取了曾入选“211工程”的高校，具有博士、硕士授予权高校，具有学士授予权高校和高等职业学院4类。

最后，利用社会网络的思想设计调查问卷。问卷中涉及被调查者的性别、年龄、职称、职务等背景资料，主要内容是由学科建设、人才建设、教务教学、财务事务、学生治理5大事项和21个部门所构成的关系矩阵。将调查问卷发放给不同高等学校的领导者、管理者和教师，由他们根据所在学校情况确定在5大事项的管理过程中上述21个部门的决策与参与情况，这些决策和参与情况构成了学校内部的权力结构关系，利用社会网络分析软件Ucinet进行量化处理和分析。

本次研究中的数据来源于调查问卷，发放150份，回收121份，有效问卷108份，有效回收率为72%。问卷来源如下：曾入选“211工程”的高校占13.89%，具有博士、硕士授予权的高校占 19.44%，具有学士授予权的高校占 38.89%，高等职业学院占 27.78%。

三、数据分析

（一）权力结构

在对学院权力结构进行定量分析之前，首先由节点中心度的大小及各个节点之间的联系分布生成权力结构图，直观地展示部门（领导）的关系。如图 1—图 4 所示，图中各节点代表了不同的权力主体，即前文提到的 21 个部门。参与决策就代表了拥有权力，节点面积的大小代表了各权力主体决策权力的大小，面积越大，表示所拥有的决策权越大，在学校中的地位就越高。节点之间的连线，表示权力主体间在某些事件上存在着联系。

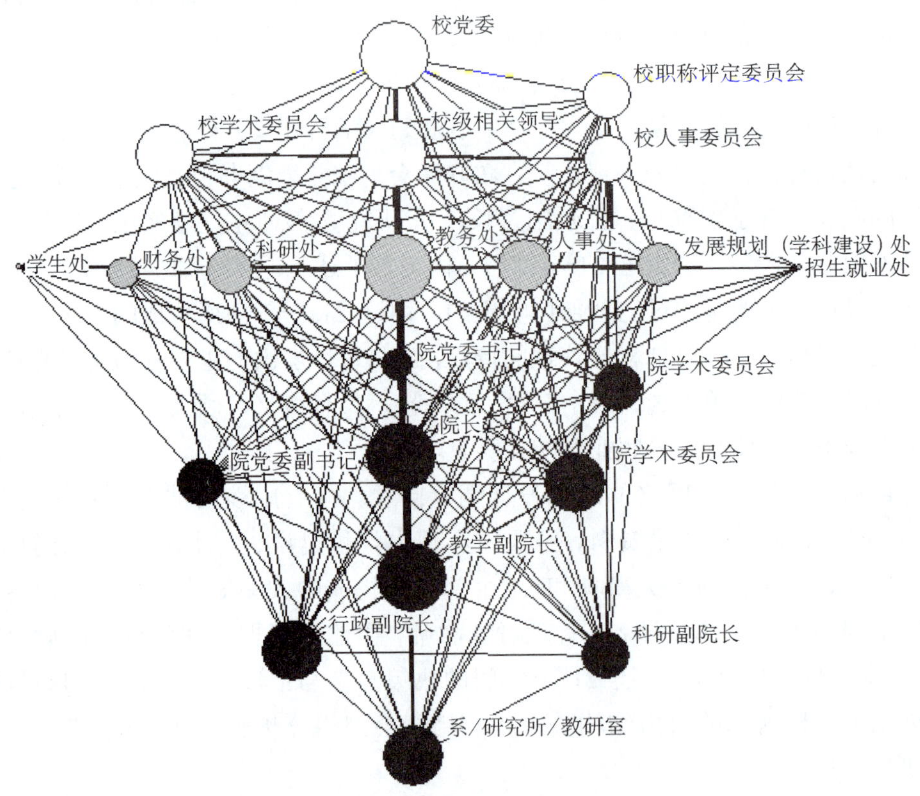

图 1　曾入选“211 工程”高校权力结构图

○代表校级部门，◎代表职能部门，●代表院系部门，图 2、图 3 和图 4 与此一致

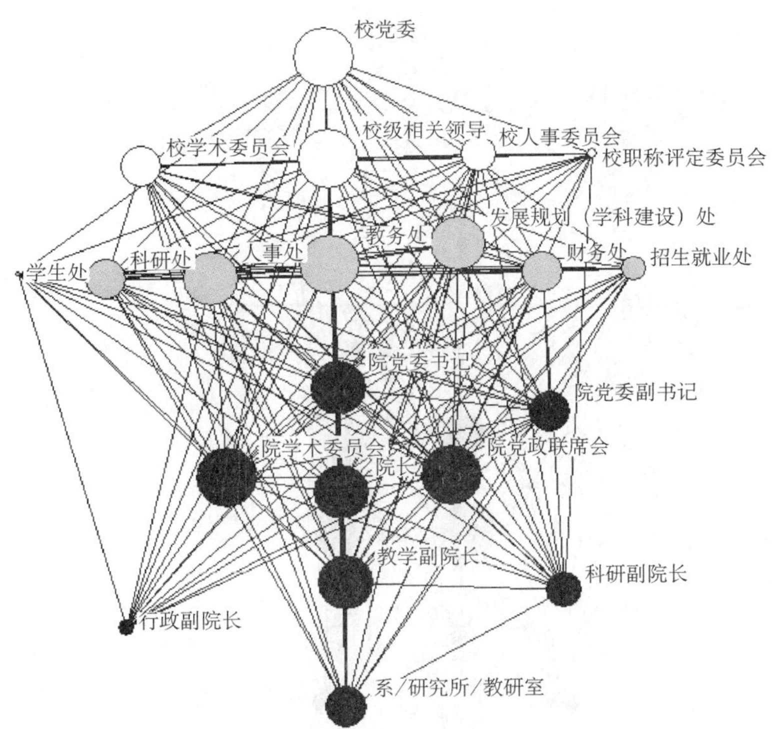

图 2　博士、硕士授予权高校权力结构图

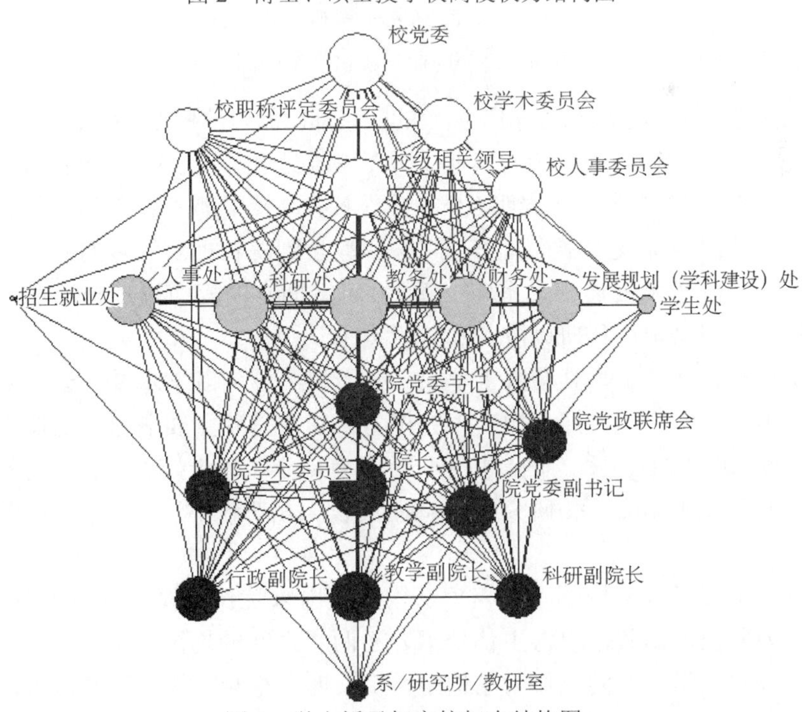

图 3　学士授予权高校权力结构图

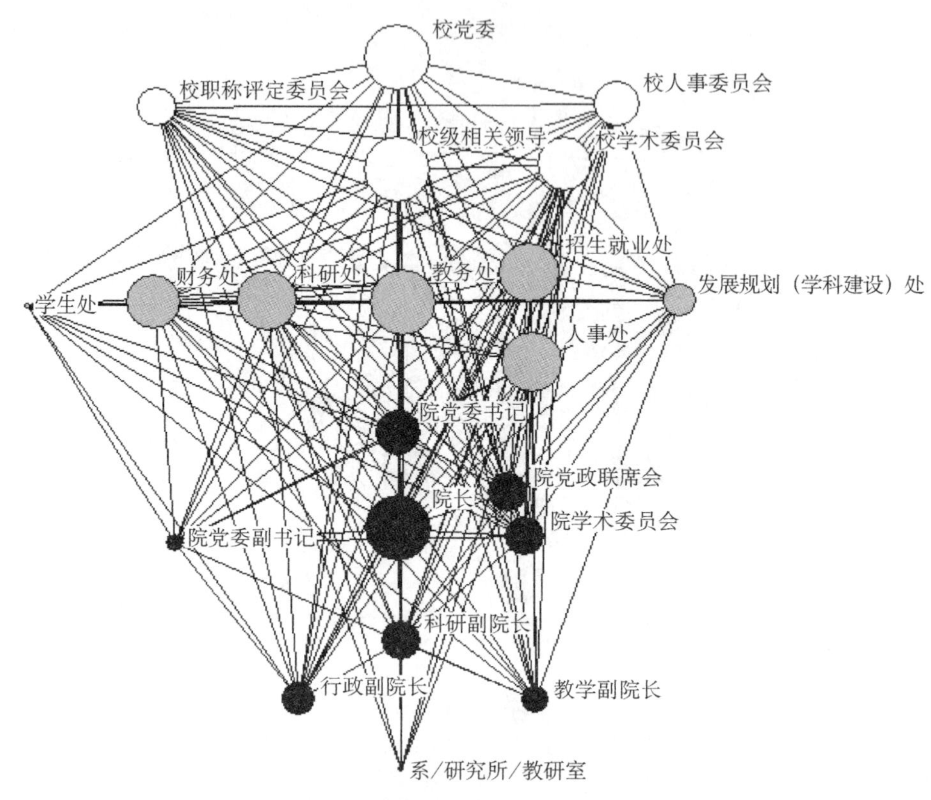

图 4　高等职业学院权力结构图

图 1 表明，曾入选“211 工程”高校的院系部门的外部权力主要来自于校党委、校级相关领导和教务处，这一点与其他 3 类高校情况相同，反映了我国高校党委领导下校长负责制的管理体制，也表明教学工作在各类高校中都占据着非常重要的地位。

就院系部门内部权力结构而言，院长和教学副院长拥有较多的权力，其次是行政副院长、院学术委员会，系/研究所/教研室拥有的权力大小居于中等位次，其后是院党委副书记、科研副院长和院党委书记。

在院系权力结构上，具有博士、硕士授予权高校的院学术委员会、院党政联席会的作用和地位突出，拥有相当大的权力；其次是院党委书记、院长和教学副院长；与曾入选“211 工程”的高校不同，具有博士、硕士授予权高校的科研副院长权力大于行政副院长；系/研究所/教研室的权力相对较小，仅大于科研副院长和行政副院长。

具有学士授予权高校的院系权力结构呈现出以院长为权力核心，系/研究所/教研室权力薄弱，而其他权力主体处于介于两者之间的均衡状态。

在高等职业学院的院系权力结构中，院长拥有绝对的权力资源优势，其次是院党委书记、院学术委员会和院党政联席会，系/研究所/教研室处于权力的金字塔的底端，拥有很少的权力。与前 3 类高等学校不同，高等职业学院中科研副院长拥有比教学副院长和行政副院长更大的权力。一个可能的解释是，科技成果的快速转化、产学研的协同发展，是高等职业学院可持续发展的重要保障。

（二）权力分配

“权力”是社会科学中的一个重要概念，社会网络学者从“关系”角度出发，基于“中心性”对权力进行了定量化研究[25]。“中心性”用来表示个人或组织在某一社会网络中拥有权力的大小，以及处于何种中心地位，简而言之，是用来度量个人或组织在网络中位置和重要性的指标。本次研究利用中心性指标之一——度数中心度来反映各部门权力的大小和位置。度数中心度用与某个节点直接连接的其他节点数目来表示，度数中心度高的行动者可视为网络的核心，在网络中拥有最大的“权力”，同时能够获取更重要、更多样和更及时的信息或知识，具有信息获取优势和资源控制能力（表 1）。

表 1　高等学校内各权力主体的度数中心度　　单位：%

项目	曾入选“211工程”的高校	博士、硕士授予权高校	学士授予权高校	高等职业学院
校党委	100.00	100.00	100.00	100.00
校级相关领导	100.00	100.00	100.00	100.00
校学术委员会	90.00	85.00	95.00	90.00
校人事委员会	80.00	80.00	90.00	85.00
校职称评定委员会	80.00	60.00	85.00	80.00
财务处	65.00	85.00	95.00	90.00
人事处	85.00	95.00	90.00	95.00
科研处	80.00	85.00	95.00	95.00
教务处	100.00	100.00	100.00	100.00
学生处	40.00	55.00	50.00	55.00
发展规划（学科建设）处	75.00	95.00	85.00	75.00
招生就业处	40.00	70.00	35.00	95.00
院长	100.00	95.00	100.00	100.00
院党委书记	65.00	95.00	85.00	85.00
院学术委员会	90.00	100.00	85.00	80.00
院党委副书记	80.00	85.00	90.00	65.00
院党政联席会	80.00	100.00	85.00	80.00
科研副院长	80.00	80.00	85.00	80.00
教学副院长	100.00	95.00	90.00	70.00
行政副院长	90.00	65.00	85.00	75.00
系/研究所/教研室	90.00	85.00	55.00	55.00

注：根据调查数据，利用 Ucinet 软件计算而成

笔者对高等学校内部各权力主体的度数中心度进行分析，有以下几个方面的发现。

1）校院两级管理是我国高等学校管理体制的真实状况。虽然多数高等学校都建立了校、院、系 3 个级别的管理部门，但是由于系（所）一级权力不足，导致其在管理体制中附属于所在的学院。表 1 显示，曾入选“211 工程”的高校和具有博士、硕士授予权高校的系（所）权力大于具有学士授予权高校和高等职业学院，也就是说在前两类高等学校中，系一级相对拥有较大的权力，可能与这两类学校研究型院校的属性有关。

2）从组织社会学的角度看，我国高等学校组织具有很强的“趋同性”，表 1 中呈现的权力结构也具有很强的“趋同性”。校党委、校级相关领导作为领导层的核心，教务处在职能层中拥有较大权力，院长处于院系层的权力中心，是各类高等学校普遍存在的权力结构，具有明显的同构特性。利用方差分析（ANOVA）的方法，可以测量高等学校类型的不同对各权力主体的度数中心度（高校权力结构）是否有显著影响。方差分析结果（表 2）表明，因概率值 0.787 大于显著性水平 0.05，故接受高等学校类型对度数中心度没有影响的假设。因此，不同的高等学校类型对权力主体的度数中心度没有影响，即不同类型高校的权力结构之间没有区别，高等学校权力结构具有明显的“趋同性”。

表 2　学校类型对度数中心度的单因素方差分析结果

项目	平方和	*df*	均方	*F*	*p*
组间	260.714	3	86.905	0.353	0.787
组内	19 692.857	80	246.161		
总数	19 953.571	83			

3）教学工作在高等学校中居于核心地位。与教学相关的权力主体如校学术委员会、教务处、教学副院长、院学术委员会均拥有较高的权力值。

4）高等教育组织“底部沉重”的特性并不明显。以权力主体的度数中心度为基础，计算每类权力主体参与学校事务的权力分配比例，通过“重心”来分析领导层、职能层和院层的权力大小，以确定高等学校内部权力的重心所在。表 3 对高等学校内部各层级的权力分配情况进行了计算。结果表明：博士、硕士授予权高校中院系层的权力重心指数大于职能层，领导层的权力最小，权力重心在院系层，呈现出“金字塔形”权力结构；曾入选“211 工程”的高校和学士授予权高校中院系层的权力重心指数与领导层相当，且职能层权力重心指数较小，呈现出“沙漏形”权力结构；高等职业学校的权力结构与博士、硕士授予权高校恰恰相反，从领导层到职能层，再到院系层，权力重心指数不断减小，领导层是权力的重心所在，权力结构呈现出“倒金字塔形”。可见，只有博士、硕士授予权高校具有明显的“底部沉重”特性。

表 3　高等学校内部各层级的权力重心指数

类型	领导层	职能层	院系层	权力结构类型
曾入选“211 工程”高校	0.3602	0.2852	0.3545	沙漏形
博士、硕士授予权高校	0.3202	0.3294	0.3504	金字塔形
学士授予权高校	0.3620	0.3075	0.3305	沙漏形
高等职业学院	0.3524	0.3432	0.3044	倒金字塔形

同样，利用方差分析方法，可以测量高等学校类型不同对各层级权力重心指数（即表 4 中的数据）是否有显著影响。由于表 4 中的数据太小，首先进行了 Z 标准化处理，得到表中对应的 Z 标准化数，然后进行方差分析。方差分析结果（表 4）显示，概率值为 1.000，远远大于显著性水平 0.05，所以接受高等学校类型对各层权力重心指数没有影响的假设。因而，不同的高校类型对各层级权力重心指数没有影响。这也进一步证明了不同类型高校之间权力重心也存在一定的“趋同”。

表 4　学校类型各层级权力重心指数的单因素方差分析结果

Zscore（各层级权力重心指数）

项目	平方和	*df*	均方	*F*	*p*
组间	0.000	3	0.000	0.000	1.000
组内	11.000	8	1.375		
总数	11.000	11			

5）在院系层面，具有学士授予权高校和高等职业学院各类权力主体呈现出明显的“均势”现象，表明权力关系较为复杂；而曾入选“211 工程”的高校和具有博士、硕士授予权高校院系层面各类权力主体的关系较为简单，一个可能的原因是，后者较之于前者在大学治理方面所做的努力更富有成效和实效。

（三）权力运行状态

权力结构需要通过各个权力主体之间的联系，才能在运行中发挥作用。而网络指标中的密度、平均距离和凝聚力指数能够反映各行动者之间的联系、资源信息的流通程度，进而描述权力在运行中所呈现出来的状态。

密度是指网络个体之间联系的紧密程度，是实际存在的线数量与可能存在的线数量的比例，其取值范围为[0，1]。数值越大，表明权力主体间的互动越多，关系越紧密，有良好的信息交流和合作渠道，权力运行得比较流畅。平均距离是指关系网络中任意两点之间最短途径的平均长度，距离越短，则说明它们之间的联系越紧密，中间不经过其他部门或经过很少的部门来取得联系，权力的运行速度较快。凝聚力是衡量组织全部成员通过社会关系联系在一起的程度的指标。凝聚力指数越大，表明网络成员（领导、部门）之间的关系越紧密，能够形成较大的合力（表 5）。

表 5　不同类型高校权力运行状态

类型	密度	平均距离	凝聚力
曾入选“211 工程”高校	0.8143	1.186	0.907
博士、硕士授予权高校	0.8619	1.138	0.931
学士授予权高校	0.8476	1.152	0.924
高等职业学院	0.8333	1.167	0.917

表 5 通过相关指标测算了不同类型高校的权力运行状态，反映出了学院所处的权力环境状况。其中，博士、硕士授予权高校拥有最高的网络密度、最短的平均距离和最大的凝聚力指数，表明这类高等学校全体主体之间互动频繁，权力运行顺畅，沟通便捷，整个权力网络拥有较大的组织合力和良好的运行效率。博士、硕士授予权高校拥有比曾入选“211 工程”的高校更小的规模和比学士授予权高校和高等职业学院更规范的管理体制，可能是导致其权力运行状态的主要原因。

曾入选“211 工程”的高校的权力运行表现出最低的网络密度和最小的网络凝聚力。这类高等学校是我国顶级的高等教育机构，具有良好的学术自由传统，学术自由的特性与以权力为核心构建的网络密度、凝聚力之间存在着天然的矛盾。

此外，曾入选“211 工程”的高校和高等职业学院的网络平均距离较大，权力沟通不畅，运行效率较低。

四、结论

本次研究运用社会网络分析方法，呈现出了我国不同类型高等学校的院权力结构和运行状态。研究发现，校院两级管理体制是我国高等学校管理体制的实际情况，权力集中于校、院两级的领导者身上，校、院、系三级管理体系的真正确立需要给予院一级必要的自主权；高等学校组织“底部沉重”的特性，在博士、硕士学位授予权高校的表现明显，此类高校中的院拥有更大的自主权；不同类型高等学校之间的权力结构“趋同性”，反映了高等教育管理体制对高等学校权力结构的深刻影响和作用；博士、硕士授予权高校在信息沟通、权力运行方面拥有很高的效率，而曾入选“211 工程”的高校在学术自由氛围的影响下，无论是权力主体间的沟通还是权力网络凝聚力方面，都受到一定影响；曾入选“211 工程”的高校和高等职业学院的权责关系需要进一步理顺，以提高权力主体间的沟通效率。

从推进大学治理的角度看，我国高等学校需要进一步在校内适当进行权力下放和横向的分权，赋予学院各级各类委员会必要的自主权；在学院治理方面，需要进一步理顺权责关系，可采用权责清单的方式明确权责边界，还高等学校以“底部沉重”的组织特性；在制度上，高等学校的二级学院尚无统一、明确的领导体制，党政二元结构制、党政合一结构制、院长负责制、党政共同负责制等形式在高等学校的管理实践中均有存在，构建一套符合我国高等学校特色的二级学院领导体制和议事规则，对于赋予二级学院必要权力，最大程度地发挥二级学院管理效能，具有重要意义。此外，不同类型高等学校的学院权力结构、运行状态要有所差别，因此，学院权力结构、运行状态的调整必须立足于校情。

本次研究还存在一定的不足，如通过关系强度来测量权力大小是否可行有待深入研究，高等学校类型划分应该进一步细分，研究样本量尚可继续扩大等，这些方面将是进一步深入研究的方向。

参考文献

[1] 刘向东，陈英霞. 大学治理结构剖析[J]. 中国软科学，2007，11（7）：97.

[2] 郭桂英. 学科群与学院制[J]. 高等教育研究，1996，（6）：42.

[3] 宣勇. 论大学的校院关系与二级学院治理[J]. 现代教育管理，2016，（7）：1，4.

[4] 彭英，魏银霞. 推动大学章程建设构建以学术权力为主导的二级学院管理体制. Proceedings of 2015 5th International Conference on Applied Social Science（ICASS 2015 V82）[C]. Information Engineering Research Institute Press，2015：326.

[5] 张月铭. 高校管理重心下移后的行政权力和学术权力[J]. 辽宁教育研究，2002，（9）：21-23.

[6] 毕宪顺，刘庆东. 高校内部权力的科学配置及其运行机制研究[J]. 国家教育行政学院学报，2010，（8）：15.

[7] 司晓宏. 关于推进现阶段我国大学章程建设的思考[J]. 教育研究，2014，（11）：84-85.

[8] 刘亚荣，高建广，梅强等. 我国高校实行校院两级管理体制改革的调研报告[J]. 国家教育行政学院学报，2008，（3）：17-18.

[9] 刘克利. 现代大学制度框架下学院层面的权力配置和运行[J]. 大学教育科学，2009，（6）：32.

[10] 贾效明，焦文俊. 大学学院实体化建设中学院治理结构的改革与调整[J]. 北京理工大学学报（社会科学版），2005，（6）：64-66.

[11] 郑勇，徐高明. 权力配置：高校学院制改革的核心[J]. 中国高教研究，2010，（12）：25.

[12] 程勉中. 大学学院制管理改革中责权利关系的调整[J]. 云南民族大学学报（哲学社会科学版），2005，（2）：82-83.

[13] 刘亚荣，李志明，唐宁等. 高校校院两级管理模式研究[J]. 教育与经济，2010，（2）：14，15.

[14] Dobbins M，Knill C，Vögtle E M. An analytical framework for the cross-country comparison of higher education governance. Higher Education，2011，62（5）：665-683.

[15] 贺永平. 公办大学董事会治理制度建构研究[D]. 重庆：西南大学，2012.

[16] Blackman D，Kennedy M. Knowledge management and effective university governance [J]. Journal of Knowledge Management，2009，13（6）：547-563.

[17] Vesna K，Jasminka L，Branko R. Academic staff participation in university governance：internal responses to external quality demand[J].Tertiary Education and Management，2003，9（3）：215-232.

[18] Rayner S，Fuller M，McEwen L，et al. Managing leadership in the UK university：a case for researching the missing professoriate？[J]. Studies in Higher Education，2010，35（6）：617-631.

[19] 张红峰. 大学内部权力博弈的模型分析与制度反思[J]. 国家教育行政学院学报，2012，（7）：21-26.

[20] 郭莉. 当代中国大学学术权力与行政权力的共轭机理研究[D]. 徐州：中国矿业大学，2013：67-69.

[21] 姜华，吴桥阳，李小宾. 三类大学权力结构差异性的实证研究[J]. 云南师范大学学报（哲学社会科学版），2014，46（1）：112-120.

[22] 徐琪，姜华. 大学内部权力结构和决策角色研究——基于社会网络分析的视角[J]. 清华大学教育研究，2016，（1）：55-62.

[23] 钟勇为. 社会网络视角下的二级学院决策的策略选择——以 W 学院专业优化决策为例[J]. 教育发展研究，2014，（1）：17-23.

[24] [美]戴维·诺克，杨松. 社会网络分析（第二版）[M]. 李兰译. 上海：格致出版社，上海人民出版社，2012：9.

[25] 刘军. 整体网分析：UCINET 软件实用指南（第二版）[M]. 上海：格致出版社，上海人民出版社，2014：11-12，126.

[26] 王庆林. 论“去行政化”背景下大学学院的学术权力[J]. 江苏高教，2015，（4）：17.

美国大学内设学院治理结构分析

——以密歇根大学为例[①]

何晓芳　宋冬雪[②]

（大连理工大学高等教育研究院　中国大连　116024）

摘　要　在大力推进高校学院制改革与管理重心下移的背景下，大学内设学院治理成为当前大学治理体系与治理能力现代化建设的关键问题。治理结构是大学决策、执行、监督过程中的权力配置，是学院治理的核心。密歇根大学校级治理模式体现了“重心在下，以院为主”的特点。在内设学院层面，形成了由治理团体、执行委员会与行政官团队构成的行政管理系统，连同一个庞大的委员会系统，共同构成了组织严密且层次清晰的学院治理结构，体现了权力的有效分工与相互制衡的统一，也体现了学术权力的优势及其与行政权力的有效衔接的鲜明特色。

关键词　学院；治理结构；密歇根大学

推进大学治理体系和治理能力现代化建设，是大学改革与发展的着力点。从高校管理实践来看，学院治理是其中的重点与难点。随着学院制改革的推进，学校权力重心的下移已经成为大势所趋。学院作为学校教学、科研、学科建设的基本单元，“底部沉重”的特点将更加明显。在学校权力下移和系行政权力上移的合力作用下，学院成为大学权力新的集聚区。与校一级清晰的治理结构不同，学

---

①　基金项目：教育部哲学社会科学研究重大课题攻关项目（14JZD051）；中央高校基本科研业务费专项资金资助（DUT16RW107）。

②　作者简介：何晓芳（1979—　），辽宁阜新人，大连理工大学高等教育研究院副教授，教育学博士，从事高等教育制度与政策、比较高等教育研究；宋冬雪（1992—　），辽宁营口人，大连理工大学高等教育研究院硕士研究生。

院治理结构完善还有较大空间。治理结构是大学治理的核心问题，本质就是完善大学内部决策、执行、监督过程中的权力配置，使之共同高效地服务于大学组织目标的达成。教育部部长陈宝生提出，治理结构问题，即“治理系统的组成要素和相互关系，对做好教学科研咨询工作具有非常重要的作用”[1]。对此，国际比较研究的视角将有助于对学院治理结构研究的深化。

美国研究型大学学院治理结构方面有其独特之处。密歇根大学与加利福尼亚大学伯克利分校、威斯康星大学麦迪逊分校等一并被称为“公立大学的典范”。因其在人才培养与学术研究领域均成就卓越，更被誉为“公立常春藤”。因此，密歇根大学的学院治理结构可以体现出美国公立研究型大学内部治理结构的一般权力配置特点，进而可以为我国研究型大学治理体系与治理能力现代化提供些许启示。

一、密歇根大学的治理框架及校院关系

大学的治理框架是大学整体运营必须遵循的权力配置与规则体系，体现着一所大学根本的治理理念与实际的治理手段。同时，校院关系是大学管理层与学院一级教学科研单位之间的组织关系，决定着大学办学的主体与权力重心。这二者都深刻地影响和制约着学院的一级治理结构与治理模式。

密歇根大学的治理结构历经 100 多年的修正和完善，在学校治理维度上已经形成了董事会、校长管理团队和大学评议会三权相互独立又相互交融的治理框架。决策系统与执行团队相对独立，专职管理人员与学术人员相得益彰，体现了从决策到执行中各项权力运行的专门化，同时也保证了治理的民主化。大学决策系统以董事会为核心，执行系统以校长为核心，学术治理以评议会为核心。其清晰明确的治理框架同时减轻了管理者的负担，降低了学校治理的风险，各个治理主体相互独立又相互牵制，有利于调动各方主体的积极性，激发治理的活力。

董事会作为大学内部由外行人所组成的最高决策机构，最大限度地缓冲来自外界压力的同时，争取更多的办学资源。董事会运作的所有程序与规则在《密歇根大学学校董事会章程》中都有详细的规定[2]。该章程篇幅较长，内容全面，详细规定了学校与学院的管理、学术机构的职责划分、董事会的议事规则与程序等。董事会下设全体委员会、特别委员会和 2 个常设委员会，常设委员会作为主要议事机构，有明确的职责分工，在相应领域内为董事会提供咨询和建议。

董事会缺乏专业教育和管理人员，在保留对重要事项最终决策权的基础上，将执行权交给校长和大学评议会等拥有经验的专家。根据学校章程规定，校长由董事会任命。作为大学首席执行官，校长在遵守密歇根州法律和密歇根大学章程的条件

下，拥有全面负责学校教学、研究和其他管理事务的广泛权力。以校长为核心，包括两位分校校长、教务长及所有副校长组成的行政管理团队负责实施管理[2]。

大学评议会（senate，又称学校理事会）是密歇根大学学术治理的核心，由全体教授、行政管理团队、学院院长、全职高级研究人员（含图书馆人员），以及由董事会委派的其他主要官员等组成。评论会设有评议会大会和评议会代表大会，成员有明确任期，并实行交错任期制。评议会代表大会同时下设了各级委员会，向行政管理团队提交咨询建议报告。

密歇根大学在董事会章程中详细规定了学校的基本教学组织架构，包括文理学院（college）、学院（school）、系（department）及若干研究所和研究中心。其中，1 所文理学院和 18 所专业学院是密歇根大学最主要的教学单位。文理学院是密歇根大学规模最大的学院，在超过 75 个学术部门和项目的条件下为学生提供超过 100 个学位。在其他 18 所专业学院中，牙科学院、法学院、罗斯商学院等位于美国高校同类学院的前 5 位。从校院关系上看，密歇根大学体现了治理重心下移、以院为主的特点。《密歇根大学校董事会章程》从教学、科研与社会服务三个维度清晰地界定了学院的职责与权限。学院自身拥有学校董事会章程尚未包含的一切学院管理权限，包括制定涉及学院内部事务管理的规范和规则的完整权力。系作为学院之下的一个分支，仅有教学的单一职能，但保留独立预算，向上对学院的预算权力机构负责[2]。系的组织仅为教职员工广泛参与系管理事务提供保障。

二、密歇根大学学院治理结构中的两套系统

密歇根大学学院治理结构包括行政管理系统和委员会系统。《密歇根大学董事会章程》中明确了学院治理的基本框架，即在校董事会批准的前提下，学院治理由治理团体（governing faculty）、院长和执行委员会（the executive committee）负责。同时，数量众多的常设委员会（standing committees）及其分支及管理咨询委员会（administrative advisory committees）等作为治理的权力主体之一，对学院学术事务治理施加影响并提供建议。这两大系统共同构成了学院治理的基本结构。

（一）行政管理系统

学院行政管理系统包括治理团体、院长和执行委员会，如图 1 所示。治理团体是由学术人员所组成的学院行政管理系统的最高决策中心和权力中心。在《密歇根大学董事会章程》《密歇根大学学术治理章程》中均规定，治理团体负责管理相应的学院事务，董事会章程尚未包括的，且是有关其结构、主要运作程序，

以及属于学院治理团体决定权限范围内的事项制定规范，只要获得董事会批准即可载入《学校董事会公报》，同时被授予制定学院内部事务规范和规则的完整权力。学院治理团体，包括该院所有教学型、研究型、临床型的教授、副教授、助理教授，以及有一半或者超过一半的时间在学院中任职，且被教授类人员多数投赞成票授权的指导员和讲师等其他人员。

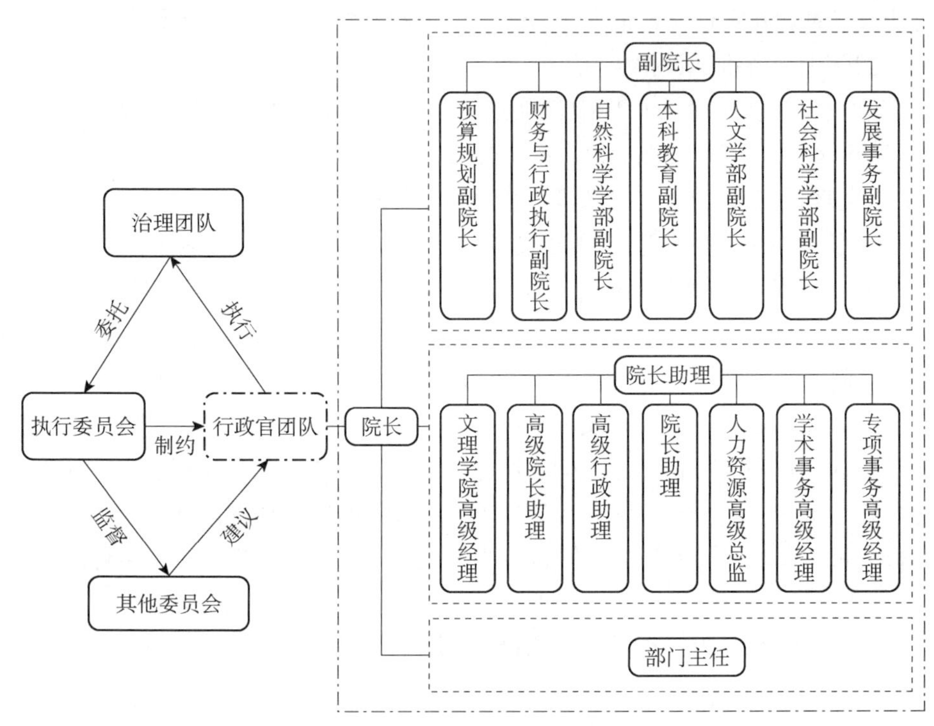

图 1　密歇根大学文理学院行政管理系统

在大多数学院中，治理团体一般委托执行委员会行使自己的权力。学院的执行委员会是该学院常设委员会之一，其构成以学院院长为当然的主席，外加 3—10 名不等的治理团体代表，实行错峰任期制，即保证每年固定出现 2 个空缺以利于委员的错峰流动。正常情况下，院长虽然担任主席但却不享有投票权，只有当执行委员会的选票数相等时，院长才可以投票[3]。执行委员会的职能非常复杂，它既可以面向院长的行政团队提出建议，又可以针对学院教育教学政策开展独立的调查，同时作为教师的代表参与学院的人事选聘与升迁、经费预算与回顾、学术事务最终决策等一系列重要事项决策，同时有权对其他常设委员会的年度报告进行回顾、审议并提出建议。从这个角度看，执行委员会兼有多种职能。作为治理团体的委托机构，充分代表了学院教师群体的利益，参与学术事务的决策；作为行政管理系统中的重要中介机构，为行政官员团队提供协助与建议；作为最重要的常设委员会，对其他委员会的职能履行情况进行评议与监督。执行委员会的设置成为学术权力与行政权力的桥梁和纽带，将不同类型和逻辑的权力主体及权力的运行较好地糅合在一起，体现了密歇根学院治理结构的鲜明特色。

以院长为核心的行政官员构成了学院行政管理系统的执行中心。学院院长、主任或行政负责人是由董事会依据校长的推荐任命，行政管理上直接对主管副校长或者教务长负责。作为学院的首席执行官和执行委员会的主席，院长应履行由董事会、校长、教务长规定的职责，同时履行由学院治理团体制定的规范和规则。院长一般都配备着若干副院长、院长助理、部门主任等辅助人员，后者主要负责协助院长行使其行政职能，分工明确，直接对院长负责，共同构成行政官团队。副院长和各部门主任由院长任命，但同时也需要经过执行委员会的批准。部门主任的主要工作有以下三项：第一，负责部门的日常运作；第二，在基层部门教师集体协商的基础上，确定基层组织结构；第三，确定部门对教职员工招聘和发展的需要，报院长审批。行政官团队有责任定期召开会议以讨论学院范围内的问题。

（二）委员会系统

委员会是密歇根大学学院治理中非常重要的权力主体之一。从委员会的数量、治理范围、职责权限等多个角度而言，将密歇根大学学院治理称为“委员会治理模式”也并不为过，因为委员会已经成为学院治理的核心，同时也是学院各利益主体进行协商与妥协的主要场所。密歇根学院委员会系统主要由常设委员会及其下属委员会（subcommittees of standing committee）及管理咨询委员会 3 类构成。

常设委员会是专门性的委员会，其职责主要是就学院内部某些特定问题进行初步审议、提出建议，并对学院行政管理机构的活动进行监督。常设委员会的组成情况，除分管此事项的副院长自动作为成员但不享有表决权之外，其他成员均由治理团体或各部门的教师投票选举产生。主席由全体委员会成员选举产生，而非由校长或院长任命。这样在确保委员会与行政官团队的有效沟通的同时，最大程度保障了委员会在实际运作中的相对独立性。常设委员会都有各自的常委会规则，明确了委员会的职能及其履行。除了向院长提供专项调研结论并提供建议之外，常设委员会的规定动作还包括，每年向院长办公室提交书面报告，对委员会当年的履职情况及第二年的发展规划进行汇报。这样便实现了行政官团队与常设委员会之间的相互制约和监督。

以牙科学院为例，该学院除执行委员会之外，共设置 5 个常设委员会，分别为任职、升职和终身教职委员会，提名与选举委员会，DDS 课程委员会，口腔卫生学课程委员会，章程委员会，见图 2[4]。其中，任职、升职和终身教职委员会是除执行委员会之外的第二大常设委员会。在委员的组成上，负责教师事务的副院长是当然委员，但无表决权。执行委员会的成员和系主任均没有资格进入该委员会。委员会由 6 位教授委员组成，占到所有教授级教职员工的一半以上。该委员会的职责范围包括：向院长和执行委员会提交关于 50%或者更多的与教学研究人员聘用相关的建议；受院长和执行委员会的委托提交关于其他人员任命的建议；向院长和执行委员会提交关于教师升迁与授予终身教职的建议；每年审查教师聘用、升职和终身教职授予相关政策、标准和程序的合理性，并在必要时提出改革的建议；揭示潜在的利益冲突，并在必要时进行回避。

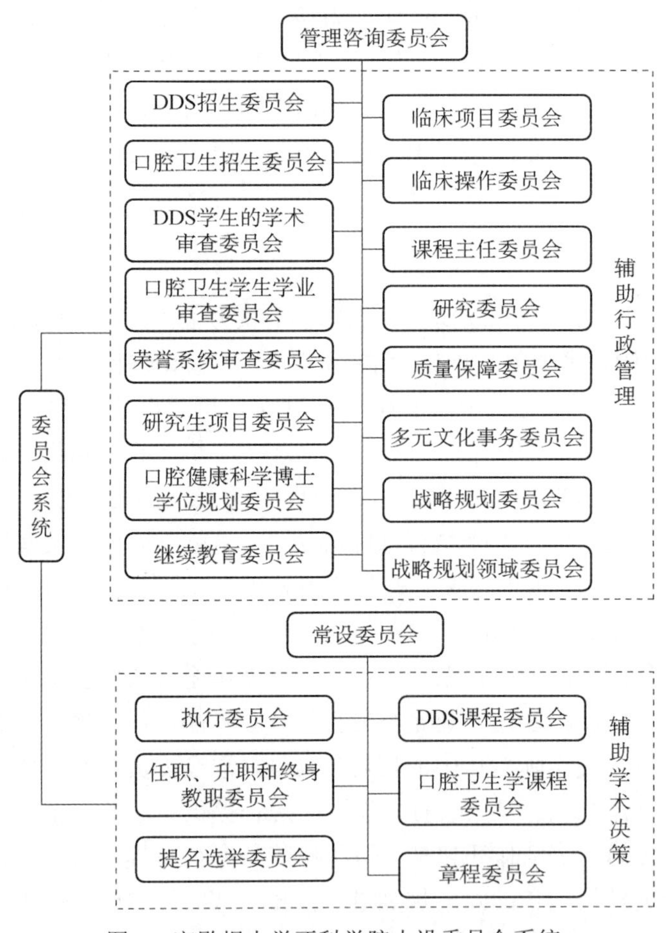

图 2　密歇根大学牙科学院内设委员会系统

可见，从委员会的构成与职责来看，常设委员会是治理团体学术治理的延伸，体现着对学院重要事项的高度的决策影响力，是学术权力履行的实体机构。依据学校与学院章程的规定，常设委员会有权力就其职能的某一方面设立其下属委员会。

此外，学院一般还设有多个管理咨询委员会，用于加强与促进学院行政管理工作，为学院院长提交有关行政管理的咨询信息或政策建议。管理咨询委员会同样有明确的委员会规则，对委员会的职能及其履行进行详细的规定。管理咨询委员会须每年向院长办公室提交一份书面报告，对委员会当年的履职情况进行汇报，并为来年的行动提出建议。所有管理咨询委员会的成员均由院长、副院长或执行委员会主席任命。主席由院长任命，一般由副院长或副主任担任，任期 3 年，不得连任。仍然以牙科学院为例，该院共设置 16 个管理咨询委员会（图 2），其中的战略规划委员会非常典型。该委员会主席由学院院长担任，成员由院长任命，涵盖了全院教师、职工、学生、治理团体等代表。该委员会的职能包括对学院教学与研究等方面的效益进行分析；每年向行政官团队和执行委员会提交战略规划；向学院教职员工和学生交流战略规划进展；征求来自执行委员会、各委员会主席、行政官团队、教职员工和学生的意见；针对学院战略目标的调整提交建议与报告。可见，管理咨询委员会直接对以院长为首的行政官团队负责，接受其直接领导与监督，并就学院行政管理问题提供相应的调查与建议，是学院一级行政管理系统的辅助与建议机构，用来保障行政管理工作的科学性。

三、密歇根大学学院治理结构的启示与建议

当前我国大学治理体系与治理能力现代化建设的空间仍然很大，治理结构的完善是核心问题，学院治理是薄弱环节。密歇根大学的学院治理经验可以从多个角度给我们提供诸多启示。

（一）高校治理体系与治理能力现代化应以治理重心下移为先导

密歇根大学在内部学院设置上体现了典型的美国模式，即以传统的多学科综合的文理学院为主体，辅以专业学院的架构。从校院关系来看，各级章程中均明确了学院作为基层办学主体的主体地位，保留了一切学校董事会章程中尚未包括的学院管理的完整权限，学院内部的行政管理系统与委员会系统相得益彰，涵盖了人事、教学、财务等全部学院重大事项的决策，体现着重心在下、以院为主的治理结构的特点。这对于我国高校治理体系与治理能力现代化建设的启示是深刻的。

建立和不断完善现代大学制度，促进我国大学治理体系和治理能力的现代化，是深化我国高等教育改革与发展的总体目标。其中，治理重心的下移是问题的关键。从改革实践中也可以发现，权力下行是大势所趋。从十八届三中全会提

出治理体系和治理能力现代化以后，我国教育部出台的很多文件都在大力推进这项工作。在中央和地方两级管理部门的关系上，加强省级政府教育统筹权；在政府与高校的关系上，落实学校的办学自主权，承诺“把该放的放掉，把该管的管好，做到不缺位、不越位、不错位”。可见，高校的办学自主权将进一步扩大。高校能否接住和用好这些权力的关键，在于高校治理的重心在哪里。高校多年来形成的行政科层体制与“垂直式”的领导模式已经产生了较多的问题，直接导致了学院层面办学活力与热情的缺失。复旦大学已经在 2015 年的诸多内部改革中释放了扩大学院办学自主权的信号，引发了国内众多高校的关注[5]。只有借鉴国外高校的治理经验，实行学校、学院二级办学单位两级管理，以院为主的治理模式，按照增强活力、责权统一的原则，精简管理层级，调适管理跨度，下移管理重心并强化目标管理，才能令高校由下至上释放出办学活力。

（二）学院治理结构的完善应以制度规范建设为先机

包括密歇根大学在内的很多美国大学，实施的都是典型的章程治理。密歇根大学及其学院的章程十分规范详尽。《密歇根大学董事会章程》《密歇根大学学术治理章程》及各学院章程共同构成了该大学治理的制度体系。各项章程均明确了包括治理团体、委员会、院长、副院长、部门主任及相关管理人员在内的权责关系，以及其他决策机构自身的管理与程序规则，如必须遵循《罗伯特命令规则》中议会程序规则的规定，保留团体决议记录，以书面形式向院长、各级校长及董事会提交文件等，体现了高度的程序化和规范性。

这些恰恰是当前我国高校内设学院治理最为欠缺之处。我国高校的权力配置突出的特点，是对于横向权力配置如行政权力、学术权力、政治权力的关系关注得比较多，对纵向权力的配置如学院及基层办学组织权力配置关注得比较少。就现行法规制度体系来说，对大学内部治理和权力运行的相关规定主要集中在学校层面，对大学内设学院的治理模式、权力关系和运行方式，缺乏明确的制度依循。《中国共产党普通高等学校基层组织工作条例》《高等学校学术委员会规程》《学校教职工代表大会规定》等制度文献，除了规定学院“通过党政联席会议，讨论和决定本单位重要事项。支持本单位行政领导班子和负责人在其职责范围内独立负责地开展工作”之外，对党政联席会的运行程序与规则、学院学术委员会等学术权力机构、教职工代表大会等民主权力形式的权限与实施程序，没有明确的规定，因此给我国高校内设学院管理及权力运行留下了较大的空间。当前普遍存在的学院各权力主体职权不清、权力边界不明、权力运行无序、权力之间制约不足、权力监督不够等问题，主要就是权力运行与监督中相应的规范与制度缺失所造成的，客观上形成了权力过度集中又得不到有效约束的现象。

因此，让学院基层组织用好权力的关键在于学院制度建设，制度包括学校章程中对于学院办学主体的承认与实际赋权，以及二级学院自身的章程建设，还包括对目前学院党政联席会议制度、学术委员会制度、教授委员会制度、学院信息公开制度、二级学院纪委监督制度、二级教代会民主监督制度等的完善与规范。因此，明确权力配置，健全权力运行制约与监督制度，提高制度的科学性、约束力和执行力，才能有效地配置办学资源，既最大限度地激发学院的办学活力，又防止出现内耗现象和腐败行为。

（三）在学院内部构建以学术权力为主、权力相互制约为辅的集体决策模式

如果不将研究的视角放在学院一级，我们很容易将美国高校治理结构简单理解为学术权力与行政权力两权分离又有渗透的模式。我们所熟悉的由董事会、校长、评议会所构成的学校一级权力体系确实体现了这一特点。但学校与学院的治理结构存在根本差别。在学校层面上，以校长为首的行政权力系统和以评议会为代表的学术权力系统相对分离，但在学院，两种权力的契合度较高。由于办学的重心在学院，由学术人员所组成的治理团体是学院行政管理系统最高的决策中心和权力中心，以院长为核心的行政官员是学院行政管理系统的执行中心，二者通过常设执行委员会进行软连接，保证了学术权力在学院治理中的硬着陆。数量众多、分工明确的委员会有三个功能：其一，以委员会为核心的集体决策保证了学院治理的科学性与合理性；其二，进一步吸纳更多教职员工及学生参与学院治理，提升了治理的民主性与参与度；其三，通过调查、咨询、建议等职能的实施，保证权力之间的相互制约与监督。例如，各部门主任由院长任命，但同时需要经过执行委员会的批准；执行委员会的主席由院长担任，但一般情况下院长没有投票权；所有常设委员会成员均由治理团体选举产生，但同样受制于院长，须每年向院长提交书面报告，总结年度工作并提出发展规划。由此可见，密歇根大学的学院治理体现出了鲜明的以学术权力为主、权力相互制约为辅的集体决策的特点。

反思我国高校学院内部权力关系，问题有二：其一，是学术权力的相对弱势地位；二是权力之间相互制约机制的缺失。我们经常看到学院治理实践中的三种现象，即学术搭台、行政唱戏；临时组阁、就事论事；权力集中、缺乏监督。有些学院内部各类委员会设置齐全，但章程缺失，委员会组成与产生规程、职责、权利、义务及议事规则均不明确，无法发挥应有的作用。同时，沿用科层领导方式造成了行政独大或行政引导学术决策的现象屡见不

鲜；还有学院缺乏常设的治理委员会系统，在决策时难以形成稳定的治理团队，往往临时随机组成，难以保证治理的科学性与可持续性；还有的学院学术话语权与行政决策权高度集中在少数人手中，难以形成集体决策，治理的民主性无法得到保证。

学院决策首先是学术决策，其次应该是集体决策，在这个过程中要保证权力之间的相互制约和民主监督。从学科建设、经费分配、教师选聘、职称评定到人才培养、学位授予，学院治理的核心都是学术治理。学院成员既是参与者又是决策者，所应维护的是学院的根本利益，以及教师和其他成员的根本利益，而非某一权力主体的局部利益。因此，我们现行的党政联席会议制度、教授会制度、学术委员会制度、二级教代会制度、学院信息公开制度等，都需要明确各自的职责与实施细则，并在权力的实施过程中保证相互之间的渗透，形成权力之间的相互牵制，最终实现民主集体决策。

总之，随着办学体制和运行模式的变化，高校内设学院作为办学实体的特征更加鲜明，其权力运行呈现出复杂性和典型性。加强学院治理结构建设，建议从如下几个方面着手：其一，完成权力的下放与分解过程。在纵向上实现权力重心由学校向学院的转移，同时以一系列规范制度建设作为先导；在横向上实现行政权力向各种专业委员会的转移。这大大提升了治理的专业性，有效避免了权力的滥用与失误。其二，明确学院内部各项权力的边界及运行规则，明确有所为有所不能为的底线。其三，构建权力相互制约与监督的体制机制，维持学院内部治理的平衡。

参考文献

[1] 陈宝生. 把握改革总目标　深化国家治理现代化研究[J]. 国家行政学院学报，2014，(4)：4-8.

[2] The bylaws of the University of Michigan Board of Regents [EB/OL].http：//regents.umich.edu/bylaws/bylaws_pref.html[2016-09-20].

[3] Michigan State University bylaws for academic governance[EB/OL]. http：//acadgov. umich.edu.cn/bylaws_html[2016-07-15].

[4] Bylaws Committee. Bylaws of the school of dentistry of University of Michigan[EB/OL]. http：//www.lsa.umich.edu/UMICH/facstaff/Home_pref.html[2016-08-12].

[5] 复旦校改：让第一线了解情况的人做决策[EB/OL]. http：//news.china.com.cn/live/2015-01/16/content_30865722_2.html[2016-08-30].

高校院系层面内部治理结构现状调查研究①

张雷生②

（吉林大学高等教育研究所　中国长春　130012）

摘　要　本文在长期参与式观察和借鉴现有研究的基础上，开发设计了"高校院系层面内部治理结构现状调查问卷"。问卷结果统计分析发现，当前我国高校院系层面内部治理结构基本合理，对参与高校院系内部治理热情高涨和消极并存，认识上的分化态势比较明显，根源在于现有的教职员工参与内部治理渠道单一，长期积累下来的行政权力过于集中等因素，阻碍了学校朝着以科学、规范、制度、共享等为代表特征的善治和共治方向发展。

关键词　高校内部治理；治理结构；权力配置；利益相关者；治理现代化

《国家中长期教育改革和发展规划纲要（2010—2020年）》实施过半，全面深化我国高等教育综合改革进入到了新的纵深阶段，其核心工作是建设符合国际惯例标准并具有中国特色的现代大学制度。完善我国高校二级学院的治理结构，是深化校院两级管理体制改革，进而推动现代大学制度建设的重要路径，优化高校二级学院内部治理体系堪称全面深化高等教育综合改革的重要着力点和抓手。[1]在当前国内大力推进"双一流"建设的背景下，深入调查、研究高校内部治理结构现状及存在的问题，鼓励和引导高校教职员工、引进社会化专业人士参与高校内部治理，尤其是对改革和完善院系层面内部治理结构和权力配置结构等提出建

① 基金项目：2016年度国家社会科学基金一般项目"东亚地区世界一流大学法人内部治理结构比较研究"（项目编号：16BZZ082）的阶段性研究成果。由于行政职务存在兼职等形式，本文在计算统计时数字会存在差异，特此说明。

② 作者简介：张雷生（1975—　），河南开封人，博士，吉林大学高等教育研究所讲师，韩国延世大学教育科学研究院客座研究员，主要研究方向为教育行政管理及国际高等教育政策。

设性的意见和建议，对于推进“双一流”建设的顺利实施、服务建设高等教育强国战略具有重要的理论意义和实践意义。

一、研究对象和过程

（一）调查内容设计框架

高校二级学院内部治理问题的本质是合理分配高校内部的政治权力、行政权力、学术权力、监督权力等权力体系，追求高校发展与治理过程中利益者主体的共同参与，妥善解决高等教育改革过程中面临的既得利益格局与未来长远发展之间的深层次矛盾[2]。解决好该矛盾将有助于清晰界定高校各权力主体和利益相关者在权力和权利、责任和义务之间的界限，可以有效发挥高校本体办学功能，推进“双一流”建设的高等教育发展目标的实现。

本次研究中，高校二级学院内部治理结构作用和成效调查问卷主要分为高校二级学院内部治理结构认知、运营情况、效果、作用及建议对策六个部分。分析对象为高校二级学院内部治理结构中的制度及建制，院系党政联席会（院务会），学术委员会及院长选任，教代会、学代会、校外成员的参与及共享治理、责权划分等环节，主要结合共享治理理论来深入分析高校教职员工对这些环节的认知状况，以及认知状况产生的深层次原因，重点考察高校二级学院内部治理的民主性、代表性、责权性、自主性等因素。

（二）调查对象特征的概述

本次问卷调查从 2016 年 4 月 10 开始到 9 月 10 日结束，历时 5 个月，选取了包括吉林大学、东北师范大学、延边大学、哈尔滨商业大学、渤海大学等高校在内的东北三省（黑龙江、吉林、辽宁）的 8 所高校，共发放问卷 500 份，回收有效问卷 324 份，有效回收率为 64.8%。其中，男性为 265 人，女性为 59 人；正高职称有 66 人（20.4%），副高职称有 89 人（27.5%），中级职称有 99 人（30.6%），初级及未定级人员合计 70 人（21.6%）。

以岗位特点而言，包括专职教师、教辅、科研人员在内的一线普通教师 220 人（67.9%），专职行政管理人员 104 人（32.1%）。

在行政人员的行政职务组成方面，校级领导 8 人（2.47%），院系及学校行政部门负责人 48 人（14.81%），科室负责人 32 人（9.88%），剩余 24 人为普通行政职员（7.41%）。

关于所在学校的工作年限，64 人为 2 年以下（19.75%），5 年以下有 48 人（14.81%），比例最大的为 10 年以下，有 126 人（38.89%），10 年以上有 86 人（26.54%）。

二、调查结果与分析

本文在对回收的问卷数据进行编码处理后，借助社会科学统计软件包（SPSS 18.0）对问卷的各个问题维度进行了统计分析，具体分析结果如下。

（一）制度建制层面上对学院内部治理结构的认知

考察一所大学的治理结构，最便捷的途径就是用大学章程考察其内部治理机构的设置及职权划分情况[3]。世界各国普遍将大学章程作为建立大学治理基本架构的规则基础，明确大学与各治理主体间的关系，对内部治理要素间的关系进行界定。大学内部治理机构是对现代大学制度内部架构进行规范和完善的核心，包括行政机构、学术机构和民主监督机构等。在“所在大学的章程是否对校院两级治理结构作出了明确规定”方面，有 22.9%的应答者认为“非常明确”，39.6%的应答者认为“明确”，两项之和占整体调查对象的 62.5%，而认为“不明确”的占 18.8%，仅有 2.1%的应答者认为“非常不明确”，16.7%的应答者表示“不清楚”，详见表 1。

表 1　制度建制层面上学院内部治理结构的认知状况　　单位：%

序号	内部治理结构项目内容	主要认知状况				
1	章程对高校二级学院设置规定的明确性	非常明确（22.9）	明确（39.6）	不清楚（16.7）	不明确（18.8）	非常不明确（2.1）
2	学校章程明确规定校院两级治理结构的必要性	非常必要（20.8）	必要（12.5）	不清楚（2.1）	不必要（2.1）	非常不必要（62.5）
3	高校二级学院设置的合理性	非常合理（2.1）	合理（45.8）	不清楚（4.2）	不合理（37.5）	非常不合理（10.4）
4	高校二级学院设置改进的必要性	非常必要（25.0）	必要（20.8）	不清楚（5.0）	不必要（47.9）	非常不必要（2.1）

值得注意的是，在目前国内已颁布实施的各高校章程中，对校院两级权力的运行进行明确规定的并不多见，这导致学院层面在章程和规章制度的体系化建设方面的认知提升存在较大的改进空间，对权限边界和范围不甚清晰，甚至存在教职员工等相关人员对之漠不关心等尴尬现实。这种状况在对“学校章程对校院两级治理结构明确规定”的必要性认知方面可以寻找到答案，20.8%的应答

者认为“非常必要”，12.5%的应答者认为“必要”，两项之和占到了 1/3（33.1%）；而高达 62.5%的人认为“非常不必要”，认为“不必要”和“不清楚”的分别为 2.1%。

对“高校目前对学院等二级单位的设置是否合理”的认知方面，有近一半的应答者认为“合理”（45.8%），另外有 37.5%的应答者认为“不合理”，还有10.4%的应答者认为“非常不合理”，认为“非常合理”和“不清楚”的分别占2.1%和 4.2%。与之相关，在对“改进目前高校对学院等二级单位的设置”的反应方面，有 1/4 的应答者认为“非常必要”，认为“必要”的占 20.8%，两者合计占总体人数的近一半（45.8%），与之形成鲜明对比的则是超过一半的应答者认为“不必要”（47.9%），另有 2.1%的应答者认为“非常不必要”。可见，对学院等单位的合理性设置认知与改进二级学院的设置两者间呈现出一致性。

（二）高校二级学院权力决策机构状况认知

如表 2 所示，在“所在学校（学院）党政联席会议制度运转状况”认知方面，有 16.7%的应答者回答“非常好”，近一半的应答者认为“良好”（47.9%），两者合计占总体参加人员的近 2/3（64.6%）。可见，当前学校（学院）的党政联席会议制度具有广泛的群众基础，而且运行较为成熟。与此同时，不可忽视的是，依然有相当部分的应答者选择了“不清楚”（22.4%）。由此可见，当前高校党政联席会议制度依旧有很大的改进空间，在贯彻和进一步深化扩大高校内部治理的全员参与方面仍有很大改进的可能。

在调研过程中，高校教职员工反映的当前学院党政联席会议制度存在的深层次问题概括如下。

首先，党政关系不融洽。一方面，表现为学院院长的行政力量过于强大，党委书记的政治领导核心地位边缘化。具体表现为“党的先进作用体现不出来”“书记的作用不明显”“院长权力过于集中”“院长说了算，制度无法执行”“各学院都是院长说了算，官僚主义”“在人、财、物方面书记大多不具有决定权”；另一方面，党委大包大揽，越俎代庖，表现为“党政一把手个人主观意识影响大”“会议内容仅仅是党委少数领导的个人决策”“党政一把手之间缺乏团结合作”“本本主义”“严重脱离群众及普通党员”等。

其次，学院党政联席会议制度发挥的作用不足，形式主义严重。具体表现为“是一个形式上的机构”“党委成员不够重视，职责分工不明朗，缺乏沟通”“形式主义，学科参与度不高”“缺乏必要的沟通”“领导班子成员充当老好人、和事佬，明哲保身”“不关心教工发展”“缺少基层与学校之间的沟通反馈通道”

“学校没有明确的制度和管理规定”等。

表 2　高校二级学院权利决策机构状况　　单位：%

序号	主要内部治理结构	主要认知状况				
1	二级学院党政联席会议制度运转状况	非常好（16.7）	良好（47.9）	不清楚（22.4）	不好（8.8）	非常不好（4.2）
2	学院教授委员会和学术委员会运行状况	非常顺畅（6.3）	顺畅（45.8）	不知道（12.5）	不顺畅（29.2）	非常不顺畅（6.3）
3	“教授治学”在学院落实的效果	非常好（6.3）	良好（39.6）	不清楚（0）	不好（37.4）	非常不好（16.7）
4	“民主监督”在学院落实的效果	非常好（6.3）	良好（45.8）	不清楚（4.2）	不好（25.0）	非常不好（18.8）

最后，学院党政联席会议的决策程序缺乏民主参与、效率低下，表现为“领导一言堂，议题提前审议不充分，议题议而不决”“不够民主”“决策时间过长”“权责不明确，时间无保障，实效性差及随机性大，计划性不强”“过程太繁琐”“家长制”“教授和一线科研人员少”“效率不高”“决策效率低”“会议缺乏明确的透明性”“广大教职工不关心这种会议制度”“脱离群众，议题及结果未完全公开”“偏离学院办学实际情况”等。

综上所述，当前学院层面的党政联席会议制度存在的主要问题是效率低、参与程度低、形式化、分工不明确、过程不透明等。在深化高等教育综合改革和完善高校内部治理、提升高校内部治理水平的今天，如何回应教育改革发展的需求，值得高校管理部门深思。

在“从制度建设的角度加强和改进学院的党政集体领导”方面，应答者给出了很多中肯的意见和建议。

首先，应发挥学院党委等基层党组织的决策与核心领导作用，确保社会主义办学方向不跑偏。其意见包括“完善党政联席会制度”“坚持党政联席会议制度”“发挥好党政联席会的作用”“加强党的领导”“建立党委把关的委员会制”“党委把握方向”“明确党政职责分工，书记管财权和人事权，院长管业务”“党委对党内和行政进行监督，各司其职，规范换届”“明确党委会议事范围”“党政集体要和谐”“书记院长都有签字权，探索党组织集体领导下的院长系主任负责制”等。由此可见，广大教职员工在坚决拥护和支持党委领导下的学院权力决策制度的同时，也提出了诸多符合高校实际的宝贵意见和建设性建议，这些对进一步发挥好党委会的政治保障作用具有积极意义。

其次，发挥好学术组织的作用，规范学院在教育教学、人才培养和科学研究及社会服务等方面的规章制度建设，营造良好的以“民主参与、民主监督、民主决策”为代表特征的民主治理和参与、共享治理氛围与治理文化。其意见包括“明确联席会议制度”“制定制度，严格执行，注重保护教师权益”“避免领导一言堂”“广泛听取教职员工意见”“倾听基层声音”“多听群众意见，加强沟通，落实好集体领导制”“加强教师/教授委员会的监督作用，加强教授治校（院）力度”“立好规章制度，确保落到实处”“明确承诺科学决策”“责权需要统一”“清晰划分党政和学术权力界限”“明确‘三重一大’，明确议事内容，明确责任，明确职责”。这些意见和建议从建章立制和遵章守纪，到广开言路、从谏如流，再到明确权责等，为今后完善和改进学院内部治理指明了方向和原则。

最后，加强职责分工，强化民主决策，增加沟通和参与渠道，鼓励广泛参与管理。其建议和意见包括“学校的总体布局和发展方向要确定后不能更改”“党政各谋其政，科学民主决策，沟通协调，回归学术本位”“行政部门为教学和科研服务”“重大事项集体决策”“加强制度落实监督检查”“坚持按制度治院，领导带头遵守制度规则”“书记要有明确的与学院相关的学科背景”“学院加强目标管理，增加中青年教师话语权”“尊重行政，淡化领导权，强化课题组和学科带头人权力”“权力重心下移，深入开展调研”“党监督权，政是服务权”等，这些意见和建议为今后探索学院内部行政权力、学术权力、监督权力的独立与制衡指明了路径，突出了行政的服务意识和服务能力，强化了学术话语权，扩大了民主监督和民主参与，这些观点都是大学内部治理状况的应然状态。

在对所在学院教授委员会和学术委员会的运行机制是否顺畅的调查中，结果发现，仅有 6.3%的应答者认为“非常顺畅”，45.8%的应答者认为“顺畅”，两者合起来超过了 1/2。29.2%的应答者认为“不顺畅”，甚至还有 6.3%的应答者认为“非常不顺畅”，甚至还有 12.5%的应答者表示对该机制“压根不知道”。可见，尽管当前所在学院的教授委员会和学术委员会在高校已经普遍发挥作用，但是依然有很大的改善空间。

随着高等教育国际化进程的不断加快，西方高等教育发达国家的一些治理理念不断被传播到国内，教授治学是最有市场和最富有争议的一大热门议题，长期以来围绕“教授治学或教授治校”这个话题争执不断。在对“‘教授治学’在您所在学院落实的效果”的调查中发现，仅有 6.3%的应答者认为“效果非常好”；39.6%的应答者表示“效果良好”，37.4%的应答者表示“效果不好”，二者势均力敌；另有 16.7%的应答者甚至认为“效果非常不好”。可见，“教授治学”这项看似非常国际化和先进的高校治理模式在国内高校尚未真正扎根。

作为贯彻基层民主最有效的途径之一，高校内部的民主监督能否很好地得到落实至关重要。在对所在学院落实“民主监督”的效果的认知方面，调查发现，仅有6.3%的应答者认为“效果非常好”，45.8%的应答者认为“效果良好”，占整体应答者的将近一半，以上两项合起来占52.1%。同时，有1/4的应答者认为“不好”；更有18.8%的应答者认为“非常不好”，接近占整体应答者的1/5；甚至有4.2%的应答者表示对该机制“压根不知道”。可见，对国内高校而言，高校内部的民主监督无论是其氛围养成，还是教职员工参与热情的培育，即使教职工主动、积极、自觉地监督高校内部治理，今后都有很长的路要走。

（三）高校二级学院院长产生机制及改革认知

作为高校内部治理体系的重要环节，学院院长产生机制一直是一个难点和重点。如表3所示，在对院长产生机制的调查中，发现有37.5%的应答者选择了“公开选举”，接下来是“提名选举”（33.3%），剩余近1/3的应答者回答“不清楚”（29.2%）。可见，当前高校内部的人事自主权及广大教职员工的民主参与意识和参与程度均有很大改进空间。

作为高校内部基层民主改革的代表性举措，“公选”学院院长在一些高校进行了试点，尽管由于在执行过程中程序和流程，或者缺少广泛深入的民主参与氛围等导致该项举措存在很多争议，但是该项制度试点运营以来还是受到广大教职员工的广泛欢迎和赞赏。调查显示，20.8%的应答者认为“公选”学院院长“非常可行”，45.9%的应答者表示“可行”，两者合计超过了2/3（66.7%）；有16.7%的应答者认为该种产生方式“不可行”，仅有4.2%的应答者表示“非常不可行”，另有高达12.5%的应答者持事不关己、高高挂起或毫不知情的态度。可见，推进一项制度改革创新不仅需要广泛的宣传，更加需要广大教职员工都尽心尽力、建言献策、群策群力，只有这样，才有望使学校治理沿着法制化、科学化、民主化的道路走得越来越顺畅。

为了说明院长的产生机制在整个高校内部治理体系中的重要地位，了解作为利益相关者集团代表的广大教职员工的民主参与意识和热情，对改进当前院长产生机制的必要性调查显示，41.7%的应答者认为“非常必要改进”，有1/4的应答者认为“必要改进”，两者合计为66.7%；不过，也有1/4的应答者回答“不必要改进”。由此可见，改进当前学院层面最高行政权力人员院长的产生机制实属众望所归。

表 3　高校二级学院院长产生机制及改革状况　　单位：%

序号	内部治理结构具体表现	主要认知状况				
1	学院院长产生机制办法	公开选举（37.5）	提名选举（33.3）	不清楚（29.2）	—	—
2	“公选”学院院长的可行性	非常可行（20.8）	可行（45.9）	不清楚（12.5）	不可行（16.7）	非常不可行（4.2）
3	改进院长产生机制的必要性	非常必要（41.7）	必要（25.0）	不清楚（4.3）	不必要（25.0）	非常不必要（4.0）
4	实行学院党委领导下的院长负责制的可行性	非常可行（6.3）	可行（41.7）	不清楚（8.2）	不可行（27.1）	非常不可行（16.8）

在对“实行学院党委领导下的院长负责制的可行性”的感知方面，有 41.7%的应答者认为“可行”，仅有 6.3%的应答者认为“非常可行”，两者合计接近占应答者总数的一半；与之相对比，有高达 27.1%的应答者认为“不可行”，再加上 16.8%的应答者认为“非常不可行”，反对的声音占到了 43.9%。这意味着参照公办高校校一级领导体制，在学院一级实行“院系党组织负责人领导下的院长负责制”的认知存在明显矛盾，该制度的推行需要进一步深入调研和探讨，切不可操之过急、匆忙上马，应广泛听取和了解院系层面一线教师的态度，进而作出科学、民主的决策。

（四）高校二级学院“共享参与式”治理状况认知

教职工代表大会和学生代表大会（简称“教代会”“学代会”），顾名思义是高校教职员工和学生的代表大会，是高校中反映教职员工和学生呼声、代表广大教职员工和学生切身利益、维护教职员工和学生合法权益的团体组织，其对贯彻和落实高校内部基层民主和民主监督起到至关重要的作用。调查显示，81.3%的应答者回答“所在学院有院一级‘教代会’‘学代会’”，仅 12.5%的应答者表示“所在学院没有院一级‘教代会’‘学代会’”，极少数应答者回答“不知道所在学院是否有院一级‘教代会’‘学代会’”。可见，尽管“教代会”“学代会”制度作为一项基层民主制度已在高校里面得到了深入的贯彻与实施，高校内部都设置了“教代会”“学代会”，但是否“两代会”取得了良好运转成效，尤其是能否敢于代表教职工和学生的切身利益，发挥参与治理的作用，以及参与成效和参与质量，还有待深入调查和了解。

如表 4 所示，仅有 4.2%的应答者认为“教代会”“学代会”的运行机制“非常顺畅”，一半的应答者认为“顺畅”，仍有 1/4 的应答者认为“不顺畅”，甚至有 6.3%的应答者认为“非常不顺畅”，14.6%的应答者表示对其“不清楚”。与之紧密关联的是，对于当前是否有必要改进高校现行的“教代会”“学生会”运行机制，14.6%的应答者认为“非常必要”，25.0%的应答者认为“必要”，仅有 2.1%的应答者认为“不必要”，有超过一半的应答者（54.0%）认为“非常不必要”。可见当前“教代会” “学代会”在很大程度上有其合理性，其运营机制也比较符合当前国内高校实际，尽管存在诸多问题，但在一定程度上可以反映广大教职员工和学生的心声和利益。

表 4　高校二级学院内部治理结构的主要认知状况　　单位：%

序号	内部治理结构具体表现	主要认知状况				
1	所在学院有院一级教代会和学代会	有（81.3）	不清楚（6.2）	没有（12.5）	—	—
2	“教代会”“学代会”的运行状况	非常顺畅（4.2）	顺畅（50.0）	不清楚（14.6）	不顺畅（25.0）	非常不顺畅（6.3）
3	改进高校“教代会”“学代会”的必要性	非常必要（14.6）	必要（25.0）	不清楚（4.3）	不必要（2.1）	非常不必要（54.0）
4	学院探索扩大社会参与的必要性	非常必要（18.8）	必要（43.8）	不清楚（14.6）	不必要（20.8）	非常不必要（2.0）

对学院探索扩大社会参与的必要性的认知方面，18.8%的应答者认为“非常必要”，43.8%的应答者认为“必要”，另有 14.6%的应答者表示“不清楚”，有 20.8%的应答者认为“不必要”，仅有 2.0%的应答者表示“非常不必要”。教职员工对于校外人员参与学院一级治理的看法可以概述如下：拥护者一方认为“必要，鼓励社会参与”“建立理事会制度，开展校企合作办学，理事会或董事会形式上参与人才培养和科学研究方向的研究与决策”“不便社会参与科研教学，可受社会监督”“社会参与民主监督”“实质性参与”“市场导向”“学院的某些制度建设可以吸纳学生代表和院友参与，对学院的各种管理制度提出监督和合理化的建议”“引进社会评价改进学科专业发展”“引入社会资源，促进科研教学，在业绩上体现社会的认可度”“盘活资源利用”等。可见，教职员工对校外人员参与学院一级治理的关注点在于程序的遵章合规、人员组成的开放多元及影响力，重点在于盘活和利用校外社会资源，落脚点在于通过广泛参与推进民主监督和民主决策。

与之形成鲜明对比的是，反对者一方则主张“不建议社会参与”“不需要，感觉没有太大意义”“驴唇不对马嘴”“没必要”“民主自愿原则”“培养学生的质量应该由社会及时回馈”“评价学生培养质量，少参与，少干预”等。客观而言，反对者的意见有一定道理，毕竟面临着高校缺乏充分独立办学自主权的客观现实，学校与学院之间的权力边界和责任清单尚未界定清楚的现实背景，整体缺乏开放、民主的“共享治理”土壤和氛围，若不考虑这些现实因素而盲目推动学院层面的社会参与，着实有些冒进和理想主义。

应答者“对社会参与学院治理的建议”的观点可以概括为“服务社会，明确参与内容”“聘请社会贤达、政府要员、著名校友参与学院治理”“提升专业水平”“为高校提供更多社会服务机会”“在教学方面引入引进现代学徒制模式”“杜绝利益交换”“引入订单培养学生模式改革”“制定相关制度，鼓励广泛参与”“完善顶层设计”“在学院管理方面引入增加冠名班的设置”“成立相关机构，打破行业隔阂”“实行培训企业挂职方式增加校企交流”等。整体上，应答者对社会参与学院治理给出了建设性的意见和建议，而且比较客观、中肯，对社会参与学院内部治理抱着一种积极、乐观的赞成态度。

（五）高校二级学院权责划分及改革举措实施状况认知

对于“所在高校校院两级的权力配置与权责划分的合理性”看法中，认为“不合理”的应答者占33.3%，另外有31.3%的应答者认为“合理”，两者旗鼓相当；而高达 14.6%的应答者认为“非常不合理”，认为“非常合理”和“不清楚”的比例均为10.4%。整体认知状况可谓众说纷纭，莫衷一是。

而对“所在高校学院的自主权是否得到了充分的保障”的认知方面，则显得较为消极悲观，高达近一半的应答者（43.8%）认为“不充分”，还有14.6%的应答者认为“非常不充分”，仅有2.1%的应答者认为“非常充分”，23.1%的应答者认为“充分”，高达16.7%的应答者表示“不清楚”（表5）。

表5　高校二级学院权责划分及改革举措实施的主要认知状况　　单位：%

序号	内部治理结构具体表现	主要认知状况				
1	校院两级权力配置与权责划分的合理性	非常合理（10.4）	合理（31.3）	不清楚（10.4）	不合理（33.3）	非常不合理（14.6）
2	学院自主权充分保障程度	非常充分（2.1）	充分（23.1）	不清楚（16.7）	不充分（43.8）	非常不充分（14.6）
3	所在学校是否明确推行“学部制”改革	非常明确（8.3）	明确（31.3）	不清楚（18.8）	不明确（29.2）	非常不明确（12.5）
4	“学部制”改革的满意度	非常满意（16.9）	不清楚（35.5）	满意（4.0）	不满意（39.5）	非常不满意（4.1）
5	将部分学院作为“学术特区”试点改革	非常赞成（35.4）	赞成（43.8）	不清楚（12.5）	不赞成（8.3）	非常不赞成（4.2）

在“所在学校是否明确推行了‘学部制改革’”方面，有8.3%的应答者认为“非常明确”，有31.3%的应答者认为“明确”，两者加起来近4成。与之形成对比的是，认为“不明确”的应答者高达 29.2%，12.5%的应答者表示“非常不明确”，18.8%的应答者表示“不清楚”。在“对本校或者了解到的其他学校所推行的学部制改革是否满意”的回答上，高达39.5%的应答者回答了“不

满意”和39.5%的应答者表示“不满意”，表示“满意”和“非常满意”的应答者分别占4.0%和16.9%，仅占少数。可见，学部制改革在高校内部尚未完全深入人心，最起码尚不广为人知。在对“是否赞成将部分学院作为‘学术特区’改革试点”方面，分别有35.4%和43.8%的应答者表示“非常赞成”和“赞成”，两者合计达79.2%，可见，应答者对于学校将部分学院设为学术特区改革的态度高度一致，仅有8.3%和4.2%的应答者明确表示“不赞成”和“非常不赞成”。

（六）高校二级学院内部治理结构运营状况认知

在对学院的“人事、财务、教学科研等重大事项的议事规则和决策程序是否完善”的认知方面，10.4%的应答者认为“非常完善”，43.8%的应答者认为“完善”，两者合计占一半以上（54.2%），证明当前高校在人事、财务、教学科研等重大事项的议事规则和决策程序基本上完备。不容忽视的是，有超过1/4 的应答者对其表示质疑，认为这些制度规章尚“不完善”（27.1%），该观点占据了相当大的比重，这个群体对学校规章制度建设表示出来的关心，甚或严重不满今后都值得引起足够注意，从而制定相应的对策，使之不断改进和完善。

在“从学院角度认为学校哪些机制最需要改进”方面，应答者给出了类似的结果，最受关注的前三位是人事管理（91.6%）、科研管理（75.0%）、教学管理（62.4%），接着是后勤管理（50.0%）、预算管理（45.8%）、资产管理（41.4%）。

在“对学校职能部门的工作效能满意度”方面，仅2.1%的应答者表示“非常满意”，14.6%的应答者表示“满意”，两者之和仅为16.7%，与之相反，58.3%的应答者表示“不满意”，表示“非常不满意”的将近1/5（18.8%），还有6.3%的应答者表示“不清楚”。

对于“优化机关职能部门的组织架构对提高管理服务水平和工作效能的作用”的感知方面，16.7%的应答者认为“非常明显”，43.8%的应答者认为“明显”，22.9%的应答者认为“不明显”，6.1%的应答者认为“非常不明显”，10.4%的应答者坦承“不清楚”。

对“学校对学院的目标管理和绩效考核模式的合理性”认知方面，没有人认为“非常合理”，认为“合理”的仅占1/4，有高达一半的应答者认为“不合理”，有 14.6%的应答者表示“非常不合理”，10.4%的应答者表示“不清楚”。可见，当前高校目标管理和绩效考核模式急需改革。

表 6　高校二级学院内部治理结构运营状况　　　　单位：%

序号	主要内部治理结构	主要认知状况				
1	重大事项的议事规则和决策程序的完善性	非常完善（10.4）	完善（43.8）	不清楚（8.4）	不完善（27.1）	非常不完善（9.3）
2	学校职能部门工作效能满意度	非常满意（2.1）	满意（14.6）	不清楚（6.3）	不满意（58.3）	非常不满意（18.8）
3	优化职能部门结构，提高服务水平工作效能	非常明显（16.7）	明显（43.8）	不清楚（10.4）	不明显（22.9）	非常不明显（6.1）
4	学校对学院目标管理和绩效考核的合理性	非常合理（ 0 ）	合理（25.0）	不清楚（10.4）	不合理（50.0）	非常不合理（14.6）

在“所在学院的人事、财务、教学科研等重大事项如何决策”方面，应答者的回答五花八门，可以概括为以下几个方面。

首先，应答者从惯性思维出发，觉得这些决策事项距离自己很遥远，作为一个普通教职员工没有机会也没有意愿参加到这些决策过程中，对于这些决策持一种“事不关己、高高挂起”的漠不关心态度，大多表现为“基本与我们普通教师无关”“不太清楚”“群众漠不关心”等。

其次，高校内部长期以来存在的行政权力过于集中，行政领导“一家独大”造成的缺乏民主参与意识、领导“一言堂”等现象，使得高校普通教职员工对这种官僚主义气息盛行的行政领导决策模式敢怒不敢言，缺少平等交流的民主参与的环境和氛围，主要表现为应答者认为“基本上都是院长说了算”“领导决定，下面无实质参与权”“领导一手遮天”“领导一言堂”“个别领导拍板决定”“领导一言堂，没有时间商量”“院长权力过于集中，院长说了算”“大多不商量”“交流渠道欠缺”“一把手审批报销，有时间院长决定”“人事制度就是一把手说了算”“个人主义盛行”“一把手主管人、财、物”“缺乏民主参与”等。这些意见虽然比较刺耳，但是却真实地反映出了当前在我国高校院系层面，教职员工对参与高校院系内部治理热情高涨和消极并存，认识分化态势比较明显，教职员工参与内部治理渠道单一，长期积累下来的行政权力过于集中等因素，阻碍着科学、规范、制度、共享等为代表特征的善治和共治的发展。

再次，领导层集体决策，这在当前高校院系层面上占据主流地位，按照严格意义上的现代大学治理相关理论及研究分类来说，应当属于狭义上的民主和参与式决策模式。因为参与决策的人员构成属于“封闭式”的“党政圈子内人员”，而普通教职员工无缘参与到这种决策机构中去，更不要奢谈校友、学生家长和企事业用人单位代表有机会参加学院层面的决策，对其的意见和认知概括为“党委会研究决定”“学院常委会”“党政联席会决策”“学院领导集体决策”“教学由教学委员会决定”“处长会议决定”“人事财务等重大事项经党政联席会”“科研由学术委员会决定”“没有系统的运作机制”“民主集中，民主选举”“人事任用需要集体决策才好”“上会”“人事和财务由党政联席会议”等。这也从另一个侧面生动形象地印证了高校人事、财务、教学科研等重大事项决策水平尚待提高的实际情况，而这也正是当前和今后一段时期，高校深化体制改革和提升内部治理现代化水平的焦点所在。

最后，建议探索契合国内高校实际的民主参与模式，广大教职员工广泛民主参与，在此基础上共同形成科学管理决策。应答者的意见和建议主要包括“网络充分讨论”“开会讨论”“学科负责人参与决策”“学院教代会讨论决策”等。可见广大教职员工具有日渐高涨的民主参与意识和热情，但结合前面所述的现实，又缺少有效的参与渠道和保障机制，以及民主治理的治理文化氛围。不过，虽然目前这种决策模式在高校尚未能广泛铺开推行实施，但是，世界高等教育发展的主流趋势来看，再结合国内全面深化高等教育综合改革及教育治理现代化步伐的不断加快的现实，我们完全有理由相信，这种以“民主参与、民主决策”为代表的学院内部共同治理模式终将会得到普及。

三、对改进学院内部治理的分析和思考建议

（一）完善大学章程和相关规范，强化学院层面执行和顺利推进实施

当前，教职员工等利益相关者集团对学院等单位的合理性设置认知与改进二级单位的设置两者之间未能够发现明显差异。其深层次原因大致有以下几个方面：首先，对于对学院等单位的设置没有决策权甚至知情权，理所当然地认为目前的设置是一种应然状态。其次，虽然感觉学院等单位的设置不合理，但是又找不到改变目前状态的路径和渠道，只能被动接受和承认这种现状。最后，学院等单位的设置是一个相对严谨的专业性行政决策行为，需要具备实际经验或者专业理论。但是一般而言，普通教师和一般行政职员由于工作局限等现实因素的限制，对于设置状况很难给出具体操作可行的改革方案，故而会选择退而求其次，对于改革采取消极应对或选择接受目前设置状况的行为。在国内高校内部行政（党务）权力长期“一家独大”的现实背景下，这些观念根深蒂固地存在于教师和职员等学校成员的意识深处。

针对当前高校内部人员对于学院层面治理结构呈现出来的多元化的认知状况，建议进一步完善和落实大学章程和相关规范和规章制度，通过学院层面配套细则制度建设，明确三方面内容。首先，明确学院学术机构等组织机构的职责职

能，强化依据章程对校院两级权力组织的职责权限，明晰界定行政权力和学术权力运行的程序和方式[4]。其次，明确学院有关会议制度及议事范围，包括对党政联席会、教授委员会、学术委员会、学位评定委员会等的运行机制作出规范，明确人员组成和会议程序。最后，明确对学院的决策机制和议事程序。章程制定的目标导向和内容应围绕“集体领导、民主集中、个别酝酿、会议决策”的基本原则，改变学院以行政负责人为中心、以权力为本位的决策惯性，保障教师在学院学术活动和相关事务管理中的主体地位，听取和采纳以教授为代表的学术力量的意见和建议，充分调动教师参与学院管理、监督的主动性和积极性。

（二）改革学院重大事项决策机制和模式，提高民主决策的效率和科学水平

目前，学院党政联席会议（或院党务会议）在学院重大事项的决策过程中起到主导作用，是绝大多数学院议事决策的主要机构，促进了集体决策和多元参与的统一，政治权力和行政权力的影响趋于平衡，但党政联席会议也具有政化色彩、学术力量相对不足等弱点。今后，要摆正党政联席会议依然是决策机构的认识，健全社会参与的学院决策机制，促进学院内外部决策权力间的协同。[5]另外，应注重吸纳教师和学生代表的参与，以保障核心利益相关者的参与权，在保证了社会服务和人才培养适应性的同时，也保证了学院重大决策的科学性和参与性。决策成员除书记、院长、副书记、副院长等学院党政联席会成员外，还可以邀请相关学术人员和行政人员列席，构建多元决策主体和决策程序。[6]这种建立在依规明确决策事项和程序基础上的多元主体参与学院决策机制，值得深入探索。

另外，应淡化学院党政联席会议决策的行政化色彩，注重发挥学术权力的影响力，从而彰显学术力量的本体功能，完善以党政联席会议为特征的学院治理模式，健全党政合作的学院决策机制，促进党政决策力量与学术权力的协同。其改革的重点在于注重吸收学术人员参与决策，保障学术人员在党政决策过程中行使审议权和表决权等权力。发挥学术委员会、教授会等学院学术组织的作用，引导其对教学、科研、学科建设等学术性问题形成建议，提交党政联席会进行决策，提高党政联席会的决策水平，实现程序公正与决策高效的统一。

同时，对高校二级学院来说，在集权式的院长负责制领导方式下，院长作为最高决策者和指挥者，对学院发展规划、资源分配、师资队伍建设等方面具有较大的发言权，而学院其他一些高层管理者对学院重大事务的决策权非常有限。在科学化、民主化和法治化价值指向的指引下，要想转变学院决策方式，前提是要转变学院领导产生方式，“打破院长终身制”。

当前，改进现行的院长产生机制可谓众望所归、民心所向，因此，下一步需要尽快解决的就是怎么改、往哪里改、改进的宗旨和原则是什么、如何进行操作等问题。当然，这些方面的具体举措都需要在广泛调研和征求广大教职员工意见的基础上，切实制定符合学校办学条件、办学基础和办学特色等内在因素，以及学校所在区域社会特征这一外在因素特征的改进意见和措施，切忌政府行政介入和自上而下的行政命令式改革。我们建议认清学院在大学教育、科研工作中的重要性，将学院少数领导者手中的决策或管理权限分给具有专业化学术背景的组织人员。在决策执行方面，积极探索改善高校二级学院的领导方式，通过民主化、柔性化的治理，改变学院自上而下支配式的领导方式，推行共同协商式决策，强化分散领导权力。

（三）进一步推进教授治学，扩大民主参与治理范围和权限保障

《关于推进试点学院改革的指导意见》明确提出要“赋予学术委员会在学科建设方面、学术评价、学术发展中的审议权，在学术成果方面评价等方面的评定权，处理好学术权力与行政权力的关系”。因此，我们建议今后的重点应放在鼓励和吸引更多的教职员工加入到教授委员会和学术委员会等专业机构，提升高校内部治理的参与程度和专业化水平。

为了保证教授委员会等学术组织在“推行学部制改革”和“学术特区”等集体决策的学术主导决策机制方面的科学性，首先要保证具有决策权的学术组织人员构成上的多样性和代表性，除有深厚学术造诣的教授、学术带头人、骨干教师外，学术组织成员还应包括书记、院长等，并适当吸收校、院之外相关人员和学者的参与，从而在代表学术先进性和权威性的同时，把握学院的整体定位和学校的政策导向，充分代表学院师生的共同利益。学院学术组织在进行涉及学院重大发展问题和学术问题的决策时，需听取学院师生等对学科发展、专业设置、教学改革、课程建设、教师管理、学生培养等的意见和建议，并在院长、书记等行政力量的组织协调下进行审议和形成决策。

“教授治学”是高校在寻求适合自身发展实际和规律的过程中的必然和应然状况。“教授治学”这项看似非常国际化和先进的高校治理模式在国内高校中尚未深深扎根，其中有诸多影响因素，不仅有教授的参与意识、参与热情和专业化治理水平的因素，更受民主治理的氛围、土壤等方面的制约。因此，需要给予更多的耐心，更应辅助以符合国内高校实际情况的教职员工参与治理的渠道和相应机制，才可能使得“教授治学”这种共治和善治的治理理念真正落到实处，发挥其应有的效用。综上所述，当前高校内部的人事自主权及广大教职员工的民主参

与意识和参与程度均有很大的提升空间。

当前，校院二级管理模式已成为我国高校内部治理的主流模式，该模式的核心集中在校院两级权力运行和分配机制上。推动学院实体化运作的内在需要，促进学校和学院学科专业发展的需要，以及提高学校层面宏观管理和调控的科学性，都要求学校降低管理重心、下放权力，实现校院两级治理的协同互动。建立协同治理机制要依靠建立序变量来充分保证自组织过程中子系统的自主性，对校院这一层级基本关系而言，就是要通过规则界定、权力配置和责任约束确定学院治理相对学校纵向管理的自主权和责任边界，建立校院协同的权力运行机制。

今后一段时期，如何围绕完善高校（学院）内部治理结构，提升高校（学院）内部治理水平，扩大以广大教职员工广泛参与为代表特征的“共治”治理结构模式，是摆在高校（学院）面前一个不能回避的现实问题。有条件的学院可探索依据学院不同职能设置相应的专门委员会，负责向决策机构提出意见，对学院重要发展事项进行充分讨论，从而保证学术组织决策的科学性和民主性，健全学术主导的决策机制，促进学术权力与行政权力有机协同。

概括而言，推进高校学院治理层面上的决策和参与机构改革不能一蹴而就，不仅需要培育利益相关者集团的参与治理意识，营造广泛参与的主人翁责任感，更需要结合学校发展阶段和运营实际，引进符合学校特点和内部发展规律的现代大学制度。只有这样，才能真正推动教师和职员等学校成员积极参与学校和学院的内部治理，推动学院层面上的治理结构改革。

（四）保障教师、职员、学生及校友等校内外人士参与决策和治理

教师作为高校教育教学工作的具体实施者，在学院政策决议与实施、教学科研规划等方面是最为直接的利益相关者和决议执行者。让更多教师参与到学院学术治理中来，对于建立参与型学院治理模式至关重要。实现教师多元参与、共同治理主要有深度对话和平等协商两条路径。一方面，通过民主协商充分吸收和采纳学院教师的意见和建议，特别是在学术事务的决策和执行中，从专业的角度吸收学术人员的意见和建议。同时，要创造条件与教师开展面对面的深入交流，征求多方面不同的建议和诉求，减少学院内部因信息不对等对解决问题产生的阻力，增强学院管理层和教师双方的信任感，形成公正和谐的组织文化氛围。

参与型的学院治理模式最大的特征就是高度重视学生参与。学生参与大学治理已成为世界高等教育管理发展的趋势，是完善高校治理的重要方面,更是不断完善现代大学制度和内部治理结构的必然要求。[7]我国大学生参与学院治理存在的主要问题为学生参与学院治理的意愿不足[8]，实际参与人数较少[9]，缺乏学生参

与治理的渠道及文化氛围，学院学生参与治理的群众社团组织功能过于弱化、定位模糊。因此，我们建议加强学生社团组织建设来推动学生发挥主观能动性和积极性[10]，完善学生自治组织运行、听证、评估、学生参议等制度，通过建设常设机构来维护学生参与学院治理。

随着现代大学制度的建设和完善，高校与社会的联系日益广泛和深入，外部利益相关者参与高校治理成为必然趋势。社会参与高校内部治理的方式包括邀请校外专家参与项目建设论证和产学研合作、向社会进行意见咨询调研、募集社会资金等，集中在产学研合作、合作办学、就业创业等领域。学院内部治理迫切需要社会组织的积极参与，应充分、广泛地吸纳社会组织或个人参与学院治理，形成多元利益相关者共同治理模式。

作为高校组织机构的有机组成部分的学院和院系，其内部治理结构的设置和运行状况堪称高校内部治理结构的核心所在。整体来看，高校学院层面的内部治理结构体系具有“问题具体、矛盾突出、权力弱化、关系复杂、人员广泛”等典型特征，其运行效率高低及顺畅与否不仅可以直接决定学校层面的运行效率和质量，还关系到高校能否真正贯彻落实“参与式治理”和有效提升高校治理水平现代化的高等教育深化改革的目标。

随着全面深化高等教育综合改革的持续不断深入，改善高校学院层面的内部治理结构必将成为一道无法绕行的难题，核心、焦点问题将集中在如何从制度层面和治理文化氛围养成角度，切实有效地调动广大一线教职员工、在校生及行政职能部门人员的参与积极性，从包括学生招录、奖惩、评价考核、满意度调查等环节在内的各项学生事务管理服务工作，到教职员工招聘、评价、考核、职称晋升、福利等各项人事管理和服务工作，再到学院和学校之间的预算、决算、经费划拨、经费绩效评估、监督审计等环节，再加上教育教学相关的学科专业设置、教育教学实施、课程编制、学分管理、专业实习实践等诸多相关环节。在不断学习借鉴、摸索实践的基础上，坚持遵循高等教育内部运行规律，做到不断改革创新，妥善解决好“责任、权力、利益”三者之间的关系，秉承“理解尊重、民主参与、科学决策、共同治理”的治理宗旨，才能不断提升高校学院和系科层面的内部治理现代化水平和高校内部治理质量。

参考文献

[1] 高伟，李静静. 高校治理研究综述[J]. 经济师，2012，(2)：100-101.

[2] 乐伟欢. 公立二级学院院长负责制治理模式分析及其促进措施[D]. 南昌：南昌大学，

2013：38.

[3] 刘恩允. 治理理论视阈下的我国大学院系治理研究[D]. 苏州：苏州大学，2014：67-68.

[4] 宣勇. 论大学的校院关系与二级学院治理[J]. 现代教育管理，2016，(7)：1-5.

[5] 马焕灵，张月含. 大学章程中学校与院系权责体系的探索与创新[J]. 现代教育管理，2015，(10)：17-18.

[6] 夏拥军，尤树林，章法洪. 高校二级学院落实“三重一大”集体决策制度的实践与思考[J]. 中国农业教育，2015，(3)：78-83.

[7] 董向宇. 论现代大学内部“共同治理”中的学生参与[J]. 全球教育展望，2015，(1)：79-80.

[8] 段俊霞，蒋青. 学生参与大学治理问题与对策[J]. 西南石油大学学报，2015，(3)：117.

[9] 徐晓丹，张志忠，谢雪玲. 学生参与大学内部治理的现状及路径选择[J]. 北京航空航天大学学报，2015，(11)：117-120.

[10] 贺妍. 大学生参与学生事务管理的意义及其运行机制[J]. 教育探索，2013，(5)：69.

沈阳师范大学教育硕士独立学院制管理模式的理论与实践探索

周润智　唐卫民[1]

（沈阳师范大学教育硕士研究生院　中国沈阳　110034）

摘　要　教育硕士独立学院制管理模式，是沈阳师范大学在我国政府关于专业学位研究生教育综合改革“体制要有本质性突破，模式要有实质性变革”精神的要求和指导下，总结经验，积极探索，于 2010 年初创，2013 年完型，历时 3 年时间创设并完善的教育硕士专业学位研究生教育工作的管理模式。这一管理模式的具体做法是：以学校教育硕士专业学位研究生教育指导委员会为指导，以教育硕士研究生院为主体，以按专业方向（领域）划分的专业教学部为支撑，对教育硕士培养工作实施专业化、独立性、项目制、契约式的管理。

关键词　教育硕士；独立学院制；管理模式

一、研究背景

沈阳师范大学于 1998 年成为第二批次在职教育硕士专业学位研究生培养试点院校，于 2009 年成为第一批次全日制教育硕士专业学位研究生培养院校。基

① 作者简介：周润智（1963—　），辽宁新民人，沈阳师范大学教育硕士研究生院常务副院长，教授，硕士生导师，兼任全国教育专业研究生教育指导委员会案例专家组成员、辽宁省教育学会副会长等职，主要研究方向为教育基本理论和教育管理；唐卫民（1967—　），辽宁沈阳人，沈阳师范大学教育硕士研究生院副院长，教授，硕士生导师，兼任辽宁省高等教育学会理事，主要研究方向为高等教育管理和高等教育原理。

于将教育硕士培养工作建设成为学校教师教育整体工作改革发展抓手的战略设计，2010 年 3 月，学校成立了教育硕士研究生院，实现了教育硕士由“综合组织专人行政管理”向“专业组织综合项目管理”的重大转变。同年 9 月，沈阳师范大学顺利通过辽宁省遴选和教育部答辩，成为全国专业学位研究生教育综合改革试点单位。在我国政府关于专业学位研究生教育综合改革“体制要有本质性突破，模式要有实质性变革”精神的要求和指导下，沈阳师范大学总结经验，积极探索，制定了“以全面提高教育硕士的创新精神和实践能力为目标，以管理体制改革为先导，以培养模式创新为载体，以师资队伍建设为要务，以课程与教学改革为重心，以实践基地、案例库、信息网络、教师专业技能实训馆室等平台建设为保障”的教育硕士发展建设规划。在上述精神和规划的指导下，经过广泛调研，严谨论证，2010 年沈阳师范大学初建教育硕士专业学位研究生培养工作的独立学院制管理模式。围绕这一模式，沈阳师范大学在实践中大胆探索，在探索中逐步完善，到 2013 年，这一模式稳定成型，此后一直成为沈阳师范大学教育硕士培养工作的基本范式。

二、教育硕士独立学院制管理模式

教育硕士独立学院制管理模式包括以学校教育硕士专业学位研究生教育指导委员会为指导，以教育硕士研究生院为主体，以按专业方向（领域）划分的专业教学部为支撑，对教育硕士培养工作实施专业化、独立性、项目制、契约式的管理等 4 个方面的内容。前 3 个方面规定了该管理模式的组织结构与职能，后一个方面规定了组织活动的基本特性。专业学位教育指导委员会、教育硕士研究生院和各专业教学部的组织结构及职能分工见图 1。

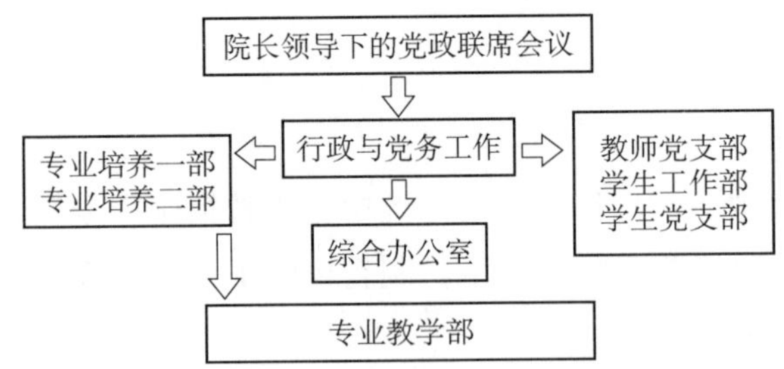

图 1　教育硕士独立学院制管理模式组织结构及职能分工图

依据学校关于教育硕士专业学位研究生教育的发展目标、组织职能与特色等方面的要求，全校教育硕士管理的主体部门——教育硕士研究生院内部设有一个综合办公室、两个专业培养部、一个学生工作部及教工和学生党支部。其中，两个专业培养部分别负责全日制教育硕士和在职教育硕士的专业培养工作。教育硕士研究生院的组织结构与工作模型见图 2。

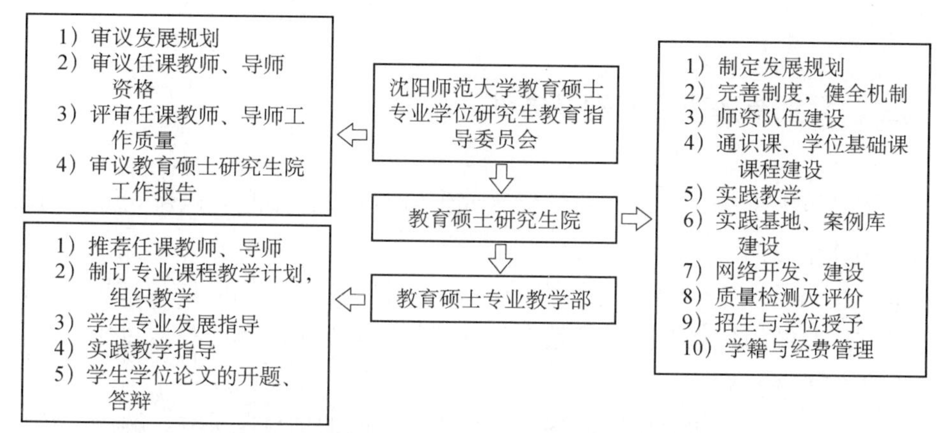

图 2　教育硕士研究生院的组织结构与工作模式图

沈阳师范大学教育硕士管理工作的顶层决策和审议组织为沈阳师范大学教育硕士专业学位研究生教育指导委员会，委员来自教育硕士专兼职导师、中小学和幼儿园一线专家，以及教育行政部门相关工作管理人员。委员会制是集体领导的一种具体方式，已被证明是包括大学在内的专业性较强的组织普遍采用的议事和决策方式。教育硕士研究生院的院长由学校主管研究生工作的副校长兼任，常务副院长、支部书记、业务副院长均具有较高的专业建树，其他工作岗位的人员均具有优秀的专业管理经历。依据招生和培养方向（领域），教育硕士研究生院下设语文、外语、教育管理、教育技术、学前与初等教育、综合专业 6 个专业教学部；各专业教学部的负责人由教育硕士研究生院提名，由学校教育硕士专业学位研究生教育指导委员会审议、任命，学校党政领导及相关组织不予过问乃至干涉。教育硕士研究生院全面负责全校教育硕士的教学、研究、招生、财务、学籍等方面的工作，学校的教务、研究生、学科等职能部门对教育硕士研究生院不负有管理与指导职能。教育硕士研究生院实行培养经费总额年度包干制度，鼓励通过提高声誉和质量吸引生源，实现质量、规模效益的协同提高。教育硕士研究生院每年在对各个专业教学部下达教育硕士培养方案的同时，下达工作津贴方案，由于各年度的工作重点、任务不同，各专业教学部津贴的类别和标准也有差异。

委员会、院、部三级一体化管理形成了分工科学、管理有序、运行高效的良好工作局面，沈阳师范大学教育硕士培养整体工作日趋凸显出“专业化、独立性、项目制、契约式”的管理特色。从模式确立雏形到不断完善，再到今天的实践过程中，沈阳师范大学教育硕士培养工作取得了长足的进步，不但大大推动了学校其他专业学位研究生教育工作的发展，也对我国其他教育硕士培养院校产生了积极的影响。

三、需主要解决的问题及方法

沈阳师范大学教育硕士专业学位研究生培养的实践表明，该模式解决的问题主要包括 4 个方面。

其一，组织的专业化解决了教育硕士培养目标的科学性和过程的规范性问题。

其二，职能的独立性解决了教育硕士培养的组织和个体的观念转变、工作责任心与工作效率问题。

其三，教育硕士研究生院同各专业教学部之间的项目制关系，解决了教育硕士管理制度的完备与机制的优化问题。

其四，专兼职教师工作的契约式关系，解决了教育硕士师资的质量、数量及其质量意识问题。

依托专业化管理解决教育硕士培养目标的科学性和过程的规范性问题的方法，主要表现在以下三个方面：第一，制定系统且具有时代性、特色化的“三维三级”培养目标，明晰新形势下我国教育硕士培养的质量与规格要求。第二，制定“五以”培养模式，规范教育硕士培养的途径和方法。第三，制定课程标准和实践能力指标体系，优化教育硕士培养的内容与策略。

依托独立性管理解决教育硕士培养的组织和个体的观念转变、工作责任心与工作效率问题的方法，主要表现在以下三个方面：第一，教育硕士研究生院全面独立负责全校教育硕士的教学、科研、招生、财务、学籍等方面的工作，学校的教务、研究生、学科等业务部门对教育硕士研究生院不负有管理与指导职能。成立由学校主管研究生工作的副校长挂帅的专职部门，完成教育硕士工作由“综合性部门的专人管理”向“专业性部门的综合管理”转变，表明了这一工作的特殊性与战略发展意义，在客观上有助于相关组织与个人提高对专业学位改革与发展的认识，有助于转变传统的观念。此外，从整体上看，学校教育硕士管理的组织结构呈现出高度的扁平化特征，决策的路径短，跨度适中，致使管理的活性强、效度高。第二，由于权力臂和责任链的缩短，避免了当下“有了成绩大家分享喜悦，有了失误大家均摊惩戒”的大学管理的普遍问题，大大提高了组织和个体的责任心和工作效率。譬如，2015 年，全国教育硕士专业学位教育指导委员会在教育硕士培养院校评估指标中，更新了对任课教师和指导教师的要求，沈阳师范大学已于 2016 年 9 月颁布了教育硕士任课教师和指导教师评聘的新的标准和要求。第三，各专业教学部的负责人由教育硕士研究生院考察、提名，由学校教育硕士专业学位研究生教育指导委员会审议、任命，学校党政领导及相关组织不予干涉，这增强了教育硕士工作的机动性和有效性。

依托项目制管理解决教育硕士培养的制度的完备与机制的优化问题的方法，主要表现在以下两个方面：第一，除教育硕士研究生院全体工作人员按学校有关规定享有工资和津贴外，教育硕士培养整体工作实行“以录取人数为基数的总额年度包干制度”，因此，有助于形成“以质量求发展，以发展促效益，以效益保质量”的良性循环。譬如，从教育硕士研究生院成立至今，由教育硕士研究生院起草、颁布的各种规划、制度、意见就有 57 项；再如，沈阳师范大学全日制教育硕士实践教学经费实行年度专项预算制，从 2012 年至 2016 年 8 月，全校用于全日制教育硕士实践教学“三习”（教育见习、教育研习和教育实习）的经费达至 110 万元。第二，针对具体专业每一届的教育硕士培养工作，教育硕士研究生院在沟通、协商的基础上，在对相应专业教学部下达该届教育硕士培养方案的同时，下达各项工作的津贴方案。由于各年度的工作重点、任务不同，津贴的类别和标准也有差异。

依托契约式管理解决教育硕士师资的质量、数量及其教育硕士培养工作的质量意识问题的方法，主要表现在如下方面：第一，按照沈阳师范大学《教育硕士专业学位研究生培养工作方案》，学校制定并定期修订《教育硕士研究生导师聘任与考核办法》《教育硕士研究生任课教师遴选与考核办法》。依照上述两种考核办法，教育硕士的任课教师、专兼职指导教师的遴选和聘任是在校内外范围内进行的，打破了单一部门专业教师的局限性，有助于打造和建设高水平的专兼职导师队伍。第二，成立教育硕士教学质量督导组，在每门课程实施的前、中、后 3 个时段，通过颁布落实课程标准、听课和召开教学工作座谈会、问卷调查与学生反思等环节，制定科学的评价制度与检测机制，努力提高教师的教学行为规范。第三，各专业教学部根据教育硕士总量和课堂教学、实践教学的工作任务，向教育硕士研究生院推荐人选；教育硕士研究生院根据相关标准审核后，报学校专业学位教育指导委员会审批、公示。教育硕士的任课教师、指导教师聘期届满之后，由教育硕士研究生院会同各专业教学部进行考核，并依据结果决定是否续签聘约。

四、成果的创新点

沈阳师范大学教育硕士独立学院制管理模式为全面践行党和国家关于高等教育管理体制改革，释放我国大学基层组织的活力，进行了富有开拓性和成效的理论与实践探索。

第一，构建了将我国大学现行基层教育教学组织的管理制度同欧美大学基层教育教学组织的学院制管理高度融合的新体制。我国当下大学基层教育教学组织通常采用的是校、院（或系）行政、学术分割管理制度，实践证明，其极易引发行政权力和学术权力形成相异的价值准则及行为规范，进而对大学的教育教学质量产生严重的损害。学院制是欧美大学基层院系发展的内核，其要义主要包括 3 个方面：其一，大学中基础性的教育教学组织，如系或学院相对独立，享有高度的自治权；其二，实施委员会式集体管理，专业管理和行政管理高度融通；其三，对专业和管理人员实行以工作为核心的聘任（合同）制管理。教育硕士独立学院制管理吸取了欧美大学教育教学基层组织学院制管理的自制、民主管理和工作（项目）管理的合理内核，既提高了管理的专业化，也增强了决策的民主性，有助于增强教育硕士培养工作的科学性与规范性。

第二，创设出扁平一体、活性强、效率高的教育硕士管理组织新体系。沈阳师范大学教育硕士独立学院制管理以学校教育硕士专业学位研究生教育指导委员会为指导，以教育硕士研究生院为主体，按专业方向（领域）下设语文、外语、教育管理、教育技术、学前与初等教育、综合专业 6 个专业教学部。教育硕士研究生院负责全校教育硕士的改革发展、培养方案、培养模式、课程标准、实践教学、学籍和财务等重要工作的规划与管理；学校教育硕士专业学位研究生教育指导委员会负责发展规划、任课及导师评聘、培养方案等重大事务的审议和指导，各专业教学部负责本专业（领域）教育硕士培养方案的具体落实。从整体上看，学校教育硕士管理的组织结构呈现出高度的扁平化特征，决策的路径短，跨度适中，从而使管理的活性强、效率高。

第三，探索出以项目制为特色的大学内部组织之间工作关联的新机制。大学对于民主和进步的诉求，往往会在一定程度上削弱现代社会对组织活动质量和效益等方面的要求。经过遴选确定负责人，委托其按照给定的培养方案，遴选、举荐任课教师和指导教师，组织常规的教学活动，并按照工作总量和标准，获得工作津贴，具有典型的项目制特征。由于项目制强化了工作的合理分工，有助于各个组织部门的专业化发展，进而能够提高工作质量与效率。

第四，开启了以契约为主导方式的大学教师管理新模式。受国家人事制度的影响，我国大学教师目前实行鲜明的人事关系二级单位所属制，工作关系附属于其中。这种人事制度决定了大学教师在不同事务上对所属两级单位表现出严重的依赖性和受制性，在很大程度上阻碍了大学教师校际的合理流动；即便是在大学内部，跨组织的教育、教学和科研交叉工作也因为二级组织的越界而变得异常艰难。沈阳师范大学教育硕士独立学院制对任课教师和导师实施以工作任务为基准的契约式管理，按需设岗，按劳付酬，注重对教师的教学实施全程管理与发展性评价，完全破解了校内外教师评价和聘任的制度性障碍，对挖掘和活化我国大学教育教学基层组织的人力资源乃至对大学人事制度的改革均具有积极的借鉴意义。

五、推广应用效果

（一）校内应用的效果

实践表明，这一模式具有如下显著作用和效果：凸显了决策的专业性；清晰了培养目标，规范了培养过程；完善了制度，优化了机制；增强了教师集体和个人的质量意识及责任心，大大提高了工作效率。

沈阳师范大学适切的管理模式大大促进了教育硕士整体培养质量的不断提升，赢得了省内中小学和教育行政部门的普遍赞誉，毕业生深受欢迎。譬如，每年沈阳师范大学教育硕士在北京、广州等地竞聘教职遭遇知名大学选手时，都有精彩胜出的范例；长期以来，沈阳市中小学只招收全国6所重点师范大学的毕业生，但在2014年一次性录用沈阳师范大学10名教育硕士毕业生，被视为历史性突破。2013届学科教学（语文）专业的一位学生刚刚入职2年，在2015年教师节前夕荣获“沈阳市最受欢迎百强老师”“沈阳市最受欢迎老师”称号（仅评选30名）。此外，近年来，沈阳师范大学教育硕士获各级各类奖项共80余项，其中，4名学生获国家级论文和专业技能大赛一等奖，10名学生获专业技能大赛二等奖。

（二）校外推广的效果

近年来，沈阳师范大学在教育部和全国教育专业学位研究生教育指导委员会领导、专家的指导和帮助下，努力探索，严谨创新，教育硕士独立学院制管理模式得以不断改进、完善。2014年，《中国教育报》《学位与研究生教育》对沈阳师范大学教育硕士管理体制和培养模式先后做了专题介绍，并在官网给予重点推介。在2013年4月的全国教育专业学位综合改革试点项目验收工作中，沈阳师范大学与华东师范大学等4所学校一同被评选为全国专业学位研究生教育综合改革优秀单位。2011年11月，沈阳师范大学荣获辽宁省“学位与研究生教育工作先进单位”称号。2011 年 11 月，教育硕士研究生院申报的“辽宁省教育专业学位教育与实践基地”获批辽宁省教科规划第四批重点研究基地，《教育专业学位教育论纲》入选辽宁省教育科学规划研究基地首批优秀成果。目前，研究基地成员累计获批科研项目 18 项，获得科研经费 150 余万元。2015 年 1 月，沈阳师范大学“辽宁省实验中学教育硕士联合培养工作站”被评选为首批“全国教育硕士联合培养示范基地”；2016 年 5 月，沈阳师范大学“沈阳市皇姑区珠江街第五小学联合培养工作站”被评选为第二批“全国教育硕士联合培养示范基地”。2015 年 9 月，沈阳师范大学教育硕士研究生院荣获“辽宁省教育系统先进单位”称号。

教学研究型大学院系功能定位研究[①]

万春明　王　巍　张海龙[②]

（长春工业大学　中国长春　130012）

摘　要　本文通过对教学研究型大学院系设置的模式、设置数量的研究与梳理，教学研究型大学院系从人才培养功能、科学研究功能、学科建设功能、社会服务功能及文化传承与创新五个功能的实现，来支撑教学研究型大学目标的达成；通过控制院系数量、创建特色学院、设立制度框架和规划考核指示体系等方面来规范院系的行为特征，以确保教学研究型大学目标的实现。

关键词　教学研究型；院系；功能定位；实现

高等院校人才培养、科学研究、社会服务和文化传承与创新功能的发挥，主要取决于大学内部院系的科学定位和功能的有效发挥。教学研究型大学二级院系主要承担人才培养和科学研究的功能，同时也具有社会服务和文化传承与创新的功能，是主要基层组织，是学校的造血细胞。院系的合理定位对于优化配置学校资源，提高学校办学水平，突出学校办学特色等意义重大，院系若不能发挥其良好的功能，将直接影响学校的发展，影响高等教育学科体系建设。因此，教学研究型大学院系功能定位问题，成为教学研究型大学管理者必须认真思考的重要课题。

---

①　基金项目：本文系吉林省高等教育教学改革立项重点课题“教学研究型大学院系的研究与构建”的阶段性研究成果。

②　万春明（1959—　），辽宁昌图人，工学博士，教授，博士生导师，长春工业大学党委书记，主要研究方向为高等教育管理和光电子理论与器件；王巍（1983—　），吉林延边人，在读博士研究生，助理研究员，长春工业大学发展规划处科员，主要研究方向为战略管理和光电成像器件与系统；张海龙（1971—　），吉林九台人，管理学博士，研究员，硕士生导师，长春工业大学发展规划处处长，主要研究方向为经济管理、战略管理和高等教育管理。

一、教学研究型大学院系设置的主要模式综述

大学组织的结构形式对大学的学科发展有较大的影响，特别是大学的院系设置一直与大学的功能实现及大学的本质要求密切相关。因此，对大学院系设置的研究比较集中。但是，我们根据已有文献发现：已有的文献资料对教学研究型大学院系设置的研究，可以按照研究方式及理论成果等来进行归类。

从研究方式来看，目前关于教学研究型大学院系设置的研究主要有4种模式。

第一种是经验总结式的研究取向。这类研究通常会分析具有典型意义的教学研究型大学的院系设置情况，分析或者介绍国外大学的院系设置情况，并对问题进行针对性的解答。

第二种是比较分析的研究取向。研究者基本是以院系设置改革为出发点与归宿，对一些具有代表性的大学进行调查，并将所得数据进行对比分析，最后得出结论。如李福华以我国部分研究型大学和世界著名大学为研究对象，运用管理跨度理论、知识管理理论和知识创新理论，对院系设置和学科分布进行了理论分析[1]。

第三种是纯理论思辨的研究取向。这类研究主要是借助一定的理论，选择不同的角度来分析与探讨院系的内涵、设置原则、类型等。还有的研究利用制度经济学的分析方式，分析院系在我国的演变历程与内在动力机制。

第四种是国外研究借鉴的研究取向。这类研究主要是介绍美国、英国、法国、德国等发达国家大学院系的运行方式，为我国大学的院系设置提供一定的参考。

从理论研究成果来看，对大学院系设置的研究主要集中在以下方面。

第一，关于院系结构与管理模式方面的研究。

维克托·鲍尔德里奇（Victor Baldridge）通过实地考察发现，大学组织不同于一般的理性化、等级化、权利主义的科层组织，它还是一个“学者共和国”，因此，大学的院系设置更要强调学术管理。袁祖望从组织权力结构的方向对院系设置进行了研究，认为大学应该实行三级建制、两级管理、院实系虚的管理模式，学校与学院以分权为主，而学院与系之间应该以集权为主，学院是整合资源的主体，既要精简结构又要提高效率[2]。

刘仲林考察了不同国家院系设置的历程后发现，很多大学院系设置改革的基本动力来自于学科发展，并且跨学科化的院系设置越来越多。例如，美国的大学认为知识是不可分割的整体，学科之间也不应该有严格的界限，因此，美国大学不存在明显的专业界限，实行的是通识教育；日本承认学科之间的界限，但是又看到了学科之间的交融性，因此，很多大学倾向于将能够交融的学科集中在一起组建不同的学群，并以学群来组织教学与科研。尽管英国的古典大学一直比较重

视学科之间的相异性，在学科课程设置方面比较保守，但是一些新型大学更有时代的敏感性，他们甚至废除了原来的院系，成立多学科学校，开设跨学科或者多学科的综合课程；有着浓厚的工科传统的德国也越来越重视文科课程与工科课程的互补性，建立了不少文理综合性系科。[3]

第二，关于院系设置与学科之间关系的研究。

20 世纪 60 年代以后，学科的综合性发展趋势越来越明显，学科结构在纵向上出现了不断深化与动态化的特征，在横向上出现了跨学科的交叉融合趋势。“科学研究规模的扩大，学科探索领域的交叉，学科研究方法的互相借鉴和学科研究成果的相互渗透”，这种学科交叉出现的“跨学科研究”趋势反映出的是知识的重新组织与整合，并形成新的知识，这不但促动了大学学术职能的进一步发展，还在客观上促进了大学学术组织结构的演化及职能的拓展。延续了几百年的单学科性的大学传统学科体制逐步式微，而按照科学部类和学科来组建院系成为一种不可扭转的时代趋势。因此，很多大学实行了新的院系制度，特别是学院的设立更成为一种新潮流。[4]从大学院系管理功能实现的角度来看，实行学院制的根本目的就是要发展学科及减少大学的管理跨度；还有学者对比了哈佛大学与北京大学、麻省理工学院与清华大学的院系设置情况，敏锐地发现了我国研究型大学在院系设置和学科分布方面存在的问题，即学院数量过多而且设置尚缺乏规范，学院内学科设置的综合性不强，忽视了特色学院或特色学科的建设，并指出要在我国大学中建立本科生学院与研究生学院，还要通过科学研究项目或者建立研究中心的方式来促进学科的交叉与融合。同时，还有学者关注到我国大学院系设置存在随意性或者“反学术逻辑性”的现实，对我国大学院系设置的标准进行了探讨[5]。

二、教学研究型大学院系的主要功能定位

教学研究型大学首先要完成人才培养功能，突出强调科学研究功能，实现好社会服务和文化传承的功能，这样的院系功能定位才能支撑起教学研究型大学的目标定位与教育功能。

（一）人才培养功能的实现

1. 教学建设的功能

第一，开展专业建设工作。开展面向本科、研究生、高职高专教育的专业建设，如制订、实施所负责专业的人才培养计划、专业建设规划，落实专业建设的有关工作任务，搞好专业师资队伍建设，完成所负责专业的人才培养任务等。

第二，开展课程建设工作。根据学校课程建设的规划和具体工作部署，制订并实施本院系的课程建设计划，做好本院系课程（课群）教学组建设；开展课程体系与教学内容、教学方法和手段改革；积极争取和建设校、省级优秀课，并按期接受对应的课程建设的验收评估。另外，开展多媒体教学软件和试题库的研发工作，积极运用多媒体、计算机信息网络等现代教育技术和手段促进教学改革。

第三，开展教材建设工作。建立规范、严格、科学的教材选用管理制度，积极选用省部级以上获奖或高水平教材，积极选用近 3 年出版的新教材；积极引进先进、适用的外语原版教材。同时，要不断加强教材建设，有计划、有目标地组织编写反映院系教学和科研水平、符合实际需要、具有特色的教材并公开出版，努力提高自编教材获省部级以上奖项的比例。

第四，开展实验室和实践教学基地建设的有关工作。开展所负责实验室的各项建设工作，协助、参与或指导所承担课程相关实验室建设的有关工作；积极加强校内外教学实验、实习基地的建设；负责提出理论、实践教学所需仪器设备和消耗品使用计划等。

第五，开展队伍建设工作。不断加强系的思想政治工作，开展政治理论学习，贯彻党的教育方针，提高政治思想素质，做好教书育人工作。按照学校教师队伍建设规划和具体工作部署，结合本院系教学任务、科研任务、学科建设、专业建设、课程建设等实际工作需要，组织制订和实施队伍建设总体规划、年度计划及教师个人培养提高计划；加强教师业务理论学习、科研和工程实践工作；实施青年教师导师制，加强对青年教师政治思想素质、教学和科研水平的培养提高工作，建立鼓励青年教师健康和快速成长的人才培养体系和运行机制。同时，按学校有关规定，开展教师工作和业务水平的考核工作。

2. 教学改革与研究的功能

紧密结合理论数字、实践教学的实际，积极组织开展教师业务学习和研讨活动。结合实际，积极地进行教学改革实践探索，把教育思想和观念、人才培养模式、教学内容与课程体系、教学方法和教学手段、素质教育、创新教育、创业教育等内容贯穿于教学与人才培养的全过程中。同时，开展教育教学研究，组织撰写、发表教研论文，积极争取并开展国家、省、校级教育教学研究课题立项工作，不断促进、总结、推广教学改革，提高教学改革研究水平和教学质量。

3. 教学管理的功能

及时修订并调整各类人才培养计划；制订或审定理论和实践教学的教学大纲、课程简介，实验、实习、课程设计、毕业设计等。同时，组织教师备课；开展课堂教学、实验课、习题课、辅导答疑、批阅作业和报告、考试、课程设计、实习、毕业设计/论文及答辩等各种教学环节；进行教学过程管理，开展教学检查、评价和考核工作；完成有关考试工作，如组织命题、监考、试卷评阅、成绩分析等。

（二）科学研究功能的实现

1. 组织教师开展科技创新能力建设工作

教学研究型大学应紧密围绕学校的学科建设与科研工作发展规划，积极培育高水平的学术研究团队（或课题组），组织申报政府设立的各类创新团队资助计划项目。同时，稳步推进科研平台建设工作，积极谋划和组织申报国家及省部级科研平台，不断提升科技创新工作的条件保障能力和水平。

2. 组织教师开展基础研究工作和凝练学术方向

教学研究型大学应紧密围绕基础科学研究前沿、应用开发和生产实践中的重要基础科学问题，积极谋划和组织申报每年的国家自然科学基金和国家社科基金项目，组织教师与国内知名大学或研究机构合作，联合申报国家重大基础研究专项，不断提升其基础研究能力和学术研究水平。

3. 组织教师开展应用研究与技术开发工作

教学研究型大学应紧密围绕国内和省内产业技术发展的重大需求，积极谋划和组织申报国家及省部级重大科技专项。同时，积极鼓励教师与国内知名大学、研究机构或生产企业合作，联合申报国家科技重大专项、国家重点研发计划项目和国家技术创新引导专项。另外，要通过重大专项的实施，突破一批制约产业技术发展的关键核心技术，不断提升学校的技术创新等核心竞争力。

4. 组织教师开展成果转移与转化工作

教学研究型大学应紧密围绕企业生产技术升级与转型发展的重大需求，组织相关教师深入企业寻找问题，以问题为导向，与企业开展产学研合作并争取获得横向课题，通过课题实施直接完成技术的转移和转化。另外，组织教师围绕相关企业的转型发展，通过与企业合作加速推进已有研究成果的产业化，实现企业的结构调整与优化，不断提升学校对产业发展的支撑能力和服务水平。

5. 组织教师开展学术交流与研讨工作

教学研究型大学学院应积极组织教师开展国内外学术交流与合作，不断拓宽研究思路和视野；积极开展院系学术交流与研讨活动，促进科技创新要素与资源的共享，不断营造“尊重人才、尊重创新、尊重创造”的学术氛围和“相互学习、相互激励、共同提高”的学术环境，为提升科技创新能力和学术研究水平提供良好的环境保障。

6. 组织教师开展科研管理与服务保障工作

学院认真组织本院系教师承担的国家及省部级科研项目的申报、立项、中期检查、鉴定（验收）和成果报奖工作；开展本院系科研项目和学术成果的统计工作，编制年度科技工作报告，为教师开展学术研究活动提供必要的条件保障、管理与服务，不断提升科研管理水平与服务保障能力。

（三）学科建设功能的实现

学院按照学校学科建设规划，结合本院系工作实际，完成有关学科建设工作，如制订学科建设的有关计划、工作总结，进行学科学术梯队建设，开展学术研究、科研立项、学术交流活动等。

学院按照学校和上级的要求，结合本院系的发展规划，做好各类平台建设工作，主要做好重点实验室、工程研究中心、工程实验室、创新基地、示范工程、创新平台等各类科研平台的建设工作，同时更要做好实验教学示范中心等教学平台的建设工作。

（四）社会服务功能的实现

院系积极利用其及学科专业优势，为社会和地方经济建设提供科技服务、技术指导、决策咨询、技能培训等；加强学校和企业及各类社会团体间的联合，发挥本系教师的专长和学科优势，开展有计划、有组织的社会服务活动；通过科技开发、科技咨询、技术转让等有偿社会服务，到企业找项目、让科研进企业，实现学校、企业、社会三方利益最大化，使院系的科研更接地气，使科研成果更快地转化成为现实生产力。同时，通过与企业合作，更好地培养企业和社会所需的人才，促进学生就业。

（五）文化传承与创新功能的实现

院系要坚守本性，维系其学术组织、文化组织的属性，提升自身品位，引导社会价值观念及社会行为，引领社会文化健康发展。在大学日益融入社会中心、全方位服务社会的今天，如果院系不珍视其本性，任其精神衰微，任其文化失落，大学必将走向庸俗化。同时，院系要坚守“文化育人”的根本使命，通过文化传承和文化启蒙，将个体从自在自发的生存状态提升到自由自觉的生存状态，同时以自觉的文化创新去导引社会文化的发展，推动社会文化的进步。另外，要具有国际意识和世界眼光，积极开拓更广泛的国际文化交流平台，以更加开放的心态、更加广阔的视野，广泛吸收和借鉴人类一切文明成果；坚持“引进来”和“走出去”相结合的战略；妥善处理外来文化与本土文化、现代文化与传统文化的关系，妥善处理借鉴、吸收外来文化与积极传播中华文化的关系；做到视野开阔而不盲目媚外，与时俱进而不忘承继传统，引进吸收而不忘传播自我。

三、教学研究型大学院系功能定位的思考

教学研究型大学在进行内部院系设置时，要认真思考并不断探索，做到谋划好、管理好、约束好、考核好，在大学内部有效实现院系的功能与定位，发挥院系办学的实体与主体作用，确保教学研究型大学目标的达成与特色的形成。

（一）科学规范院系设置，保持院系数量适度

教学研究型大学要尽量考虑按照学科门类或学科群设置学院，减少按照一级学科设置学院的比例，降低学校管理跨度，促进扁平化组织机构的形成，提高学校、院系的管理效率和科学化水平；促进学科专业的交叉与融合，强化学生通识教育，促进按大类培养过度与转化，避免院系设置细、小、碎、散的管理效能损失的弊端，提高院系办学实体管理与建设的有效度。

另外，在减少了学院数量和管理跨度的基础上，要适度加强特色学院或特色学科建设，突出特色办学。为了强化办学特色，学校可以适当建设一部分高水平的学科容量相对较小的特色学院，以满足学校发展和创建高水平大学和高水平学科建设发展的需要。但是特色学院不能过多过滥，一般每所教学研究型大学的特色学院应控制在 2—3 个为佳，否则，既增加了管理跨度，降低了管理效能，也不利于学校长远目标的实现。

（二）加强院系制度设计，促进院系科学规范

院系要建立一系列制度，让院系工作在规范科学的框架内有效开展，以形成教学研究型院系，主要制度应包括以下几个方面：①会议制度。定期召开工作会议，讨论处理系工作中需要集体解决的问题；组织学习教育理论，开展教学研究和科学研究活动。②备课与试讲制度。定期检查教师的备课情况，组织有针对性的集体备课；通过备课处理好教学重点、难点等问题，推动和不断深化课程体系、教学内容、教学方法和教学手段的改革等；新上岗教师第一轮上课前，须通过试讲才能正式上课；教师每开出一门新课程，应通过试讲才能开课。③建立听课制

度。院长、副院长、系主任、副主任、课程组组长要按学校有关听课制度要求深入课堂听课，及时发现和解决问题；组织教师集体听课和相互听课，进行观摩教学，并使之常态化、制度化。④青年教师导师制度。坚持安排教学和科研经验丰富、水平较高的教师担任青年教师的导师，促进教师队伍建设，不断提高教学、科研工作的整体水平。⑤教学质量检查制度。按照学校教学质量监控体系和工作要求，加强教学过程和质量管理，适时征求学生或班导师对系（教研室）任课教师的意见和要求，检查教学效果，不断改进教学工作；采取平时抽查、期中检查、专项检查（评比）、期末总评等方式，不断加强教学质量监控、检查、评价、考核工作。⑥教师年度考核制度。结合学校人事改革考核工作，院系在学期（学年）初要制订考核工作计划，并予以落实；学期（学年）末，组织教师开展好工作考核活动，并填写年度考核登记表，考核结果经系主任签字、报所在学院（系、部、中心）审核后，报送人事处，归入教师业务档案。⑦科研交流制度。组织开展校内外的学术活动，进行学术交流，活跃学术氛围，不断提高学术水平和知名度，同时，要积极开展面向学生的学术和科研活动。⑧教学档案建设制度。做好工作、活动和会议的记录，要注意保存有关教学文件等原始资料，按照学校教学档案建设要求，定期进行整理、归档，不断规范和健全系级教学工作档案；按时完成学校和上级布置的有关档案工作任务。

（三）加强院系评价考核，发挥激励作用

学校结合武书连排行榜关注社会贡献、强调办学规模、注重教学和自然科学研究，网大排行榜重视高校的办学效益、注重高校科研实力、突出学校声誉，校友会排行榜侧重高校竞争力、凸显被评高校的历史成就和现时水平、重视高校科研能力，注重较为全面系统地反映高校办学水平、强调分类比较、重视网络影响力等多方面的因素，并充分体现教学研究型大学的建设目标，突出院系投入指标、过程指标、产出指标、效果指标。

院系投入指标包括对教育的人力、物力、财力的投入，以此衡量教育投入的资源总量。院系过程指标主要表现为教学过程和科研过程，一般的教学过程的指标主要体现为师生比、班级规模、与教学相关的声誉调查、专业建设与教学改革、学风、师资队伍等；一般的科研过程指标主要体现为科研队伍结构与水平、科研人员精力使用、学术氛围、科研经费等。院系产出指标主要由人才培养、科学研究来支撑。效果指标主要指“社会声誉”“学术声誉”“大学网络影响力”。

学校可通过以上 4 个指标的设定与考核，提升院系实体工作的积极性和主动

性，促进教学研究型大学目标的实现与达成。

参考文献

[1] 李福华. 研究型大学院系设置的比较分析与理论思考[J]. 高等教育研究，2005，（13）：50-57.

[2] 袁祖望. 名牌大学的基本特征与成长条件[J]. 江苏高教，2001，（1）：23-27.

[3] 刘仲林. 《跨学科分析和研究评介》[J]. 科学学与科学技术管理，1991，（3）：44-49.

[4] 陈劲，项杨雪，楼程富. 研究型大学院系本科教学量化考核与绩效评价——以浙江大学为例[J]. 高等工程教育研究，2013，（1）：153-158.

[5] 林继志，张向前. 教学研究型高校科研评价体系理论分析[J]. 科技进步与对策，2010，（18）：136-140.

高校二级学院自主管理调查与对策

——以辽宁24所本科高校为例

赵 哲 宋 芳[①]

（辽宁教育研究院　中国沈阳　110034）

摘　要　本文通过问卷调查和调研访谈，掌握高校二级学院自主管理的现状和存在问题。本文从探索高校二级法人制度，实现自主管理的战略重心转移；改革高校二级财务制度，提升自主管理的工作效率；完善高校二级人事制度，激发自主管理的内部活力；健全高校二级监管制度，保障自主管理的稳步实施；丰富高校二级基层民主组织，推动自主管理去行政化等五个方面，提出推动高校二级学院自主管理的积极策略。

关键词　本科高校；二级学院；自主管理

完善大学内部治理结构是现代大学制度建设的核心。高校二级学院自主管理的核心是学校管理重心的下移，赋予院系一定的权力并使其承担相应的职责，使院系在大学总体目标、原则的指导下，成为相对独立、富有活力的办学实体。高校二级学院自主管理是对建设现代大学制度的积极回应，是高校内部管理体制改革的主要诉求，更是高校主动适应高等教育发展规律、优化内部组织结构、理顺机构职责权限、强化人才培养、实现科学研究和社会服务职能的现实选择。

---

① 作者简介：赵哲（1983—　），辽宁鞍山人，大连理工大学高等教育研究院博士研究生，辽宁教育研究院高等教育研究所助理研究员，主要研究方向为高等教育管理；宋芳（1981—　），辽宁沈阳人，博士，辽宁教育研究院高等教育研究所副研究员，主要研究方向为教育统计与测量。

一、高校二级学院自主管理的基本状况

（一）研究对象选取

2015—2016 年，课题组调研了辽宁本科高校 24 所，占全省公办本科高校总数（39 所）的 61.5%，涵盖综合、师范、民族、医药、理工、语言、政法、农林 8 种类型，在二级学院管理方式上具有一定的代表性。其中，“985 工程”高校 2 所，即东北大学和大连理工大学，“211 工程”高校 1 所，即辽宁大学；省属地方高校 17 所，分别是中国医科大学、大连工业大学、沈阳药科大学、沈阳化工大学、沈阳建筑大学、沈阳工程学院、渤海大学、辽宁科技大学、沈阳理工大学、辽宁科技学院、辽宁医学院、大连外国语大学、大连医科大学、大连海洋大学、沈阳工业大学、大连交通大学和辽宁石油化工大学。

其中，市属高校 2 所，即大连大学和鞍山师范学院。调查对象是二级学院主要领导、高校职能部门主要负责人及学院管理人员，共发放调查问卷 130 份，回收 125 份，其中有效问卷 119 份，有效回收率为 95.2%，其中，院长（书记、部长）42 人，占总人数的 35.3%；副院长（副部长）62 人，占总人数的 52.1%；其他工作人员 15 人，占总人数的 12.6%。问卷能够满足研究需要，问卷结果具有较强的代表性与合理性。

（二）研究方法使用

第一，问卷调查法。问卷采用自编问卷，内容包括二级学院基本情况和主要领域自主管理情况等 21 道封闭式题目，以及对自主管理的意见等 3 道开放式题目。问卷调查运用定量分析方法，采用 SPSS15.0 对各变量进行因素分析，确定二级学院管理的结构，然后进行频次分布等描述统计、差异检验，分析、比较、评价二级学院自主管理的现状。

第二，调研访谈法。访谈提纲围绕二级学院的教学管理、科研管理、人事管理、财务管理和基层组织建设，采用定性与定量分析相结合的方法，对访谈结果进行归纳、整理、编码、概括，并进行频次统计，构建理论模型。

（三）二级学院自主管理的现状

1. 二级学院自主管理主要领域的研究指标体系构建

《中华人民共和国高等教育法》赋予高校的招生自主权，学科专业自主权，教学自主权，科学研究、技术开发和社会服务自主权，对外交流自主权，内部管

理自主权，财产管理和使用自主权等 7 大办学自主权，为建设现代大学制度奠定了法律基础，并构建了权力基石[1]。同时，大多数学者普遍认为校院二级管理的关键是权力下放和资源的优化，使学院在教学、科研、学科建设、专业建设、师资队伍建设、学生管理等方面有较大程度的决策权[2]。国家教育行政学院的校院两级管理研究专题，针对学院所拥有的财权、人权和事权等进行细致的问卷调查，深入探索我国高校校院两级管理改革的效果和经验[3]。因此，综合已有研究成果，本次研究从本科高校二级学院自主管理的概念和构成要素出发，遵循指标选取的可行性原则，通过访谈资料整理，参考已有研究的指标，拟确定教学管理、科研管理、人事管理、财务管理，作为高校二级学院自主管理的主要评价指标（表 1）。

表 1　二级学院自主管理指标体系

一级指标	二级指标
教学管理	X_1：人才培养计划
	X_2：人才培养方案
	X_3：教学内容制定
	X_4：教学规章制度制定
	X_5：教学评价
	X_6：教学督导
科研管理	X_7：科技成果转化
	X_8：产学研合作
人事管理	X_9：教职工考核
	X_{10}：职称评聘
	X_{11}：杰出人才引进
	X_{12}：岗位待遇标准
财务管理	X_{13}：经费使用
	X_{14}：经费筹集
	X_{15}：财务预算
	X_{16}：创收分配

2. 二级学院自主管理的科学结构

首先，对数据进行探索性因素分析的适当性考查，KMO 值为 0.604，表明因素分析的结果能很好地解释变量之间的关系；Bartlett 球形检验值为 755.485（p=0.000），表明变量的相关矩阵差异显著，本次研究的数据可以进行因素分析。

依据以下标准确定因素数目：第一，因素的特征值大于 1；第二，因素解符合陡阶检验，并依据碎石图的显示来确定因子。主成分分析结果显示，特征值大于 1 的因素有 5 个，共解释总方差的 62.987%，具体见表 2。因子 1 由学院创收分配、经费筹集、财务预算和经费使用构成，命名为财务管理；因子2由杰出人才引进、教师职称评聘、岗位待遇标准构成，命名为人事管理；因子3由人才培养计划、人才培养方案、教学内容制定构成，命名为教学管理；因子4由教学督导、教学评价、教学规章制度、教职工考核构成，命名为制度管理；因子5由产学研合作、科技成果转化构成，命名为科研管理（表3）。

表2 方差分解主成分提取分析表

成分	提取载荷平方和			旋转载荷平方和		
	总计	方差百分比	累计百分比	总计	方差百分比	累计百分比
1	3.305	20.655	20.655	2.256	14.100	14.100
2	2.228	13.925	34.580	2.162	13.515	27.615
3	1.735	10.844	45.244	1.961	12.257	39.872
4	1.500	9.372	54.796	1.941	12.129	52.001
5	1.311	8.191	62.987	1.758	10.986	62.987

表3 旋转后因子载荷矩阵

项目	财务管理	人事管理	教学管理	制度管理	科研管理
学院创收分配	0.764				
经费筹集	0.706				
财务预算	0.646				
经费使用	0.582				
杰出人才引进		0.954			
教师职称评聘		0.943			
岗位待遇标准		0.379			
人才培养计划			0.841		
人才培养方案			0.798		
教学内容制定			0.669		
教学督导				0.802	
教学评价				0.666	
教学规章制度				0.655	
教职工考核				0.547	
产学研合作					0.855
科技成果转化					0.854

根据因素分析的结果，我们把理论构想的二级学院管理结构与因素分析的结果进行比对，考察其符合程度如何，见表4。

表 4　理论构想的 4 个维度与五因素的对应

因子	题号			
财务管理	16_4	14_4	15_4	13_4
人事管理	12_3	11_3	10_3	
教学管理	1_1	2_1	3_1	
制度管理	6_1	4_1	5_1	9_3
科研管理	8_2	7_2		

注：题号下标说明了原有理论构想维度：1 为教学管理，2 为科研管理，3 为人事管理，4 为财务管理

由表 4 可见，理论构想教学管理维度中的规章制度管理、教学评价、教学督导与人事管理中的教职工考核构成因子 4“制度管理”；原“科研管理”“财务管理”“教学管理”“人事管理”的其他项目经过因素旋转后没有变化。总体来看，所抽取的五因素模型与理论构想基本吻合。

3. 二级学院主要领域的自主管理的具体情况与特点分析

本次研究最终将二级学院自主管理的主要领域确定为教学管理、科研管理、制度管理、人事管理和财务管理等 5 大方面。研究发现，本科高校二级学院自主管理各因子得分均在 2.2080 以上，从各因子得分可以看出，本科高校二级学院自主管理实施效果最好的是教学管理（M=3.1709）、科研管理（M=3.0756），其次为制度管理（M=2.6303）、人事管理（M =2.2269），最后是财务管理（M =2.2080），具体见表 5。本科高校二次管理现状雷达图，见图 1。

表 5　本科高校二级院管理现状总体评价（n=119）

因子	平均数	标准差	偏度
财务管理	2.2080	0.5488	0.922
人事管理	2.2269	0.7287	0.982
教学管理	3.1709	0.6969	−0.451
制度管理	2.6303	0.5216	0.710
科研管理	3.0756	0.7179	−0.742

第一，二级学院拥有较多的教学管理权。教学管理权是高校二级学院普遍拥有的基本权力。调查显示，二级学院内部采用“院—专业教研室”结构的占 48.7%，且由专业教研室制订人才培养方案和教学内容，上报学院审核并由学院上报给学校，分别占 46.2%和 68.1%。可以看出，专业教研室正成为二级学院开展教育教学自主管理的基础载体。此外，结合访谈情况，“学部”逐渐成为新型二级单位。目前，大连理工大学、辽宁石油化工大学和沈阳航空航天大学正积极探索“学部制”改革，“学部”在人才培养计划制订、教学体系设计及学科专业建设等方面

具有较多的自主权，尤其是自主设置专业课程和安排学生的实习实训，学部还可以统筹调配试验器材和仪器设备等教育资源，提高科研管理效率。

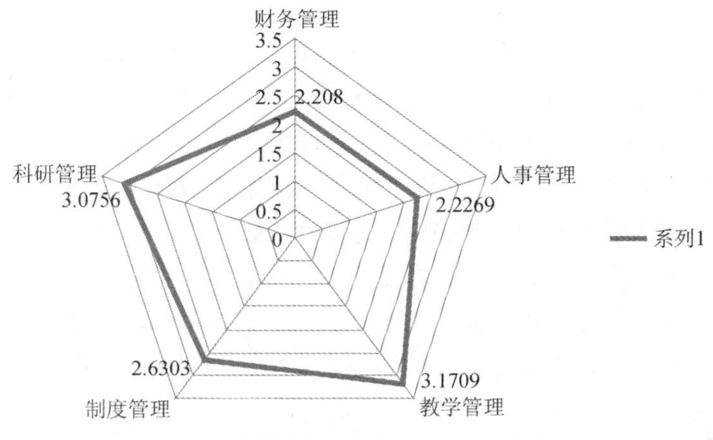

图 1　本科高校二级管理现状雷达图

第二，二级学院具有一定的科研管理权。调查显示，由学校科研管理部门制订科技成果转化和产学研合作的总体方案，学院根据实际组织实施的分别占42.0%和 46.2%。此外，结合访谈情况，涉及国防工业、行业核心科技、医药研发、人文社会科学成果推广等领域的重大科研项目和产学研协同创新成果转化的管理工作，主要由学校科研管理部门组织实施。

第三，二级学院的制度管理权主要集中在学校职能部门。制度管理权是高校二级学院普遍不具备的自主管理权力。调查显示，教学规章制度由学校教务部门统一制定的占 72.3%；教职工考核由学校相关部门组织实施的占 68.9%；教学督导由学校职能部门组织实施的占 37.0%；教学评价由学校相关部门制订总体方案，学院根据实际情况组织实施的占 55.5%。这说明二级学院的教学规章制度制定权、教职工考核权和教学评价权仍由学校掌握，二级学院只负责执行与实施。而在教学督导方面，调查显示，教学督导由学校职能部门组织实施的占 37.0%；由学校教学督导部门制订总体方案，学院根据实际组织实施的占 37.0%；学院自行组织实施，学校教学督导部门负责监督的占 22.7%；其他占 3.3%。这说明学校督导和二级学院执行学校总体方案的督导是两种主要形式。

第四，二级学院的人事管理权主要由学校职能部门负责。人事管理权是高校二级学院自主管理情境中的敏感问题。调查显示，所有等级的职称评聘均由学校人事部门组织实施的占 63.9%；根据辽宁省人事厅的相关要求，学校人事部门统一制订各级岗位的待遇标准的占 58.0%；由学校人事部门制订总体引智方案，学院根据实际情况组织实施人才引进的占 64.7%。此外，结合访谈情况，部分高校的二级学院具有评聘中级职称的权力，而高级职称评聘，则仍由学校人事部门组织实施。

第五，二级学院的财务管理权是自主管理最薄弱的环节。财务管理权是高校二级学院管理权力体系中的真空地带和权限禁区。调查显示，学校财务部门统一管理学院的各项经费使用占 70.6%；学校财务部门统一拨付经费占 71.4%；学校财务部门统一财务预算占 82.4%，这说明绝大多数高校二级学院没有财务管理权。此外，二级学院有创收途径的占 58.0%，没有创收途径的占 42.0%，这说明大多是二级学院具有一定的创收途径，结合访谈情况也可以发现，其创收呈现出明显的“学科”特征。例如，人文社会科学方向的二级学院通过举办 MBA 教育和各类培训开辟创收途径，理工方向的二级学院创收途径则主要以科技服务和科研转化为主。此外，创收分配需要不同程度地上缴学校。调查显示，绝大部分上缴学校，较少部分可以自行支配的占 30.3%；较少部分上缴学校，绝大部分可以自行支配的占 24.4%。

第六，高校对二级学院自主管理的态度。高校二级学院自主管理的主观诉求和客观趋向较好。调查显示，高校“有”明确的规章制度保障二级学院的自主管理的占 49.5%，“没有”的占 15.1%，“不清楚”的占 23.5%，“有一些”的占 11.8%。这说明大部分高校有明确的规章制度保障二级学院的自主管理。而学校对二级学院实施自主管理的支持程度，“非常支持”的占 42.9%，“一般支持”的占 37.0%，“不清楚”的占 17.6%，“不支持”的占 1.7%，“非常不支持”的占 0.8%，这说明高校对二级学院自主管理的态度总体较为支持。

4. 高校二级学院自主管理现状的差异检验

第一，不同层次高校二级学院管理存在差异。2015—2016 年，我们采用独立样本 t 检验分析，以经费来源将院校划分为“985 工程”高校和地方高校，探讨不同类型院校二级学院管理的差异（表 6）。

表 6　不同层次高校二级学院管理差异检验

因子	“985 工程”高校（n=12）		地方高校（n=107）		t	p
	平均数	标准差	平均数	标准差		
财务管理	2.5000	0.5000	2.1752	0.5465	1.967	0.052^{+}
人事管理	2.4722	0.6736	2.1994	0.7324	1.233	0.220
教学管理	3.0278	0.7714	3.1869	0.6901	−0.749	0.456
制度管理	2.6667	0.6600	0.6262	0.5075	0.254	0.800
科研管理	3.2917	0.5823	3.0514	0.7299	1.100	0.273

注：+表示 p<0.10，边缘显著

结果表明，"985工程"高校与地方高校在人事管理、教学管理、制度管理和科研管理方面均不存在显著差异，在财务管理方面，"985工程"高校显著高于地方高校，差异达到统计学标准。结合调研访谈可以看出，"985工程"高校的院系主要领导的权力受学术水平高低的影响，体现了"学术角色"；而一般省属高校的院系领导主要职责在于处理突发事件，体现了"管理角色"。

第二，不同类型高校二级学院管理现状差异检验。采用单因素方差分析，探讨综合、师范、民族、医药、理工、语言、政法、农业8种不同类型高校二级学院的管理差异，具体见表7。

表7　不同办学类型高校二级学院管理差异检验

学校类型	财务管理		人事管理		教学管理		制度管理		科研管理	
	M	*SD*	*M*	*SD*	*M*	*SD*	*M*	*SD*	*M*	*SD*
综合院校（*n*=8）	2.1563	0.5165	1.8750	0.1725	3.1667	0.9759	2.8438	0.6259	3.3750	0.7440
师范院校（*n*=8）	1.9063	0.2652	2.2917	0.7440	2.7500	0.5564	2.5625	0.2912	3.3125	0.7990
民族院校（*n*=4）	1.8750	0.1443	2.0833	0.4194	3.4167	0.4194	0.6250	0.3228	3.1250	0.6292
医药院校（*n*=15）	2.1000	0.5494	1.7111	0.1173	2.9333	0.5663	2.6167	0.6469	2.8333	0.8165
理工院校（*n*=66）	2.3485	0.6027	2.4899	0.8128	3.2828	0.6924	2.6402	0.5319	3.1212	0.6683
语言院校（*n*=6）	1.9167	0.2041	1.7222	0.3277	2.7222	0.6469	2.7083	0.6406	2.8333	0.9832
政法院校（*n*=3）	2.5000	0.4330	1.6667	0.0000	2.4444	0.3849	2.0833	0.1443	3.0000	0.0000
农业院校（*n*=9）	1.9167	0.2500	2.0000	0.4714	3.5556	0.5528	2.5833	0.3062	2.8333	0.7906
F	2.125*		3.990**		2.3272*		0.704		0.849	
p	0.047		0.001		0.027		0.669		0.549	

注：$*p<0.05$，$**p<0.01$

结果表明，不同类型院校二级院管理在制度管理和科研管理上不存在差异，而在财务管理、人事管理、教学管理方面存在显著差异。为了进一步探讨差异的来源，对财务管理、人事管理、教学管理进行事后检验（LSD），结果表明，在财务管理上，理工类院校与师范类院校（I-J）=0.4422（p=0.028）、理工类院校与农业类院校（I-J）=0.4318（p=0.024）存在显著差异；在人事管理上，理工类院校与综合类院校（I-J）=0.6149（p=0.016）、医药类院校（I-J）=0.7788（p=0.000）、语言类院校（I-J）=0.7677（p=0.28634）、政法类院校（I-J）=0.8232（p=0.040）、农业类院校（I-J）=0.4899（p=0.042）存在显著差异；在教学管理方面，理工类院校与师范类院校（I-J）=0.5328（p=0.036）、政法类院校（I-J）=0.8384（p=0.036），农业类院校与师范类院校（I-J）=0.8056（p=0.015）、医药类院校（I-J）=0.6222（p=0.030）、语言类院校（I-J）=0.8333（p=0.020）、政法类院校（I-J）=1.1111（p=0.014）存在显著差异。

第三，不同学科方向二级学院管理现状差异检验。采用独立样本 t 检验，探讨不同学科方向二级学院管理差异。将自然科学、农业科学、医药科学、工程技术科学划分为自然科学，将人文与社会科学划分为社会科学，对不同学科类别二级学院管理进行分析，具体见表 8。

表 8　不同学科类别二级学院管理差异检验

因子	自然科学（n=66）		社会科学（n=53）		t	p
	平均数	标准差	平均数	标准差		
财务管理	2.2841	0.6011	2.1132	0.4640	1.750^{+}	0.83
人事管理	2.3232	0.7578	2.1069	0.6787	1.621	0.108
教学管理	3.1970	0.6640	3.1384	0.7409	0.454	0.650
制度管理	2.5947	0.5147	2.6745	0.5317	−0.829	0.409
科研管理	3.1591	0.6087	2.9717	0.8287	1.421	0.158

注：+表示 p<0.10，边缘显著

结果表明，自然科学方向的二级学院与社会科学方向的二级学院在人事管理、教学管理、制度管理、科研管理方面不存在显著差异，而在财务管理上存在显著差异，自然科学方向的二级学院的财务管理明显好于社会科学方向的二级学院。

二、高校二级学院自主管理存在的主要问题

总体来看，目前的高校二级学院自主管理，是将日常管理活动的权力下放，使校级摆脱了日常繁杂的事务管理，重点集中在资源配置与重大事务决策上；而二级学院在关键事权上并没有决策权，也不承担相应的责任，实际上仍然呈现出集权管理特征。

（一）二级学院开展自主管理过程中呈现出“职能分权”现象

二级学院自主管理过程中的教学管理权和科研管理权呈现出较强的自主性，说明高校将教学管理权和科研管理权下移到二级学院，而制度管理权、人事管理

权和财务管理权仍然过多集中在校级职能部门，尤其是财务管理权几乎全部集中在学校层面，可供二级学院自主支配的经费较少，束缚了各学院办学的积极性。综合而论，目前二级学院的自主管理仅是“事权下移”式的校院两级管理体制改革，是应对校级管理难度增大而作出的管理结构适应性调整，与真正意义上的自主管理仍有很大的距离。

（二）高校赋予二级学院的权责不统一

虽然高校的工作重心下移，但权力下移依然不足，出现“放责不放权”的现象，主要表现在校、院各自的基本职能没有明确的划分，责、权、利也不甚清晰，二级学院只具有相应的责任，并没有真正的权力。例如，学校教务部门统一制定专业教学的学时和学分的分配原则，很难顾忌不同二级学院的人才培养目标，使得文科学生和理工科学生的培养过程出现不均衡现象，淡化了不同专业人才的培养特色。又如，在课程安排方面，公共基础课程集中在学校层面管理，专业课程由二级学院管理，这就弱化了外语、体育、数学、计算机等基础学院对大学公共课程的管理权，削弱了基础学院教师对于公共课教学的积极性。

（三）二级学院自主管理过程中容易出现“强者更强、弱者更弱”的矛盾局面

不同的利益相关者有不同的价值诉求，一方面，以应用学科为核心的二级学院较为主张自主管理。由于此类二级学院的办学实力较强且教学、科研资源基础雄厚，在实施自主管理过程中尤其是在产学研协同创新的自主运行、重大科研项目的联合申报、科技创新成果转化与推广等方面，将获得更大的发展空间，具有参与更高层面竞争的优势。另一方面，以基础学科为主的二级学院，由于偏重学术研究，加上办学实力相对较弱和教育科研资源较少的制约，在实施自主管理过程中，将会失去竞争优势，生存空间逐渐变得狭小。因此，此类二级学院希望由学校统一管理。此外，一些以系为基本建制、规模较小的二级学院缺乏自主管理的精力和能力，甚至存在“不愿管、不敢管、不会管”的现象。

（四）二级学院自主管理的制度设计尚不完善

目前，高校的办学规模日益扩大，二级学院的工作范围逐渐拓展、事务性工作增多、任务更加繁重，而高校已有的内部管理制度，尚不能有效地对二级学院的资源获得权和资源使用权进行合理分配，大部分高校还没有建立起有效的二级目标管理考核体系，使得高校已存在的行政权力与学术权力的矛盾变得更加突

出。例如，在教育评价方面，为了缓和二级学院的内部矛盾与减少工作压力，二级学院对教师教育教学的考核评价，仍过多地依靠学校的教学督导部门，而现实的情况则是教学督导部门的主要职责在于指导、管理和检查各二级学院的教育教学责任，并不具备维护二级学院教育教学运行的权力，而对于教师的教学评价只是进行随机的抽查，缺乏科学性和连续性，容易出现结果不公平的现象。而在教师的高级职称评定方面，高校基础学科、应用学科和交叉学科的教师评聘标准具有一致性，这就造成了与自然科学教师相比，人文社会科学教师处于竞争劣势的状况。

（五）二级学院自主管理的监管机制不健全

一方面，二级学院对教育资源的获取及办学自主权的诉求越来越多；另一方面，二级学院也必须在学校的监管下行使权力和承担责任。而约束监督机制的缺失，导致二级学院自主管理工作的随意性加大，造成"一管就死，一放就乱"的尴尬局面。例如，二级学院普遍缺乏财务自主管理权，究其根本原因在于缺少相应的财务预算和监督机制，而统一的财务管理可以降低资金使用不当的风险。同时，在缺乏约束监督的环境中，会导致二级学院主要领导对权力的滥用，使二级学院处于各自为政的状态，影响了二级学院之间和职能部门之间的工作配合，降低了学校的凝聚力和执行力。此外，高校还缺乏对二级学院自主管理绩效的奖惩机制，使二级学院的自主管理工作缺乏应有的活力。

三、推动高校二级学院自主管理的对策

二级学院自主管理的顺利实施，应重在法人制度、财务制度、人事制度、监管制度和基层民主组织建设等 5 个方面工作的"自主"与"盘活"，保证二级学院"责、权、利"统一，以此引领高校二级管理体制改革，充分释放办学活力。

（一）探索高校二级法人制度，实现自主管理战略重心的转移

第一，给高校二级法人明确的法律定义。应从法律法规和大学章程两个层面来完善大学办学自主权运作的规则体系，使相关制度规范更加明确化、具体化和可操作化[4]。其一，政府主导推动完善地方立法，具体规定高校二级法人的实体地位和独立的自主办学权利、责任和义务。例如，自 2004 年日本国立大学法人化以来，文部科学省对于国立大学的行政管理明显减少，国立大学在外部与内部管理结构上发生了根本性的改革，拥有了自成立以来最大限度办学的自主权[5]。

其二，推动“大学章程”建设。依照《高等学校章程制定暂行办法》的相关规定与启示，在建设大学章程、推动大学体制改革的过程中，学院制的构建也应充分考虑到学院的职能，落实院系管理的自主权，充分调动学院办学的积极性、主动性和创造性[6]。因此，应依据“大学章程”推进高校治理模式改革，细致分割二级法人纵向权力配置，大幅度减少高校对二级学院的直接干预，扩大二级学院在办学模式、育人方式、资源配置、人事管理、合作办学、社区服务等方面的自主权。例如，在国家法律和政策框架下，支持二级学院通过多途径吸引社会资源办学，全面促进“中外高校合作型”“产学研合作型”“多学科聚集型”等模式的多元主体联合办学。

第二，实行高校法人治理结构改革。建立以“理事会+院长负责制”为核心的新型二级法人治理结构，成立由政府、行业、企事业单位及其他社会组织代表参加的理事会，实行理事会领导下的院长负责制。美国大学的董事会和英国大学的理事会，其成员包括地方官员、社会名流、企业家等，负责制定方针政策、筹措办学经费，以及任命校长、教授和行政人员等，从而使大学获得更多的社会认同与公众支持[7]。目前，我国已有200多所大学相继建立校董会，有的寻求到更多的社会支持，有的对大学发展规划、学科建设、科技开发等进行咨询、审议和监督[8]。有研究者进一步认为，《国家中长期教育改革和发展规划纲要（2010—2020年)》提出的高等学校理事会制度，是目前行业特色高校健全社会支持和监督学校发展长效机制的一种可行模式选择[9]。

第三，健全二级法人专项配套制度和相应的实施细则。建立高校二级法人财产权制度、决策制度、内部管理体制、约束激励机制及利益相关者共同治理机制等若干制度。

第四，探索分类管理和分类指导。政府牵头成立由教育、科技、财政和人事等行政部门主要领导、大学校长和学院院长共同组成的高校二级法人改革领导小组，针对理工、农业、医药等应用型高校，扩大高校二级管理的科研管理权，以科技创新和成果转化为抓手，切实增强其服务于经济社会发展的能力；针对综合、师范、财经、艺术、语言等基础类型高校，扩大高校二级管理的教学管理权，以内涵建设为中心，全面提升人才培养质量。

（二）改革高校二级财务制度，提升自主管理的工作效率

第一，合理制定二级经费划拨办法，实行二级预算精细化管理。例如，引入专项经费的竞争机制，通过二级学院申报、校内外专家评审后下拨，并将拨款量与考核结果挂钩，使经费使用效益最大化。

第二，建立健全二级财务机构的设置。二级学院按照会计法规和制度，设置会计机构，指定会计主管，并根据会计业务需要配备相应数量的会计人员。

第三，完善二级财务监管制度。建立校长、财务处长、学院院长三级经济责任制，明确院长、财务部门、财务机构负责人的职责与权限；完善二级预算管理制度；建立以经济责任审计为主要内容的校内审计制度；建立财务信息披露制度。

（三）完善高校二级人事制度，激发自主管理的内部活力

第一，实行学科带头人负责制。探索建立“学科特区”，赋予学科特区在人才聘用、学校财产管理、经费使用、创收分配、教师绩效考核等方面的自主权。

第二，探索学院领导干部逐级聘任的人事管理新机制。试行学校教授委员会提名，依照干部管理权限程序，选拔任用二级院长制度。

第三，扩大学院教师职称的评审权。校级学术委员会主要负责高级教师职称评审工作，将中级以下（含中级）教师职称评审权下放给二级学院的学术委员会，支持二级学院依据办学特色拟订多样化的职称评审标准。

第四，建立以学术贡献和科技成果转化效益为主要依据的人事分类考核机制。对于基础学科教师，注重学生指导、论文发表、著作撰写和承担科研项目的考核权重，实行“代表作”评价机制；对于应用学科教师，侧重于考核科研成果转化的社会效益。

第五，建立二级学院人事信息化管理系统。加快推进基本信息管理、师资管理、业绩管理、考核管理、薪酬管理和招聘管理等一体化的数据库建设。

（四）健全高校二级监管制度，保障自主管理的稳步实施

第一，健全二级管理问责制度体系。首先，构建校内监督体系。建立纪检、监察、组织、人事联席会议制度，建立健全纪检、监察、组织和人事责任追究处理协调机制。其次，强化外部监督。建立社会问责制度，完善重大决策信息公开机制，通过新闻媒体、普通民众或社会组织，以直接或间接的方式进行问责，并以此来推进政府对高校实施二级管理的问责。最后，完善奖惩机制。校院双方签订内容完备的二级管理任务书，以工作目标和绩效限定权责，对完成目标责任的学院，在招生计划、人员配置、教师待遇、资源配置等方面给予相应的嘉奖，将二级管理的实施效果与学院领导的职务晋升和教师福利待遇挂钩。

第二，建立自我约束制度。首先，建立二级管理教学质量年度报告制度。由教育主管部门、社会评价机构和高校三方联合对学院的人才培养、科学研究和社会服务等工作进行常态化评估，完善办学基本状态数据库，推动学院实施信息公

开、校务公开，健全决策监督制度。其次，依托党代会、教代会和学代会，共同组成决策监督机构，重点加强对二级学院管理过程中的决策行为、干部人事管理、财务和资源调配、收入分配、评优评奖、人员聘任和职称评定等领域的监督，凸显教职工代表大会、学生代表大会等利益相关者对高校行政权力与学术权力的刚性监督力度，从而彻底扭转高校治理结构中监督权力日益弱化的局面[10]。

第三，完善集体决策制度。加强校内各专业教研室之间的横向联系，推动基础学科和应用学科之间的相互融合及衔接，建立跨学科、跨专业的教研室主任集体决策制度，保证民主决策、科学决策和依法决策。

（五）丰富高校二级基层民主组织，推动自主管理去行政化

第一，建立各类委员会。科学合理的现代大学内部制度建设，应着眼于院、系等基层学术组织和行政组织，并把重点放在院（系）一级[11]。同时，应加强学院学术委员会、学位评定委员会等学术组织，以及教授委员会、专家指导委员会、专业建设委员会和教学指导委员会等院务基层民主组织建设，制定委员会章程，规定以普通教师为主体，学院行政领导不得担任委员会主任职务，明确各种委员会的议事范围和职责范围。

第二，聘请国内外知名教授组成校外专家顾问委员会。按不同的学科方向分别组建外聘教授工作组，对学院的学科专业建设、教学科研和社会服务工作进行分类指导。

第三，健全基层管理组织运行规则。美国著名高等教育专家伯顿·R. 克拉克认为，高等教育的最佳端点在基层，“首先要研究基层，研究生产”[12]。首先，深化教职工代表大会制度。建立教代会执委会例会制度，由院长定期向教代会执委会报告工作；以普通教师为主体，建立教代会议案调研工作小组；建立教代会代表列席院长办公会、参与机关部门考核工作和重大事项听证等工作制度，保障教职工的知情权和监督权。其次，完善党政联席会议制度。建立会前协商机制，围绕重大问题及时召开联席务虚会；建立决议决定适时调整机制，书记、院长及时掌握教职工的意见反馈，提请联席会进行复议后作出适当调整。

此外，高校二级学院还应因地制宜、循序渐进地开展自主管理探索，避免“一刀切”现象，应根据不同的办学特色与办学定位，选择适合自己的管理方式。同时，二级学院应充分考虑成立时间长短、师资队伍结构、教育科研基础及学校能给予的政策和配套支持等因素，有针对性地考量开展自主管理的必要性和可行性。

参考文献

[1] 陈伟. 现代大学制度建设方式的中国特色[J]. 高等教育研究，2013，(4)：21.

[2] 张洁，王大本，马丽等. 高校校院二级管理运行体制的研究与探索[J]. 河北师范大学学报（教育科学版），2010，(8)：56.

[3] 刘亚荣，高建广，梅强等. 我国高校实行校院两级管理体制改革的调研报告[J]. 国家教育行政学院学报，2008，(3)：68.

[4] 陈金圣，刘志民，钟艳君等. 我国大学办学自主权落实的困境与出路[J]. 国家教育行政学院学报，2013（10)：55.

[5] 杨九斌. 日本国立大学法人化改革“第一轮”效果评述[J]. 现代教育管理，2013，(3)：116.

[6] 冯支越. 推动大学章程建设　落实院系管理自主权[J]. 中国高等教育，2012，(15)：64.

[7] 杨天平，王超. 西方大学权力模式的运演及其特色[J]. 教育研究，2012，(5)：146.

[8] 曲士英. 完善中国特色现代大学制度的理性思考[J]. 现代教育管理，2012，(9)：29.

[9] 王义全. 理事会制度：完善现代大学制度的一种模式选择[J]. 中国高等教育，2011，(15)：30.

[10] 祁占勇. 高等学校学术权力本位治理结构的现实困境与逻辑路向[J]. 高等教育研究，2011，(2)：31-32.

[11] 杨超，段从宇. 现代大学内部制度建设之再审视——基于内涵、价值与路径的分析[J]. 现代教育管理，2013，(1)：50.

[12] [英]迈克尔·夏托克. 高等教育的结构和管理[M]. 王义端译. 上海：华东师范大学出版社，1987：14.